U0580286

新史学

观古今中西之变

清史论丛

张荫麟 著
李欣荣 编

张荫麟作品系列

序 言

1932年11月，吴晗与同学夏鼐商谈清史研究之现状，有言："《清朝全史》系但焘延留日学生代译，所以译错处很不少；原书颇佳，尤其是满清未入关以前的那段，至于下册则关于外交方面，多采取马士一书，发明之处较少。又说近人孟心史研究清史，亦颇有心得，《清朝前纪》一书殊可一阅；萧一山之《清代通史》，虽为巨帙，而抄袭成书，无甚发明，而各部分间之联络，亦不能指出，以其缺社会科学之根柢也。"[①]所举者，不过日人稻叶君山《清朝全史》、美国学者马士（Hosea Ballou Morse）《中华帝国对外关系史》（*The International Relations of the Chinese Empire*）、孟森《清朝前纪》和萧一山《清代通史》等书、人而已，尚不甚令人满意。

其时上古史是史界名家的研究重点，中古史次之，明清以降的近代史最受冷落，而处于研究的起步阶段。在民国时期竞言古史的学者看来，近代史至多只是余力所及的副业。[②] 傅斯年主持下的中

---

① 《夏鼐日记》卷一，1932年11月24日，135页，上海，华东师范大学出版社，2011。

② 参见桑兵：《陈寅恪与中国近代史研究》，见《晚清民国的国学研究》，177～179页，上海，上海古籍出版社，2001。

研院史语所干脆将鸦片战争以后历史划归社会科学研究所[①]，摒除在业务范围之外。其时史家能够重视首尾，贯通国史者，实不多见。

张荫麟(1905—1942)号“素痴”，间署“燕雏”，广东东莞人。学界多论其在上古史、宋史、通史和科技史等方面的成就，然其投身清史研究甚早，亦颇著成绩。1922—1929年荫麟在清华学校留美预备部学习，自承“尝有志于近世史”[②]。缘起则与任教清华的乡贤梁启超(广东新会人)有关。荫麟在《明清之际耶稣会教士在中国者及其著述》一文中表示：

> 梁任公先生《中国近三百年学术史》演讲附有《明清之际耶稣会教士在中国者及其著述》一表。此表实为研究明末西方学术、宗教东输之重要资料。吾前尝发现其中可疑者三点，以质任公先生。先生复书谓：“该表采自日本人著作，而其人又采自欧籍，并未注明出处。……其中讹舛，益不免也。”顷继续研究，又得其中遗漏错误者二十余事。[③]

---

① 傅斯年称：“原来在北平时，弟感觉社会所之亦治史学也，曾与孟和商量，二人同意如下：近一百年史，即鸦片战争起，由社会所办，其设备亦由社会所。明清两代经济史，以其经济方面，或比史之方面为重，归社会所。明清以前者，以其史学方面比经济方面为重，归史语所。”见其致朱家骅信函，1943年1月15日，见王汎森等主编：《傅斯年遗札》第三卷，1379～1380页，台北，“中研院”史语所，2011。

② 张荫麟：《评卫聚贤〈古史研究〉》，载《大公报·文学副刊》，第52期，1928年12月31日。

③ 张荫麟：《明清之际耶稣会教士在中国者及其著述——〈中国近三百年学术史·附表一〉校补》，载《清华周刊》，第300期，1923年12月28日，17页。

其后续有《明清之际西学输入中国考略》《清代生物学家李元及其著作》等论文问世。

荫麟虽无梁氏“入室弟子”之名，却在学术传承上有师生之实。梁启超尝当面向教员萧一山表示：“张君之才，殆由天授，吾辈当善加辅导，俾成史学界之瑰宝。”萧一山体认两人学问路径后，亦言：“任公先生的薪传，荫麟兄实为接承之第一人。”[①]荫麟对梁氏亦极有感情，尝自道任公的著作令其“童年心醉”。[②] 据张氏弟子李埏说：“新思潮的洗礼使他很早就能出入旧学，不受传统局限。他特别喜好那‘笔锋常带情感’的辟蹊径开风气的饮冰室主人的学术著作，每得一篇，都视作‘馈贫之粮’，细加玩索，可以说，早在清华亲炙之前很久，他已经私淑任公先生了。”[③]1929年年初梁启超去世，因政治环境的变化而身后萧条，张荫麟写出《近代中国学术史上之梁任公先生》一文以彰显其学。浦江清认为“文甚佳，颇能概括梁先生晚年思想上及学术上之贡献”。[④]

张荫麟研治清史，亦可能受到萧一山之影响。1925年秋，萧一山经梁启超介绍，进入刚刚改制的清华大学，除担任大学一年级四组的通史课程外，还兼任留美预备部四个年级的研究指导。张荫麟时为预备部一年级的学生。据萧氏忆述，“在开始研究的一周内，

① 萧一山：《非宇馆文存》，60页，北平，经世学社，1948。

② 张荫麟：《梁任公辛亥以前的政论与现在中国》，载《大公报·史地周刊》，第79期，1936年4月3日。

③ 李埏：《张荫麟先生传略》，载《东莞文史》，第29期，1998年12月，400页。

④ 浦江清：《清华园日记　西行日记》，28页，北京，生活·读书·新知三联书店，1999。

我发现荫麟兄的国学造诣，不仅为当时一般大学生中间所少有，看他在校内刊物上所发表的论文，有些关于考工制度方面的，简直非老师宿儒所及”；此后半年“我们时常接触，教学相长，稍为投契”。[①] 清史领域恐怕是两人时常探讨的重要内容。

此外，同属莞籍的藏书家伦明时在北京，张氏为其女伦慧珠之家庭教师。至1935年，荫麟、慧珠结为夫妇。伦明志在以个人之力续修《四库全书》，搜罗乾隆以后图籍不遗余力。梁启超曾向学生介绍：“伦系我同乡，清代人著作搜罗极多，前曾为北大文科讲师，受人排挤而去，贫乏几无以自存，居会馆中，寝处于书窟；尝有意为《续四库书提要》，予见稿本，学问似乎不够。”[②]然伦明的丰富藏书曾为张荫麟的清史撰述提供便利。如张氏写作《纳兰成德传》所必需的传主文集，“近从伦明先生处，得读余数年来谒求而未得之《通志堂集》，喜可知矣”[③]。

1929年张荫麟毕业留美，入斯坦福大学研究哲学和社会学。至1933年年底学成归国，任清华历史系和哲学系的专任讲师（即副教授）。其时蒋廷黻担任清华大学历史系主任（1929—1934年），正着力于开展中国近代史的研究，著有《中国近代外交史资料辑要》，对于近百年来的外交、社会和经济史抱有异常的兴趣。同时，他也是力主研究专门化之人，提倡以分析综合的办法研究断代史。其主

---

① 萧一山：《悼张荫麟君》，见《非宇馆文存》卷十，59～60页，北平，经世学社，1948。

② 陈守实：《学术日录》，见《中国文化研究集刊》第1辑，424～425页，上海，复旦大学出版社，1984。

③ 张荫麟：《纳兰成德传》，载《学衡》，第70期，1929年7月。

政清华历史系的方针是引进新人，给予教学的重任，而将杨树达等“旧学者”“当作我个人的老师”。①

根据清华档案显示，蒋廷黻向校方的报告书称：“二十二年度，本系与哲学系合聘张荫麟博士为专任讲师，是本系发展的一主要阶段。张讲师将在本系担任中国思想史及宋史。”②换言之，在蒋氏的计划中，张荫麟本不在其清史教学和研究的班底中。大概蒋更信任其所培养的近代史新人，如王信忠、邵循正、朱庆永等。然而蒋于1934年秋休假赴俄，从事秘密外交，到1935年年底，更彻底脱离清华，出任行政院政务处处长。

此时蒋之学生尚未能独立，而清史的研究和教学遂由张荫麟代理。荫麟既负责研究生之指导工作③，同时为研究生开设“清史专题研究”等课程。④ 1936—1937年，张荫麟负责研究院入学考试中国近代史(清史)一科的命题与阅卷。⑤ 王信忠亦谓其硕士论文《中日甲午战争之外交背景》“承张荫麟先生审阅，建议添作结论及日志”⑥。可见张氏实为蒋氏去后，清华唯一指导近代史研究之教授。

1935至1937年间，张荫麟主要的精力在于编撰高中、初中和小学的历史教科书，对于近代史的研究，恐怕未能全力投入，而仅

---

① 蒋廷黻：《蒋廷黻回忆录》，130页，长沙，岳麓书社，2003。

② 蒋廷黻：《历史系近三年概况》，清华大学档案馆藏，档号1-2：1-019。

③ 刘崇鋐：《历史学系概况》(1936年)，见清华大学历史系编：《文献与记忆中的清华历史系(1926—1952)》，17～18页，北京，清华大学出版社，2016。

④ 齐家莹：《清华人文学科年谱》，183页。考虑到张荫麟在1935年受命编撰高、初中历史教科书，请假，故是否真的开课，待考。

⑤ “1936、1937年招考学生、转学生等各种统计表及命题、阅卷人员名单”，参见清华大学档案，档号：1-2：1-058。

⑥ 王信忠：《中日甲午战争之外交背景·序言》，国立清华大学，1937。

限于搜集资料、作育人才及局部研究等方面。

(一)搜集清史材料

二三十年代的北平乃书海世界，清代以降的非善本书籍却不被重视。张荫麟反其道而行，以为与其将来费力搜集，不如趁现时方便而顺手保存。其尝劝注重金石刻本的容庚："如见有最近世史料价值在一二元左右者，不妨顺手购下，将来用处很大。"①可见其于近代史料的保存和限制有着异乎常人的领悟。

报纸为近代始出现的重要史料，荫麟相当肯定其重要性："此种史料之重要，西方史家已深切感及，惟今日中国史家尚鲜注意之。"报纸的记载范围既广且速，"实为社会之起居注"。然而报纸距离理想之历史记录，"其差犹不可以道里计"，因此提倡历史访员制：

> 往者不可谏，来者犹可追。欲求将来之历史成为科学，欲使将来之人类得理想的史学知识，则必须从现在起，产生真正之"现代史家"或"历史访员"，各依科学方法观察记录现在人类活动之一部分。此等历史访员，更须组织学术团体，以相协助，并谋现代史料之保存。②

虽然该文对于如何实施历史访员制"尚无具体意见"，仍然可见其注意搜集近代史料，实含有正确保存人类记录的史家理想。

---

① 《张荫麟致容庚》，1929 年 11 月 4 日，广东省立中山图书馆藏容庚档案"来鸿集录"。

② 张荫麟：《论历史学之过去与未来》，载《学衡》，第 62 期，1928 年 3 月，27 页。

值得注意的是，张荫麟对近代史料的搜集偏重中外关系方面。在清华读书时，便著文介绍印光任、张汝霖的《澳门纪略》，指出其为“我国外交史上所不可多得的资料”，“葡萄牙人所以得到租借澳门的经过尤有价值”。[①] 1928 年年初，张荫麟向中山大学语言历史研究所的余永梁提议，着手纂修广东方志，并注意近世资料的搜集和保存，特别是西人关于广东的游记和回忆录。其论曰：

> 广东在鸦片战争以前百余年间，为西方人在华之惟一居留地，其时在广州之西人侨民，且曾办有日报（见美人汤姆斯所著 *An Old Fan Kwai in Canton*），想今已无存。惟游记及回忆录，则存者尚多，就以英文作者而论，弟所见闻，已不下十余种。其中颇有可珍贵之资料，此等资料，以入通史则嫌其琐，入方志恰好。然此等书籍，今西方人已不甚爱惜（以其多数在西方无文学的或历史的兴趣），刊本多为数十年前物，流传极稀，绝少有为重印者；若不及早搜求，将来湮灭可惜。[②]

1929 年秋，张荫麟以清华公费赴美国，入斯坦福大学习哲学和社会学。其间，欲趁此机会，摘录外人观察清代大事之记录，编

---

① 张荫麟：《介绍一部关于我国外交史的重要参考书》，载《清华周刊·书报介绍副刊》，第 8 期，1924 年 1 月。该书在半个世纪后才得到充分重视，被认为“是中国人第一部系统介绍澳门的著作，是一部有特色的中国地方志，也是世界上最早刊行的一部关于澳门历史的著作”。见章文钦：《〈澳门纪略〉研究》，载《文史》，第 33 辑，1990 年 10 月。

② 张荫麟：《学术通讯》，载《国立中山大学语言历史研究所周刊》，第 2 集第 19 期，1928 年 3 月 6 日，199～200 页。

集《清史外征》一书。“此等史料多半在外国已不易购买，在中国真无从得见。弟拟此后每至一地图书馆，辄搜寻此等书籍，摘其有用之资料，随阅随译。现已得罕见者四五种。”而书中内容约分四类：

> 第一类为明末清初来华耶稣会教士之通讯及见闻记；
>
> 第二类为西国来华使臣之行记；
>
> 第三类为对中国各次战争之纪事；
>
> 第四类为洪杨变乱之记载（西人之参预两军内幕者，其记录尤有价值）。①

张荫麟出发留学前，因家贫向容庚借取路费130元。张氏准备以两篇史料译文《甲午中日海战见闻记》和《清初基督教在华纠纷》刊于《燕京学报》偿债。唯后来《燕京学报》决定不登《甲午中日海战见闻记》，令其“殊出意外”，自嘲“今乃知贫士卖文之苦”，遂自行决定将另一文《清初基督教在华纠纷》抽回；并请容庚保存两文，“此二稿暂不必谋发表，以后有闲当陆续移译同类之文，合成《清史外征》一书”。② 后来《甲午中日海战见闻记》刊于《东方杂志》。③《清初基督教在华纠纷》由容庚请顾颉刚向《东方杂志》介绍出版，

---

① 《张荫麟致容庚》，1930年1月2日，广东省立中山图书馆藏容庚档案“来鸿集录”。

② 《张荫麟致容庚》，1930年8月9日，广东省立中山图书馆藏容庚档案“来鸿集录”。

③ 张荫麟译：《甲午中日海战见闻记》，载《东方杂志》，第28卷第6、7号，1931年3月25日、4月10日。

恰毁于1932年“一·二八”淞沪抗战之烽火。[①]《清史外征》最后亦未编成。

1933年冬，张荫麟返国后，经济上颇为宽裕，开始大量搜购近代史料。好友吴晗回忆，张氏“在厂甸、隆福寺各冷摊搜集辛亥革命史料，得一百几十种，打算继续访求，期以十年，辑为长编，来写民国开国史”[②]。吴晗还讲到荫麟访求近代史料的一件趣事：

> 我在开封相国寺地摊上，偶然得到排印本的《中兴小纪》，记清同治史事的，传本颇不多见。荫麟一见便据为己有，闹了半天，提出用四部丛刊本明清人文集十种对换。我看着他那贪心样子，只好勉强答应。荫麟高兴极了，立刻塞进他的行李袋，再也不肯拿出来。回校后我去讨账，他在书架上东翻翻西翻翻，翻了大半天，都不大舍得，只拿出牧斋《初学集》《有学集》两种塞责。

另外，张荫麟曾委托藏书世家张伯桢之子张次溪（仲锐）代为搜集近代史料。张次溪说：“想起十五年前我帮助张荫麟兄搜集有关国史种种材料，如近百年来政治与社会演变史料，以及清末民初国内各书局所编印的历史教科书的旧事来。每有所得，我必俟他星期

---

① 《顾颉刚致容庚》，1932年2月12日，见《顾颉刚书信集》卷二，201页，北京，中华书局，2011。

② 吴晗：《记张荫麟》，载《大公报》（天津版），1947年1月5日，第6版。徐规谓张氏欲作“民国开国史长编”而未成，“在北平时收集民初史书甚多”。见其《张荫麟先生著作系年目录》，载《思想与时代》，第18期，1943年1月，39页。

六下午由清华进城到我家时，交给他看，他以为有用，我就送给他。在他的藏书中，辛亥以来革命史料，及各种中国老板〔版〕历史教科书，可以说大部分是我送给他的。”①

（二）培育近代史门人

荫麟几经辛苦得来的近代史料最终未能开花结果。其因接受编纂历史教科书的任务，无暇主攻近代史，遂将不少近代史籍转赠1936年招收的研究生沈鉴（镜如），供其研治清末民初历史之参考。后来这些书因为抗日战争而全部丢失。据沈氏言，20世纪50年代早期所编《中国近代史资料丛刊》的辛亥革命部分，尚不及那批书详尽。② 其与另一同门王栻合著的《国耻史讲话》（独立出版社，1940年），甚为顾颉刚所称道。③

张荫麟在杭州书肆购得不著撰人的笔记《水窗春呓》，意识到该书“实为曾传之最佳而最重要资料”，并嘱学生李鼎芳考订。④ 据李氏言：

> 日者承张荫麟先生借阅《水窗春呓》一书。张先生云：“此书购自杭州，余尚未尽阅，其作者犹未悉为谁。阅后倘能考得之，希以语我。”予乃尽两黄昏，毕读斯书。中论洋务，论盐

---

① 张仲锐：《关于张荫麟〈中国史纲〉编著经过及其他》，载《大公报》，1948年10月25日，第4版。

② 徐规：《张荫麟师培养学生情况述略——纪念张师诞辰90周年》，载《杭州大学学报》，第25卷第3期，1995年9月。

③ 顾颉刚：《当代中国史学》，76页，沈阳，辽宁教育出版社，1998。该书的实际作者为童书业、方诗铭。

④ 张荫麟：《跋〈水窗春呓〉（记曾国藩之真相）》，载《国闻周报》，第12卷第10期，1935年3月18日。

> 法，及记曾、左、江、罗诸人轶事，均颇有见地，足补史阙。作者盖有心人也。①

终考出《水窗春呓》作者为湘潭籍的欧阳兆熊。李氏后在荫麟的指导下，完成大学毕业论文《曾国藩与其幕府人物》。② 该文经过增补，在1947年由文通书局出版，1985年岳麓书社重印。李氏译有《乙未威海卫战争外纪》③，编入“中国近代史资料丛刊”《中日战争》第六册。

王栻为清华历史系1931级本科生，跟随张氏完成本科毕业论文《严几道》，后在《大公报·史地周刊》联名发表。④ 接着以荫麟为导师，攻读近代史硕士研究生，于1940年毕业。后以编辑《严复集》及严复研究驰名史坛。

1940年荫麟转任浙江大学教授，招收近代史研究生刘熊祥(西南联大本科毕业)，毕业论文为《清季联俄政策之始末》，1942年夏天毕业，后任西北师范大学史学教授。⑤

(三)研究之成绩

具体而言，一为清代文学史，二为甲午中日战争史。关于前

---

① 李鼎芳：《〈水窗春呓〉作者考》，载《国闻周报》，第12卷第10期，1935年3月18日。

② 该文由李鼎芳和张荫麟两人联名发表于《大公报·史地周刊》第36期，1935年5月24日。

③ 肯宁咸(Afred Cunning Ham)：《乙未威海卫战事外纪》，李鼎芳译，载《大公报·史地周刊》，第33期，1935年5月3日。

④ 张荫麟、王栻：《严几道》，载《大公报·史地周刊》，第41期，1935年6月28日。

⑤ 徐规：《张荫麟师培养学生情况述略——纪念张师诞辰90周年》，载《杭州大学学报》，第25卷第3期，1995年9月。

者，荫麟撰有《王德卿传》，为清代乾隆时期的才女作传，“不独德卿识见学诣为过去我国女子中所罕覯，且其品格高峻莹洁，其在世三十年之生活，直是一首美丽之诗，是乌可以无传乎！”①另有长文《纳兰成德传》，作为这位“清代第一词人”之逝辰纪念。② 荫麟还尝写有纳兰成德《饮水词》详注一书，在留美前夕交商务印书馆出版，惜在1932年“一·二八”事变中毁于火。③

张氏为文不止于考据文学史实，还欲直达诗人内心，以臻“以诗证史”之境。如龚自珍的《汉朝儒生行》一诗，向被认为“迷离惝恍，莫明所指”。张荫麟释之为咏岳钟琪事。④ 陈寅恪却转托容庚告知张氏，此诗实咏杨芳事。张荫麟细思后，方“确信此诗乃借岳钟琪事以讽杨芳而献于杨者”。⑤ 可见陈氏于清代史事极为熟悉，所见更深一层，荫麟表示认同，则提示出两人对于解读较难证实的史料有着一致的方法和兴趣。而岭南老派学者温廷敬(1869—1954)则认为龚诗为杨遇春而作⑥，进而批评张文，“以今日之思想事实，强施之于前人，不复顾其词义之安”，实为“牵强附会，无一合者”。⑦ 诗词之今典往往难于索解，言人人殊。温氏试图将各诗句

① 张荫麟：《王德卿传》，载《学衡》，第67期，1929年1月，第1页。

② 张荫麟：《纳兰成德传》，载《学衡》，第70期，1929年7月。

③ 梁方仲：《哭张公荫麟》，载《文史杂志》(重庆)，第2卷第7、8期合刊，1942年8月。

④ 张荫麟：《龚自珍〈汉朝儒生行〉本事考》，载《燕京学报》，第13期，1933年6月。

⑤ 张荫麟：《与陈寅恪论〈汉朝儒生行〉书》，载《燕京学报》，第15期，1934年6月。

⑥ 温廷敬：《读龚定庵诗书后》，载《中山大学文史学研究所月刊》，第2卷第5期，1934年2月。

⑦ 温廷敬：《张荫麟〈龚自珍《汉朝儒生行》本事考〉辨正》，载《中山大学文史学研究所月刊》，第2卷第5期，1934年2月。

均落于实处，旨在实事求是。张、陈则以“了解之同情”的方法体认诗人作诗的真意。老派的反对正映衬出陈、张二人解释史实方法之新颖。

在甲午中日战争史领域，张氏的研究具有开拓性的意义。他十分看重甲午中日战争的历史意义，“甲午一役关系我国国运至巨，宜为治我国近世史者所注重”；然而中方记载不仅稀缺，而且讳莫如深，“大抵直接或间接译自日人之普通著作”，因此中、日以外之第三方的史料更显出重要的价值。于是有英国人泰莱(W. F. Tyler)《甲午中日海战见闻记》之翻译，“与现存中国之记录较，不独许多重要事实，前此未记载，且颇有抵牾之处”，“以供我国治近世史者之参考”。[①] 好友谢文通曾言，张氏“很注意收集中外关系史方面的书籍，其中一本由英国参赞写的《甲午之役》，就是在旧书摊里找到的”[②]。张氏并翻译出日本作家小泉八云的《甲午战后在日见闻记》，“所记虽属战后，实反映战时。虽为片断之轻淡描写，而其显明敌所以胜，我所以败之故，实远优于任何抽象之申论也”[③]。

张荫麟对于甲午之战的研究成果，则见《甲午战前中国之海军》《甲午中国海军战迹考》等文。前文以《中国史纲》的笔法，利用中外史料，回顾甲午战前中国海军的发展历程。后者刊于《清华学报》，以丰岛之战、黄海之战、威海卫之防御等专题，重新考订甲

---

① ［英］泰莱(W. F. Tyler)：《甲午中日海战见闻记》，张荫麟译，载《东方杂志》，第28卷第6、7号，1931年3月25日、4月10日。

② 谢文通口述：《记历史学家张荫麟》，见《广州文史资料》，第38辑，1988年9月。

③ ［日］小泉八云：《甲午战后在日见闻记》，张荫麟译，载《国闻周报》，第11卷第28期，1934年7月16日。

午海战之史迹。[①]

今次编集，乃张荫麟清史论文的首次汇总出版，既包括其正式的论文，也有论学函札与史料整理，以期展现其近代史研究的全貌。另附温廷敬的商榷之文，以供参考。是否有当，尚祈读者教正。

李欣荣

谨识于广州康乐园向阳书房

2017 年 3 月 1 日

① 张荫麟:《甲午战前中国之海军》，载《大公报・史地周刊》，第 1、2 期，1934 年 9 月 21 日、28 日;《甲午中国海军战迹考》，载《清华学报》，第 10 卷第 1 期，1935 年 1 月。

目录

明清之际耶稣会教士在中国者及其著述

——《中国近三百年学术史·附表一》校补

梁任公先生《中国近三百年学术史》演讲附有《明清之际耶稣会教士在中国者及其著述》一表。此表实为研究明末西方学术、宗教东输之重要资料。吾前尝发现其中可疑者三点，以质任公先生。先生复书谓："该表采自日本人著作，而其人又采自欧籍，并未注明出处。……其中讹舛，益不免也。"顷继续研究，又得其中遗漏错误者二十余事。兹并录以质正于任公先生。

（一）耶稣会教士在中国之著述，表内遗漏者有下列各书：

1.《西琴曲意》一卷　利玛窦（Matteo Ricci）撰。四部已著录。（杂家类存目）

2.《空际格致》二卷　高一志（Alfonso Vagnoni）撰。四部已著录。（杂家类存目）

3.《火攻挈要》三卷　汤若望（Schall Von Bell）授，明宁国焦译。四部未著录。有《海山仙馆丛书》刊本。

4.《坤舆外纪》　南怀仁（Ferdinand Verbiest）撰。四部已著录。（地理类存目七）

5.《天步真原》 穆尼阁撰，清薛凤祚译。四部已著录(天文算法类)，又有《守山阁丛书》刊本。

6.《辨学》 此书任公先生于《近三百年学术史》内举之(第一讲第六页)。未审为何人所著。

7.《玑衡抚辰仪记》 戴进贤(Iguace Kogler)撰。其文载于《仪象考成》及清《通志》。

8.《日躔表》

9.《月离表》

《日躔表》《月离表》二书皆戴进贤等所修，续于《历象考成》之后。(据《四部提要·历象考成后编条》)

(二)在中国之耶稣会教士表内遗漏者有下列二人:

1. 穆尼阁 即上述撰《天步真原》者也。其国籍及东来年均不可考。《四部提要》称其顺治中寓江宁，喜与人谈天算，而不招人入耶稣会云。

2. 纪利安 国籍及东来年不可考。康熙间为钦天监，五十二年尝造地平经纬仪。(据戴进贤《玑衡抚辰仪记》)

(三)表内以下列各书为利玛窦著述，均系错误:

1.《徐光启行略》，按利玛窦卒于万历三十八年(1610)(据原表又 *International Encyclopedia*，Ricci，Matteo 条所载同)，而徐光启至崇祯间犹存。利玛窦安能及为徐光启作行略?

2.《勾股义》，按此为徐光启所自著。原书(《海山仙馆丛书》本)自序可按覆也。

3.《浑盖通宪图说》，按此为李之藻所著，其法出自熊三拔(Sabatthinus de Ursis)之《简平仪》，与利玛窦无涉。原书(《守山阁丛书》本)可按覆也。

(四)《崇祯历书》，表内列为孟三德(Eduard da Sande)著述。按孟三德卒于万历二十八年，据原表去《崇祯历书》纂修时已久，安能及预其事(参看《明史纪事本末》)。据《明史》及《四部提要》，纂修此书之西洋人有汤若望、罗雅谷(Giacomo Rho)、龙华民(Nicolas Longo bardi)、邓玉函(Terrenz Jereuz)，而均无孟三德其人。表内汤若望等各条下均不列此书，当补入。

(五)表内利玛窦所著书有《同文算指通编》。按《同文算指》(《海山仙馆丛书》本)有《初编》及《通编》，均为利玛窦所授，不当独举《通编》。

(六)《坤舆图说》，表内列为南怀仁著述，又列为艾儒略著述。按艾儒略卒于1649年，南怀仁于1659年始来华(据原表)，断无合著此书之理。《四部提要》此书为南怀仁所撰，当从之。

(七)数人合著之书，而表内仅归之一人，如《西方要纪》乃利类思(Luigi Buglio)、安文思(Gaorirel de Magaehaens)及南怀仁所共著(据《四部提要》)，而表内仅归之利类思；《职方要纪》曾经利玛窦、庞迪我(Diego de Pantoja)及艾儒略(Giulio Aleni)三手(看原书艾儒略序)，而表内仅归之艾儒略。若此之类，似为未当。

(八)表内戴进贤所著书有《仪象考成》。按《仪象考成》中有载戴氏之《玑衡抚辰仪记》。而此书非戴氏所著也。此名乃奉敕撰，成于乾隆十七年，其年戴已死六年矣。(据原表)

(九)表内载利玛窦东来年在万历十一年。考《明史·外国传》言，“利玛窦万历九年抵广州之香山澳”，今据改。

(十)表内(Alfonso Vagnoni)有高一志、王丰肃二名。考《明史·

外国传》言:“王丰肃后改名潜入内地。”岂高一志乃王丰肃之改名欤?若然则当先列王丰肃而后高一志,并当附注。

(十一)表内罗雅各,《明史》及《四部提要》均作罗雅谷,当据改。

附录

前次所考者三事:

(一)表内第八格列《诸器图说》为邓玉函所著书。按《诸器图说》所见及《守山阁丛书》本乃明王徵所自著。王徵尝往邓玉函,译《远西奇器图说》。而此书之作,则远在其获晤邓氏,从事翻译之前。原书王徵自序可按覆也。

(二)表内以《远镜说》为孟三德所著书。原表第二格按此书《艺海珠尘》本题作汤如望撰(汤若望表内无其人),想系汤若望或罗如望之误。

(三)表内第十九格傅泛斋,《续通志·艺文略》作傅泛际。

原载《清华周刊》第300期,1923年12月28日。

介绍一部关于我国外交史的重要参考书

《澳门纪略》，印光任、张汝霖合著。这部书著者是乾隆间人，都在澳门做过官的。书虽寥寥两册，却曾经两手，历时十余年，其慎重可知了。

书内述明末清初西洋人在我国的情状甚详，又载了好几篇明末诸臣关于对付西洋人的奏疏，都是我国外交史上所不可多得的资料。又葡萄牙人所以得到租借澳门的经过尤有价值。外国人说葡萄牙所以得借澳门，是因为帮助我国剿海寇有功（参看 *International Eucyclopedia*，Maccas 条）。但是书所载却大不然。读者如欲知其详，请看原书，恕我这里不叙述了。又最要注意的一事：书中所称佛郎机乃是当时西洋人的别名(《明史·外国传》亦然)，若拿作 France 看，则一塌糊涂了。关于这事，余别有考，现在不能详说。读者如欲略知其故，可参看《图书集成》边裔与佛郎机部最末一条。读此书时，至好与《明史·外国传》作参考。

原载《清华周刊·书报介绍副刊》第 8 期，1924 年 1 月，署名“荫”。

钱大昕和他的著述

“戴编修震尝语人曰：‘当代学者，吾以晓徵(钱大昕字)为第一人。’——盖东原毅然以第一人自居。”(《钱詹事大昕记碑传集》卷四九)

“乾嘉诸儒以东原、竹汀(大昕别号)为巨擘；一精于经，一精于史；竹汀博洽过东原，而湛深不逮。”(朱一新《无邪堂答问》卷一)

我们读此，可知钱大昕在清代学术界的位置早有定评，用不着“予小子”再多说话。至于他治学之合于科学方法，尤近日学者所极力表彰。简单说一句：他是一位“科学的”史学家、小学家——音韵和训诂的考证家、天算学家、金石学家、地理学家，而他的贡献都是在考古方面。就这方面说，清代的汉学者，恐怕没一个比得上他。(他的词赋也是当时和后世所称道的，但这不是他毕生用力所在，现在且不说。)我以为这一位学者，实在有介绍的价值。所以《周刊》书报介绍主任陈君要我为该栏做一篇文章，我就答应了做这篇。因为我个人学识浅陋，且时间匆促，这篇文章恐怕对不起读者，更对不起“钱先生”吧！

一、略传

“闲话少谈，言归正传”：

钱大昕字晓徵，一字辛楣，又号竹汀，江苏嘉定人。生于雍正五年(1727)卒于嘉庆九年(1804)，他的一生正当清代“歌舞太平”之世，汉学“当阳称尊”之期。他生而颖悟，少时有神童之称。十五岁便中了“秀才”。时紫阳书院院长王峻闻其名，召至院里，试以《周礼》《文献通考》两论；他下笔千言，悉中典要，院中名宿大为佩服。乾隆十四年高宗南巡，这时他才二十二岁，到行在献赋，召试，赐举人，以内阁中书补用。明年他便入京就职。过了五年，成进士，改庶吉士，散馆授编修，寻擢侍讲。后来升到詹事府少詹事，所以后人称他为钱詹事。他在京师足足住了十九年，这是他一生学业成就的关键。因为他在这时得读翰林院的藏书，得交当时的有名学者，他的天算学和元史的研究，都是在这时成功的。他离京师后连接做了山东、湖北、湖南、浙江、河南的主考官，后来奉命提督广东学政。次年他的父亲死了，这时他已经四十九岁，方才除了孝服，他的母亲又死了。自是以后他便不再出做官。历主江苏钟山、娄东、苏州紫阳诸书院，一面讲学，一面著书。他的有名著作——《二十二史考异》，便在这时完成。七十七岁那一年，他便死在紫阳书院里。他死的一天还和他的学生们口讲指画，谈笑不辍云。他生平的学友，如戴东原(震)、段若膺(玉裁)、梁曜北(玉绳)、洪稚存(亮吉)、王凤喈(鸣盛)——他的妻舅、孙渊如(星衍)、卢绍弓、袁简斋(枚)等——都是一时知名之士，皆曾与他通书论学，载在文集中。

他的弟弟大昭和他的侄儿塘、儿子东垣都是笃志古学，很有建树的。他的弟子很多，在紫阳书院的时候，门下士积二千余人。但最能传其学的，要推李锐了。

他所撰著和参预纂修的书，现在考出的共四十六种。

长沙龙氏刻本《潜研堂全书》仅收入他所著的书二十三种。其余有的是原来未刻的，有的是刻了而不流行的。现在将所考分类述出，每类仍以成书的先后为次，没有年代可考的列在后面。其书收入《潜研堂全集》中者以“○”为记。

二、撰著

（一）大昕所撰著的书：

1. 史学类

《补元史氏族表》三卷 ○

《补元史艺文志》四卷 ○

“大昕向在馆阁，留心旧典。以洪武所辑《元史》冗杂潦草尤甚，拟仿范蔚宗、欧阳永叔之例，别为编次，更定目录，或删或补，次第属草，未及就绪。归田以后，此事遂废。唯《世系表》《艺文志》之稿，当留箧中。”（《艺文志》自序）盖二书皆“旧史所未备，先生特创补之”（《艺文志》黄钟跋）。

《氏族志》一书，为其所拟新元史的最重要部分，因为“元之蒙古‘色目人’命名多溷，非以氏族晰之。读者茫乎莫辨，几如瞽者之无相。……(无表)先生属稿于乾隆癸酉(十八年，1753)，成于庚子(四十八年，1780)，几及三十年。……广搜博采，正史杂史之外，兼及碑刻、文集、题名等书；考其得失，审其异同，一一表而出之。然后昭然如分黑白矣”。原书黄钟跋，是书初刊于嘉庆十一年。

《艺文志》一书，取元代“文士撰述，录其都目，以补前史之阙；而辽余作者，亦附见焉”。这书又得黄荛圃“纠其踏驳，证其同异”。嘉庆五年刻于吴郡(原书自序)。

《元史纪事》四卷

《元史稿》一百卷

荫谨按：二书《潜研堂全集》未收，且不见于目录。(《潜研堂全集》目录中凡未刊入之书，亦列其目。)前一种载于《钱詹事大昕记》(以下省称《钱记》，《碑传集》卷四九)，未审已刻否；后一种见于郑文焯《南献征遗》，未刻。(《国粹学报》第六年第四册)《新元史》一书，大昕自云“次第属草，未及就绪”。(见前引)而其弟子黄钟于先生卒后有云：“先生尝欲别为编次(元史)……稿已数易，而尚未卒业。”(《元史·氏族志》跋)则郑氏所见之《元史稿》，当即此稿矣。而《钱记》云“大昕……重修《元史》后恐有违功令，改为《元史纪事》”，其言信否，未可知。然可见其《元史纪事》，盖取材于《元史稿》也。

荫又按：新《元史》的研究，清末极盛，魏源、柯劭忞等极有成绩。而最先从事这种工作的人，要推大昕了。先生于此业用力甚劬，但是对于后来清末《新元史》的研究，似乎无甚影响。《元史稿》未有刊本无论了，即《氏族》及《艺文》二书，现在柯氏的《新元史》中，尚未采入。这是我所诧异的。

《二十二史考异》一百卷 〇

这部书是大昕一生最大而最重要的工作。他在自序里说："予弱冠时读乙部书，通籍以后，尤专斯业。自《史》《汉》迄《金》《元》，反复推勘，虽寒暑疾疢，未尝少辍。偶所得，辄写于别纸。丁亥岁（乾隆三十二年，1767）乞假归里，稍编次之，岁有增益。戊戌（乾隆四十三年，1778）设教钟山，是年五十一岁。讲肄之暇，复加讨论。与前人暗合者削而去之，或有得于同学之启示。"书中所列曾参订此书的门人，有八十九人。

这部书的内容是将二十二史（二十四史中除了《旧五代史》和《明史》）校勘传刻讹误，订正原文的训诂；或考史例，或正原文的抵牾；于地名、官制，考证尤详；也常有取一问题贯穴全史作综合的研究，而于天文、律历诸志贡献尤大。因为正史中这两部分从前读史的人差不多都不敢问津，年代湮久，以讹传讹，很少人能把他校正，所以益发难懂。大昕精通古历，发误正讹，如灯照暗。其功更不少。正史为我国惟一的史料，而这书为正史的最大功臣，真是我国史学界不朽的名著。是书初刊于庚子时，先生年五十九。

《三史拾遗》五卷 〇

《诸史拾遗》五卷 ○

这二书成年无考，内容与《二十二史考异》大略相同，疑为《考异》刻成后之继续研究所得。

《通鉴注辨正》二卷 ○

是书初刊于乾隆五十七年，时先生六十五岁，大约成于这时。其书摘胡氏《通鉴注》的谬误，而辨正之，共一百四十余条。“至于声音、文字、职官、民族偶举一隅，良多启悟。”（原书戈宙里序语）

《疑年录》四卷

这书考古今学者的生卒年月，自后汉郑康成至清邵二云止。按邵二云卒于嘉庆元年，去先生之卒八年，则这书之成，当在先生暮年了。书初刻于嘉庆十八年，有姚鼐序，《海山仙馆丛书》收之。

《洪文惠年谱》一卷 ○

《洪文敏年谱》一卷 ○

《陆放翁年谱》一卷 ○

《王伯厚年谱》一卷 ○

《王弇州年谱》一卷 ○

洪文惠即洪进，洪文敏即洪迈，陆放翁即陆游，王伯厚即王应麟——都是宋代的学者。王弇州即王世贞，明末人。文惠、文敏、放翁三人年谱，初刻于嘉庆八年，时先生年七十六岁，大约成于这时。后二种是先生卒后门人得之家中的，初刻于嘉庆十二年。

《宋辽金元四史闰朔考》二卷

辽、金、元三朝均先后和宋朝对屿，他们所用的正朔，都和宋代不同，所以读史者每感年月之纠纷。这书根据历法，将三朝之与宋同时的正朔年月，对照列表，以矫此弊。书还没有做成，他的弟子李锐为之增补。后来钱同人又续之至明代而止。嘉庆二十五年阮福初刊此书于广州。将钱续至元以后者刊去，因为“竹汀先生以四朝时宪甲子不殊，闰朔各异，而作此考；若至元十四年，灭宋以后，无所谓互异者矣”（原书阮福序语）。是书又有《粤雅堂丛书》本。

《朱德录》四卷

未刊，见湘刻《潜研堂全书目录》。

《南北史雋》一卷

未刊，见郑文焯《南献征遗》及湘刻《潜研堂全书目录》。

《唐学士年表》一卷

《五代学士年表》一卷

《宋中兴学士年表》一卷

后三种湘刻《潜研堂全书》未收入，惟著于目录，并云别有德清徐氏刊本。今未见。

2. 金石录

《金石文跋尾》二十卷 ○

一书中王鸣盛一序作于乾隆五十二年，时先生年六十，此书之成或在此时。大昕与鸣盛同居燕邸时两人每得一碑，辄互出以相品质(据是书王鸣盛序)。所过山崖水畔，黉宫梵宇，得一断碑残刻，必剔藓拂尘，摩挲审读而后去，至老而益笃。“博采金石文字，以考经史。”(瞿中镕《金石文目录跋》中语)

此书乃其所藏金石拓文之跋尾，共八百六十篇。每一物都记其来源，考其年代。当日每得跋尾二百篇，门人辄为刊布，续成四集，追题元、亨、利、贞四编，凡二十五卷。今本乃其弟子胡元常所改编，以年代相次。

《金石文字目录》八卷 ○

乃大昕所藏金石拓本之目录，共著录二千余种。每种注其年代、所在地及作者。

《金石文字目录附识》一卷

未刻，见湘刻《潜研堂全书目录》。

《唐石经考异》一卷

未刻，见湘刻《潜研堂全书目录》

3. 小学及经学类

《声类》四卷 ○

其弟子汪恩跋之云："此书采缀极富，而出所见以正前人之讹误者仅十之一二。盖当时只取以备用。故其说散见于所著《二十二史考异》及《金石跋尾》《养新录》诸书，而此书视如蒿矢，藏之箧笥。"我们读此，可知他研究古音韵学的方法。他是先将古籍之注疏及古小学书中关于音韵者尽数搜辑录出，成了这部书，以为研究的资料。然后用归纳的方法，求得新发明，如"《毛传》多转音"，"古无轻唇音"……这部书到现在还可为我们研究古代音韵的唯一资料。书初刊于道光五年，湘刻《潜研堂全书》已收入，别有《粤雅堂丛书》本。

《恒言录》六卷 ○

考寻常成语之来源，凡十九类，千余条(?)，成书年无考。

《经典文字考异》三卷

未刻，见湘刻《潜研室全书目录》。

4. 历算类

《三统术衍》三卷

《三统术钤》一卷

大昕在京时，与同年褚缙升、吴荀叔讲《九章》，与何国宗谈西法，又深究《数理精蕴》——当时所法的总集：以观史，自太初、三统(汉历法)、四分(后汉历法)，下迄授时(元历法)，皆能得其测量之法(王昶《钱大昕墓志》，以下省称《王志》)。刘子骏的《三统历》，其书虽存于《汉书·律历志》，但其法数千年来已无人能懂。大昕为之钩摘隐奥，剖剔舛伪，可使人人通知其术。他自己说，做这种工作时，为之寝不能寐者积年，而后得成功。(原书钱塘跋)

荫按：据此书钱塘于乾隆四十一年所作跋云："岁之季夏……先生于是书而叹曰：'……(此书)成又二十余年，未尝有闻之者。'"由此年逆数二十年，即乾隆二十一年，是书之成当约在此时，时先生年二十九岁也。

《三统术衍》乃录《汉书·律历志》所载刘歆《三统术》本文，为之疏证解释。《三统术钤》乃用其术所推算得的数目之记录。这二书嘉庆六年阮元初刊之于杭州。

5. 杂类、别集及日记

《十驾斋养新录》二十卷、《养新余录》三卷

《养新录》写定于嘉庆四年，是年先生七十二岁。这书是先生随笔札记，皆关于考证学片段的发明：有属于经文的解释和校勘的，有属于文字学及古音的，有属于史书及史实的考证的，有属于金石和舆地沿革的，有属于古籍的考证的，有属于天算的，有考成语的来源的……不一而足。这书嘉庆九年阮元初为刊行。刊成后，他续有所得，别记一编，名《养新余录》，直至他死的时候才止。《余录》初刊于嘉庆十一年。

《潜研堂文集》五十卷

荫按：阮云台嘉庆九年于《养新录序》云："先生所著书……《潜研堂文集》，久为海内学者所读矣。"则此书之刊行，当远在大昕卒年之前。

是书集中他和门弟子的答问，有关于经学的，有关于文字学的，有关于数学的，有关于音韵的，有关于史学的，总共有十六卷之多；古书的序跋考辨、杂著和他写给朋友的信为最有价值。此外什九是志墓应酬之文和颂德歌功之作，我却不敢推许。

《潜研堂诗集》十卷〇

《潜研堂续集》十卷〇

大昕自己说："仆自成童时，喜吟咏，而父师方课从举业，不得肆力于诗。二十以后，颇有志经史之学，不欲专为诗人。"(《诗集》自序)他的弟弟大昭也说："予兄詹事竹汀先生，幼即工诗，以献赋通籍。……嗣先生专意经史、小学，服官之暇，悉力著书，遂不多作。"(《诗续集》序)可见诗不是他毕业用力所在。我对于诗完全是门外汉，他的作品不敢妄下批评。

《诗集》先生手定于乾隆二十二年，时年三十七。《诗续集》乃先生卒后，其弟大昭所编订。

《日记》六十卷

《竹汀日记抄》三卷

《日记》见湘刻《潜研堂全书目录》中，惟未收入，注云原未刻。《日记抄》并见《钱记》及《阮传》，大约已刻，今未见。

(二)大昕所参预纂修和校辑的书

《续文献通考》

今本《续文献通考》所开列编纂诸人，无大昕名。然《王志》云，"朝廷修《续文献通考》……君充纂修官"，《钱记》及《阮传》亦云然。当系书成时，大昕已去职，故书中不列其名。大昕预修此书之年已无可考，按此书于乾隆十二年始奉敕修，大昕之预其事，盖当在京供职时也。

《续通志》

大昕之曾与纂修此书，并见《王志》《钱记》《阮传》。惟今此书所列纂修官无大昕名。

荫按：《潜研堂文集》有《拟续通志列传凡例》及《续通志列传总序》二文。今将此与《续通志》文核对，内容全同，惟词语和次序略有更易耳。可见《通志》中《列传》一门，大昕盖为主要编纂者。

此书之修始于乾隆三十二年，时大昕年四十岁。

《一统志》

大昕之预修此书，并载《王志》《钱记》及《阮传》。

荫按：《潜研堂文集》中有《与一统志馆同事书》，内有云："《志》局初开，未尝与编纂之列。顷以白华传读出差，承乏摄事……瓜代之期，亦不过数月。"这封书对于《志》内《人物》一门，有所商榷。又按：《一统志》纂于乾隆二十九年，时大昕三十七岁，正供职京师。

《续通鉴诸史拾遗》第五卷有云："尚书毕沅《续通鉴》稿成，属予参校，因为辨正之。"

《热河志》

存疑。《王志》《钱记》并云大昕尝奉敕修《热河志》，惟《阮传》

不载。

按《热河志》于乾隆四十六年奉敕撰，时大昕正丁忧居家，恐未能参预其事。姑志所疑于此。

《五礼通考》

《音韵述微》

《王志》云："秦文恭公(蕙田)辑《五礼通考》及奉敕修《音韵述微》，皆请相助。"《阮传》云："尝奉敕与修《音韵述微》。"

荫按：秦蕙田《五礼通考》自序云："戊寅移长司寇，兼摄司空，事繁少暇；嘉定钱宫允晓徵实襄参校之役。"

戊寅即乾隆二十三年，时大昕年三十一。

《音韵述微》一书我未见过，待考。

《增补坤舆全图说》

《新制浑天仪说》

《王志》及《钱记》并谓大昕尝奉敕修《天球图》，《阮传》谓修《地球图》。荫按：《畴人传・蒋友仁传》云："蒋友仁(Benoist Michael，1715—1774，法人)，乾隆二三十年间入中国，进《增补坤舆全图》及新制浑天仪，奉旨翻译图说，命何国宗、钱大昕为之详加润色。"所谓《天球图》《地球图》即《增补坤舆图》及《新制浑天仪图》也。乾隆三十年时大昕年三十八岁。

《辑风俗通义佚文》一卷。

从《太平御览》《艺文类聚》和其他古书中辑出后汉应邵《风俗通义》的佚文，成年无考。

据上面所考大昕的著作，没有刻行的不少，现在还不知存亡，其中最可惜的是《元史稿》一百卷和《日记》六十卷。他的日记一定很有价值。在我国最长的日记中，比曾涤生和李炁伯的还先一百多年。我希望海内的藏书家和钱氏子孙，若藏有大昕未刻的遗著，赶快把他付印，或公布，则真国学界之大幸了！

原载《清华周刊·书报介绍副刊》第10期，1924年4月11日。

明清之际西学输入中国考略

西方学术之输入我国，可分为二期：第一期，始于明万历中叶(1573—1619)，盛于清康熙间(1662—1722)，至乾隆中(1736—1795)而绝；第二期，始于清咸丰(1851—1861)、同治(1862—1874)间之讲求洋务，以迄今日。兹篇之职务，在整理第一期西学输入之史迹，而说明其与我国学术界之关系。

此期西学之输入，为耶稣会(The Society of Jesus)士传教之附带事业。其所输入以天文学为主，数学次之，物理学又次之，而其余则附庸焉。其在我国建设最大者为天文学，与清代学术关系最深者，天文学与数学惟均。而天文学实最先与我国学术界发生影响，兹请先述之。

一、西方天文学之初输入

我国之天文学，截至明代止，已有三千余之历史。① 其间亦尝

① 我国之有天文学，始于《尧典》之历象授时。三代以前，其术不传。自汉洛下闳至元郭守敬，历法凡六一改，诸史天文历志所载，其法彰彰可考。

有外国天文学之输入。[①] 惟欧洲天文学之入中国，则自耶稣会教士始。

（一）利玛窦之介绍西方天文学

耶稣会教士之最先传教中国内地者，为意大利人利玛窦氏，于万历九年（1581）抵广州。利氏少学于 The Roman College (in Rome)，尝专研天文及数学。[②] 既入中国，撰《乾坤体义》，其上卷言天象；述日月食由于日月与地球之相掩，及七曜与地体之比例。[③] 又著《经天该》，将其时西方所已测知诸恒星，造为歌诀，以便观象者之记诵。[④] 尝制浑天仪、天球仪、地球仪诸器以示人。[⑤] 徐光启、李之藻、周子愚辈从之游，习其术。利氏尝以简平仪，授李之藻；之藻耳受手书，得其用法，因阐其术作《浑盖通宪图说》。[⑥] 此实中国人介绍西洋天文学之第一部著作。

利玛窦之入北京贡方物（万历二十九年，即 1601）也，其上疏自谓：于"天地图及度数，深测其秘；制器观象，及考验日晷，并与中国古法吻合"，又请"披露于至尊之前"。[⑦] 时明代历法，犹踵

① 外国历法之输入，在唐，有婆罗门之九执历，《通志·艺文略》有《婆罗门算经》一卷（第二六卷，第二四页，浙江书局刻本，光绪一三年版，1887）；在元，有西域之回回历[《元史》，第五二卷第五页（下），殿刻本，乾隆四年，1739]。

② *The Catholic Encyclopedia*, p. 34, New York, The Encyclopedia press inc. 1913.

③ 《四库总目提要》，第一〇六卷，天文算法类，一，第九页（上），上海点石斋重印本，刊年未详。

④ 参看原书，见《艺海珠尘·辛集》，第三五册。

⑤ 《明史》第二五卷第一七页（上），殿刻本，乾隆四年（1739）。

⑥ 参看原书自序，见《守山阁丛书》，第五八册，上海鸿文书局重印，光绪一五年（1889）。

⑦ 据柳诒徵《中国文化史》，第三编，第二五页（下）所引，南京高师讲义本，1923。

《大统》《回回》[①]之旧。自成化(1465)以后，违天益远，纷纷议改；而台官泥于旧闻，当事惮于改作。[②] 利氏卒未能用其所学而没。

(二)明廷对于新法之需要

利氏既卒，继之而来之教士，多以天文学称于中国，从之习其术者颇众。及万历三十八年(1610)十一月日食，钦天监预推不验，礼部遂奏请博求知历者与监官昼夜推测。于是五官正周子愚乃上疏请令西洋人庞迪我、熊三拔等尽译携来西法之书。[③]

礼部因疏请，以邢云路主理历事；而以徐光启、李之藻、庞迪我、熊三拔，同译西法，俾云路参订修改。盖云路主改历甚力，颇负知历之名。然云路乃旧历家，其天文学智识实甚肤浅。[④] 时徐光启适以疾南旋，乃召云路、之藻入京董其事。云路据其所学，之藻则以西法为宗。[⑤]

(三)西法之继续输入

万历四十一年(1613)，之藻奏上西洋天文学说十四事，言地圆，日月食，及行星运行之理。疏中力言西法所以专长之故，竭力摧廓当时守旧自大之风；并论我国天文学所以不振之原，亦洞见症

① 《大统》乃明初所定历法，本元授时历而作；《回回历》元代传自西域，明钦天监兼设此科，以备参考。参看《明史纪事本末》，第七三卷，第一页(上)—二页(上)，《畿辅丛书》本，光绪七年(1881)。

② 参看《明史纪事本末》，第七三卷，第三页(下)——二页(下)。

③ 《明史》第三一卷，第一五页(下)——六页(上)。

④ 以上据《明史》，第三一卷，第一六页(上)；又梅文鼎评云路云："于旧法殊略所疏，授时法意亦未得其旨……但知有授时，而姑援经史以张其说。古历之得失未能也，无论西法矣。"见《四库总目提要》，第一〇六卷，第九三页(下)。

⑤ 徐光启：《刻同文算指序》，见《海山仙馆丛书》第一〇四本，道光二七年(1847)；又《明史》第三一卷，第一六页(上)。

结。又请亟开馆局，翻译西法。[①] 时礼科姚永济亦以之藻之言为请，然朝廷以庶务因循，未遑开局也。[②]

然此时耶稣会士，仍继续输入西方天文学说。熊三拔于万历四十一年(1613)著《简平仪》，详细说明简平仪之用法；次年又著《表度说》，述立表测日影以定时之简捷法，并以天文学的原理说明之。[③] 阳玛诺(Diaz, Emmanuel)于万历四十三年(1615)著《天问略》。其书于"诸天重数，七政部位，太阳节气，昼夜永短，交食本原，地形粗细，蒙气映差，曚映留光——皆设为问答，反复以明其义。末载蒙映刻分表，并详解晦朔、弦望、交食浅深之故，皆据有图说，指证详明"[④]。

(四)输入进行之停顿，及其复兴

西学输入之进行，不久乃停顿。所以者何？则耶稣会士之遭政府斥逐也。初，王丰肃(Alfonso Vagnoni)行教于南京，信者日众，而士大夫之攻击亦日烈。徐如珂首议驱斥，沈漼、晏文辉、余懋孳等继之，谓其左道惑众。并有攻其私习天文为违反《大明律》者。至万历四十四年(1616)五月，政府乃下令严禁耶教，所有在华耶稣会士，均命逐往澳门。而其附带之介绍西学事业，亦因而被累矣。[⑤]

天启(1621—1627)初，明廷以外患日亟，需用枪炮，渐召用西洋人。[⑥] 及崇祯二年(1629)五月，日食，《大统》《回回》推测皆谬

---

① 《明史纪事本末》，第七三卷，第一三页(上)——五页(下)。

② 《明史》，第三七卷，第一六页(下)。

③ 《四库总目提要》，第一〇六卷，第九四页(上)—(下)。

④ 《四库总目提要》，第一〇六卷，第九四页(下)。

⑤ 参看陈鹤：《明纪》，第四卷，第一〇页(下)，1884年刻本。又稻叶君山：《清朝全史》，上册三，第一六一页，上海中华书局译本，1915年刊。

⑥ 详本文第四节。

误。徐光启依西法预推而验。帝切责钦天监官；监官戈丰等言，欲循旧法，不能无差，乞开局修改。帝乃以徐光启督修历法。光启上疏，言中法之所短，又谓宜取西法，参互考订，使与《大统》会同归一，上从之。[①]

（五）西洋历局之设及其成绩

已而光启根据西法上修历进行大纲十事：(1)议岁差每岁东行渐长渐短之数。(2)议岁实小余渐次改易，及日景长短，岁岁不同之因。(3)每日测验日行经度。(4)夜测月行经纬度。(5)密测列宿经纬行度。(6)密测五星经纬行度。(7)推变黄赤道广狭度数，密测三道距度，及月五星各道，与黄道相距之度。(8)议日月去交远近，及真会、视会之因。(9)测日行，考知二极出入地度数，因月食考知东西相距经度。(10)随地测验二极出入地度数，及经纬度。[②]

此后《崇祯历书》乃依次计划，累年测验推算而得之结果也。

光启既上《修历大纲》，因举李之藻、邓玉函、龙华民协同修历。旋辟历局于京师东长安街，作观星台。又选畴人子弟习西法，时崇祯二年(1629)九月也。

其年光启请造天文仪器，计七改象限大仪六，列宿纪限大仪三，平悬浑仪三，交食仪一，列宿经纬天球仪一，万国经纬天球仪一，平面日晷三，转盘星晷三，候时钟三，望远镜三。上报允。[③]

光启旋上《见界总星图》，乃崇祯元年(1628)所测；上具黄赤

---

① 《明史纪事本末》，第七三卷，第一五页(上)。

② 《明史纪事本末》，第七三卷，第一六页(下)—一七页(上)。

③ 王鸿绪：《明史稿》，第六册，志一，第一一页(下)，敬慎堂本。

二道经纬度，共测得一千三百五十六星，视《回回历》所测约多五倍。用西法绘图立表，并正旧图之误。[①] 后又上《黄赤道两总星图》，凡测而入图之星一千三百四十四；上具黄赤道经纬度，又列表二卷。[②] 均为后此崇祯《历书》之一部分。

崇祯三年(1630)邓玉函卒，旋征汤若望、罗雅谷供事历局，译书演算。[③] 凡修历诸西人，日给廪饩，月各赐银两。[④]

崇祯四年(1631)正月，光启上所纂成诸书：《日躔历指》一卷，《测天约说》二卷，《大测》二卷，《日躔表》二卷，《割圜八线表》六卷，《黄赤升度》七卷，《黄赤距度表》一卷，《通率表》一卷。[⑤] 共八种，二十二卷，皆此后崇祯《历书》之一部分。旋又上书二十一卷。[⑥] 其年十月，光启又上《测候四说》，言新旧推算日食法之异，并论西法之长，旧法之短。[⑦] 时纂测新法，渐次就绪。[⑧] 次年又进书三十卷。[⑨] 明年，光启以病去职，诏以李天经代之。是年光启卒，所纂历书将百卷。[⑩]

崇祯七年(1634)七月，天经进《历元》二十七卷，星屏一具。[⑪]

---

① 《明史稿》，第六册，第三页(上)。

② 《明史》，第二五卷，第四页(上)，及第六页(上)。

③ 《明史》，第三一卷，第一八页(下)。

④ 《明书》，第一六六卷，第二〇页(上)。

⑤ 此据《明史纪事本末》，第七三卷，第一七页(上)。《明史》[第三一卷第九页(下)]及《明史稿》[第九册第一一页(下)]均作二四卷，未审孰误。

⑥ 《续文献通考》，第二〇〇卷，第一〇页(上)，浙江书局，光绪一三年(1887)。

⑦ 《明史纪事本末》，第七三卷，第一八页(下)。

⑧ 《明史》，第三一卷，第一九页(下)。

⑨ 《续文献通考》，第二〇〇卷，第一一页(下)。

⑩ 《明史纪事本末》，第七三卷，第二〇页(上)。

⑪ 此据《明史纪事本末》(第三七卷，第二〇页)。《明史稿》[第九册第八页(下)]及《明史》[第三一卷，第二四页(下)]并作进《历法》二九卷，未审孰误。

旋又进《历法》三十二卷。[①] 时“日晷”“星晷”“望远镜”等仪器告成，天经奏上其用法，上命太监至局验之。[②] 先是罗雅谷、汤若望在历局成仪器多种。除徐光启所请造者外，又有象限悬仪、象限立运仪、象限座正仪、三直游仪、浑盖简平仪、弩仪、弧矢仪、地平纬仪、黄赤全仪六、圭表二(一横一直)——无虑数十种。而定日之高度与黄道各时之出没，有地平晷、立晷、通光晷、柱晷、瓦晷、十字晷，未易悉数，天经等不能尽用也。[③]

崇祯八年(1635)四月，天经上《乙亥》《丙子》《七政行度》，旋又上《参订历法条议》二十六则，举新法之大凡，并详论新旧法之异同得失。明年，天经与汤若望推南京、北京恒星出没，又测北京北极高度。至是，新法书器俱完，屡测交食凌犯俱密合。[④]

所成书一百四十余册[⑤]，为一百卷，赐名《崇祯新法算书》。书分十一部：曰《法原》，曰《法数》，曰《法算》，曰《法器》，曰《会通》——谓之基本五目；曰《日躔》，曰《恒星》，曰《月离》，曰《日月交会》，曰《五纬星》，曰《五星交会》——谓之节次六目。其中有术，有图，有考，有表，有论。[⑥] 以西法融通中法，如置闰月之类，徐光启所谓“镕西洋之巧算，入《大统》之模型”[⑦]者也。是书采西洋

---

① 此据《明史》第三卷，第二五页(下)。按《明史稿》[第九册，志八，第九页(下)]作《历法》三〇卷，未审孰误。

② 《明史纪事本末》，第七三卷，第二一页(上)。

③ 《明史稿》第六册，志一，第一四页(上)及《明史纪事本末》，第七二卷，第二一页(上)。

④ 《明史》，第三一卷，第二五页(上)及第三一页(下)。

⑤ 张印光：《澳门纪略》，卷下，第四八页(下)，乾隆四年原刻本。

⑥ 《四库总目提要》，第一〇六卷，第九五页。

⑦ 据《畴人传·梅文鼎传》所引，见《皇清经解》，第一〇六一卷，第一一页(上)，道光九年(1829)重印。

法以第谷(Tycho Brahe)[①]为主[②]，不采歌白尼地动之说[③]，故书中《日躔历指》一部，述求太阳行度之术，以为日动焉。[④] 书成，命宣付史馆，刊传四方，与海内知历者共之。[⑤] 惟迟之又久，直至明亡尚未采用其法，颁行天下。所以者何？则旧派从中阻梗也。关于新旧之争，次节详述之。

二、新旧之争及清初泰西畴人在我国之建设

(一)崇祯修历之争辩

前述万历间邢云路与李之藻同理历事，其时已有争论。[⑥] 及崇祯西洋历局开设后，旧派历家乃纷起与之抗。崇祯三年(1630)，四川巡按荐冷守中精历学，以所呈书及预推次年四川月蚀送部。光启力驳其谬。已而四川报守中所推不验，新法密合，其说遂诎。而其时与新法争辩最烈者，为满城魏文魁。文魁著《历元》《历测》二书，崇祯四年(1631)，命其子进《历元》于朝，送局考验。书中弧背求

---

① 第谷(1546—1601)，生于哥白尼卒后三年，为当时著名之天文学家，改进观象之仪器，发现天象之新观测甚众。其于天文学上的成就在于：(一)仪器及观测之正确，(二)长期之继续测验。前后共二一年。惟第谷于原理方面，极力反对哥白尼地动之说。见 Sedgwiek and Tyler: *A Short History of Science*(《科学小史》)，pp. 203-209，N. Y.，The Macmillan Co. 1921.

② 《图书集成·历象汇编·历法典》，第七八卷，《新法历引》第二页(下)。

③ 哥白尼(Nicolaus Copernicus，1473—1543)于1543年著 *De Revolutionibus Orbium Celestium* 一书，证实地圆地动，及行星运行之理，距崇祯历局之开，前八十六年。参看《科学小史》，第一九六页。

④ 参看原书，见《图书集成·历象汇编·历法典》，第五一卷，第二页(上)，雍正三年(1725)殿本。

⑤ 参看《历法西传》，见《图书集成·历象汇编·历法典》，第七八卷，第一〇页(上)。

⑥ 徐光启：《题〈几何原本〉再校本》，见《海山仙馆丛书》，第一〇四册。

弦矢，乃用周三径一之率，光启摘其谬误类此者七事。而文魁反复争辩，光启更申前说，为《学历小辩》一书。光启虽力驳文魁，时朝廷以历法未定，亦兼存文魁之说。光启既卒，崇祯七年(1634)，文魁上言历官所推交食节气皆谬。乃命文魁入京测验，别立东局，与西法、大统、回回并而为四。文魁又指摘李天经等，新法所推五星凌犯、会合、行度皆非是。既而天经等所推皆验天象，文魁说诎。①

(二)新法颁行之阻梗

崇祯八年(1635)，新法书器既完，屡测交食凌犯俱密合，方欲颁行，而文魁多方阻挠，内官又左右之，帝不能决，乃命天经与监局虚心详究，务期划一。既而屡测天象，《大统》《回回》及魏文魁，皆不验，新法独密合，乃议废《大统》，用西法。旧派郭正中力言中历必不可尽废，西法必不可专行(惟不言其故)。帝乃诏仍行《大统历》，如交食、经纬、晦朔、弦望等因年远有差者，以新法为参考。后天经疏陈《大统历》所定崇祯十五年(1642)节气之失，帝亦深知西法之密。及崇祯十六年(1643)正月，日食，西法预推又独验。②帝乃决计散遣魏文魁回籍，一意颁行新法，惜兵事倥偬，未即实行，无何而明社屋矣。③

(三)清初新旧之争及历法大狱

清既定鼎，顺治元年(1644)汤若望进是年日食之预测于朝，已而果较《大统》《回回》为吻合。清廷遂采用西法，颁行天下，名《时宪历》。若望又疏陈《大统》《回回》之失。旋奉旨掌管钦天监印信，

---

① 《明史》，第三一卷，第二一页(上)—二五页(下)。

② 《明史》，第三一卷，第二六页(上)—三三页(上)。

③ 《历法西传》，见《图书集成·历象汇编·历法典》，第七八卷，第一三页(上)。

嗣后一切进历占候选择，悉听举行。[①] 而《新法表异》一书，乃若望入清代后所著，以四十二事，表西法之异，证中法之疏。[②]

是时习《大统》《回回》者，咸拆排新法，而若望制历不用诸科校正，于是《大统》《回回》悉罢黜，仇新法益深。顺治十四年（1657），已革《回回历》官吴明烜疏若望所推天象之谬，并上是年《回回历》推算天象之书，请立回回科以存绝学。后经实测，明烜所指皆妄，礼部议其罪，援赦获免。[③]

自是耶稣会士，以历法得政府之信任，传教益无所阻，而反动亦日益大。徽州杨光先著《不得已辨》，攻击耶教士甚烈，并攻其历法。康熙四年（1665），光先叩阍进所著《辟谬论》，摘汤若望新法十谬；又《选择议》，论若望选择荣亲王安葬日期之误，并言若望阳假修历之名，阴行邪教。帝下议政王等确议。光先《辟谬论》所摘虽妄，而王等不通历法，无从分辨，但谓"若望进二百年历，夫天祐皇上，历祚无疆，而若望止进二百年，为大不合；又若望选择荣亲王安葬日期，不用正五行，反用洪范下五行，山向年月，俱犯重煞。俱事犯重大"。议决：若望及监官等八人凌迟处死，子弟斩决者五人，干连族人皆治罪。帝命若望免死，赦族人罪，止斩五人，余流徙。于是废西洋新法，用《大统》旧历。[④]

---

① 《清文献通考》，第二五六卷，第四页（上）—五页（下），浙江书局本，光绪一三年（1887）。

② 《畴人传·汤若望传》，见《皇清经解》，第一〇六六卷，第八页（上）。

③ 《清文献通考》，第二五六卷，第三页（上），及第五页（下）—六页（上）。

④ 王先谦：《东华录·康熙朝》，第五卷，第五页（上）及第六页（下），北京钦文书局重印本，光绪一三年（1887）；王之春：《国朝柔远记》，第五卷，第五页（上）及第六页（下），广雅书局刻本，光绪六年（1880）；《清文献通考》，第二五六卷，第六页（下）。

（四）旧派之末路

旧派既获胜，杨光先遂为钦天监正，并援吴明烜为副。旋以《大统》不密，改用《回回》。既而为术俱穷，光先称病辞职。康熙八年（1669），帝乃命大臣传集西洋人，与监官质辨。南怀仁因言吴明烜所造康熙八年（1669）历之误。帝命大学士图海等同赴观象台测验。怀仁所言，逐款皆符，吴明烜所言，逐款皆错。图海等请将康熙九年（1670）历书，交南怀仁推算。钦天监正马祐等又力辩前此杨光先所指摘西法之不当，帝乃诏复用西洋新法。[①] 其后康熙十一年（1672），有杨炜南者，造《真历言》一书，议西法之失；后实测不验，交刑部惩治。[②] 自是旧派遂无复立足之余地，新旧之争乃告一结束，而西方畴人乃得专事新建设焉。

（五）汤若望之成绩

清初西洋钦天监官之建设，以南怀仁、戴进贤为最。而汤若望在未遭历法之狱以前，亦尝制器著书。初，明之亡，历局仪器，悉毁于贼，若望效力清室，因奏请另制。[③] 顺治元年（1644），成浑天星球仪、地平日晷仪、望远镜、舆地屏图各一。[④] 若望在清代所著书，除上述《新法表异》外，尚有《历法西传》及《新法历引》。二书皆《崇祯历书》之提要。[⑤] 而《历法西传》中，兼述西方天文学进化之迹，自多禄某（Clandius Ptolemy）[⑥]、哥白尼、第谷及加利勒阿（Ga-

---

① 《清文献通考》，第二五六卷，第六页（下）—第九页（上）。

② 《东华录·康熙朝》，第一二卷，第七页（下）。

③ 《清文献通考》，第二五六卷，第四页（上）。

④ 《东华录·顺治朝》，第三卷，第一页（下）。

⑤ 参看原书，见《图书集成·历象汇编·历法典》，第七八及七九卷。

⑥ 多禄某，希腊人，生于公元140年，为哥白尼以前西方唯一之大天文学家。参看《科学小史》，第一二六页。（多禄某即今译托勒密——编注）

lieo Galilei)[1]皆略举其学。惟其述哥白尼之学，不言其有地动之发明，反谓其有言天动以圆之书。[2]

（六）南怀仁之成绩

西法既复用，诏南怀仁为钦天监副。怀仁于康熙八年(1669)改造观象台仪器，成新仪六式：曰黄道经纬仪，曰赤道经纬仪，曰纪限仪，曰象限仪，曰天体仪，曰地平纬仪。[3] 又将各仪之制法、用法、安置法，绘图造说，并用其器测验所得诸表，名曰《灵台仪象志》。书成于康熙十三年(1674)。所载测得诸星：与古同者，共二千一百六十一座，一千二百十星；《步天歌》[4]所有，而新测所无者，二十二座，二百五十四星；外增新星五百十六，及近南极诸星，中国所不见者，一百三十五。[5] 怀仁又继汤若望之业，成《预推七政交食表》，三十二卷，名《康熙永年表》。康熙二十一年，怀仁随驾盛京，测得其地北极高度，制《盛京推算表》。[6] 越六年，怀仁卒。

（七）清圣祖之重视西学

时圣祖深嗜西学，而天文算法尤素所留心，常命西士进讲，虽巡幸不辍。康熙二十一年(1682)，帝如盛京，南怀仁奉命携内廷观

---

① 加利勒阿(1564—1642)，哥白尼后大天文学家。加氏用望远镜以测天，发现新行星四，及月表面之现象，制有名之《天文图》；而其最大成绩，尤在将实测所得，与物理学的原理相联合。参看《科学小史》，第二一七—二二六页。(加利勒阿即今译伽利略——编注)

② 参看原书，《图书集成》第一四七册。

③ 《清通志》第二三卷，第一页(上)及第一二页(下)，浙江书局本，光绪一三年(1887)。

④ 《步天歌》乃隋丹元子所作，《通志·天文略》全采之。

⑤ 《清文献通考》，第二五六卷，第一九页(下)。

⑥ 《清文献通考》，第二五六卷，第九页(下)—第一〇页(上)。

测仪器从；二十二年(1683)幸北塞，南怀仁又与库利尔、马尔其(原名未详)从；三十年(1691)亲征葛尔丹，白晋(Joachim Bouvet)、林安多(Antoniode Silva)随驾；三十八年(1699)南巡，又命蒲壁(原名未详)等从。[①] 时法王路易十四(Louis XIV)投帝所好，以地平纬仪见赠[②]，与此后乾隆五十年(1787)英吉利国王之进小象限仪，先后相辉映焉。[③]

康熙一代，"御定"之天文书有二：一曰《御定四余七政万年书》，成于康熙五十七年(1718)，将顺治元年(1644)至康熙六十年(1721)之节气日时，及日月五星交宫入宿分度，按年排列，自后可准式继续，故名《万年书》。其预编纂此书之人，无可考矣。一曰《历象考成》，成于康熙六十一年(1722)御定《律历渊源》之第一部也。[④] 书内所列编纂者，虽无一西洋人，然其书大略沿《崇祯历书》所采第谷法之旧，惟黄赤道大距减少二分耳。[⑤]

(八)戴进贤等之成绩

南怀仁既卒，继之备历政顾问者有徐日昇(Thomas Preyra)、苏霖(原名未详)、林安多、白晋、张诚(Jean Francois Gerbillon)等。[⑥] 康熙四十三年(1703)，尝增衍蒙古诸处《推算表》。[⑦] 康熙五十三年(1713)，监臣有纪利安者(原名未详)制地平经纬仪，合象限仪及

① 《清朝全史》，上册三，第一六八页。

② 今此器犹存中央观象台，参看《史地学报》第二卷第四期插图及识语，南京高师史地学会一九二三年出版。

③ 据常福元：《天文仪器志略》，第四页(下)，京华书局印本。

④ 《清文献通考》，第二五六卷，第一三页(下)。

⑤ 《清文献通考》，第二五六卷，第一七页(上)。

⑥ 《清朝全史》，上册三，第一六页。

⑦ 《清文献通考》，第二五六卷，第一〇页(下)。

地平纬仪为一，其用尤便。[①]

自康熙《历象考成》告成后，钦天监推算历书，悉遵其法。然《历象考成》既仍第谷法之旧；自第谷至康熙末已百余年，数既不能无差，而第谷后欧洲天文学之新发明又辈出。雍正间，钦天监官西人戴进贤、徐懋德（原名未详）习其术，雍正八年（1730）以之推测日食，果较第谷旧法为密。[②] 乃请纂修《日躔》《月离》二表，以推日月交食，并交宫过度，昼夜永短以及凌犯。[③] 表成，凡三十九页，续于《历象考成》之末。然有表无说，其时能用之者，惟戴、徐二氏，及中国人明安图而已，乾隆二年（1737），吏部尚书顾琮请将二表增补图说，务期可垂永久；又请如《历象考成》内有当修改之处，亦为改正。并荐戴进贤为纂修总裁，徐懋德副之。后改任梅瑴成、何国宗为正副总裁，亦顾琮所请也。乾隆七年（1742）六月，书成，凡十卷，赐名《历象考成后编》。[④] 是书对于《崇祯历书》及《历象考成》之最大修正如下：

（1）"日月五星之本天（即轨道）旧说以为平圆，今以为椭圆。"[⑤]考第谷后，欧洲有大天文家刻白尔（Johann Kelper）发现著名之

① 《清通志》，第二三卷，第一二页（上）。

② 《清文献通考》，第二五六卷，第一七页（上）。

③ 《清文献通考》，第二五六卷，第一七页（上）。

④ 陈松：《天文算学纂要》，卷首第七页（下）——一〇页（上），1890 年原刻本。

⑤ 《清文献通考》，第二五六卷，第一七页（上）。

刻氏三定律。其第一律，云“行星之轨道为椭圆，日在一焦点内”[①]。非谓日轨道亦为椭圆也。今其书以日与月，五星并列，而同谓其“本天”为椭圆，是以为日动矣。盖此时哥白尼地动之原理，犹未入中国也。

(2)“蒙气差旧定地平上为三十四分，高四十五度，则止有五秒；今测地平上止三十二分，高四十五度尚有五十九秒。”[②]

(3)“太阳地半径差旧定为三分，今测止有十秒。”[③]

(4)地球与日月距离之计算，采奈端(Isaac Newton)之术。[④] 而惜乎于奈端万有引力之大发明尚未输入只字也。

进贤又据西洋新测星度，累经测验，知南怀仁所造《灵台仪象志》尚多未合，因奏请厘订。西洋监官司刘松龄、鲍友管(原名均未详)详加细测，著之于图。总计星名与古同者二百七十七座，一千三百十九星，比《仪象志》多一百零九星，与《步天歌》为近。其改正《仪象志》之次第颠倒凌乱者，一百零五座，四百四十五星，又新增星一千六百零四，合旧载南极星，共有恒星三百座，三千零八十三星。编为《总记》一卷，《黄赤道度经纬度表》各十二卷，《月五星相距恒星经纬度表》一卷，《天汉黄赤经纬度表》四卷，共三十卷，

---

① 刻白尔(1571—1630)与第谷同时而稍后，发明著名之刻氏三定律：(一)行星之轨道为椭圆，日在一焦点内(The planet describes an ellipse, the sun being in one focus)。(二)行星与日相连之直线，于相等之时间内，其所经过之面积相等(The straight line joining the planet to the sun sweeps equal areas in equal intervals of time)。(三)任何两行星(地球亦然)，其绕日运行所经时间之平方，与其去日之平均距离之立方成正比例[The squares of times of revolution of any two planets(including the earth) are proportional to the cubics of their mean distances from the sun]。

② 《清文献通考》，第二五六卷，第一七页(上)。

③ 《清文献通考》，第二五六卷，第一七页(上)。

④ 《畴人传·奈端传》，见《皇清经解》，第一〇六七卷，第一页(上)。

名《仪象考成》。书成时乾隆十七年(1752)。[①]

乾隆十九年(1754)，进贤又创制玑衡抚辰仪，“体制仿乎浑天之旧，而时度尤为整齐；运量同于赤道新仪，而重环更能合应。至于借表窥测，则上下左右，无不宜焉”[②]。更自撰《玑衡抚辰记》二卷以说明之，冠于《仪象考成》之首。[③]

同时官钦天监者，尚有葡人傅作霖[④]，无甚建设；此后官钦天监之西洋人，无可考矣。

(九)蒋友仁之来华

乾隆二三十年间(1755—1765)，法人蒋友仁[⑤]来华，进《增补坤舆全图》及新制浑天仪，奉命翻译《图说》，使何国宗、钱大昕为之详加润色。其《坤舆全图说》中，述哥白尼地动之原理，并列举例证，甚为详晰，是为地动说入中国之始。[⑥] 然其时我国学者，即号称精通天文学如阮元者，犹惑于汤若望言哥白尼有天动以圆之说，而谓其言为诬。[⑦] 其他更勿论矣。蒋友仁而后，直至咸、同以前，

---

① 《清文献通考》，第二五六卷，第一七页(上)。

② 《清通志》，第二三卷，第一五页(上)；常福元：《天文仪器志略》，第三二—三三页。

③ 《四库总目提要》，第一〇六卷，第九七页。

④ 《清文献通考》，第二九八卷，第一九页(上)。

⑤ Cordier, Henri, *Bibliotheca Sinica*, Vol. 2, column 1055, Paris librairie Orientale Americaine, 1906.

⑥ 《畴人传·蒋友仁传》，见《皇清经解》，第一〇六七卷，第五页(上)及第七页(下)。

⑦ 阮元云：“蒋友仁言，哥白尼论诸曜，谓太阳静，地球动，恒星天常静不动。西士精求天文者皆主其说，与汤若望《历法西传》所称迥异。据若望言，哥白尼有《天动以圆解》，又求太阳最近点与太阳躔度。夫既曰天动以圆，而太阳又有远近有躔度，则天与太阳皆静而不动矣。同一西人，何其说之互相违背如此耶?”又曰：“其为说(地动说)……离经叛道不可为训。”《畴人传》，见《皇清经解》，第一〇六七卷，第五页(下)及第一四页(下)。

不复闻有西说之输入，而此时期乃于此告终矣。其所以中绝之故，详于次节。

（十）清钦天监用西人之沿革

清钦天监之规定用西洋人，始于康熙八年（1669），止监正一员，寻增置西洋监副一员，乾隆十八年（1755）又增置西洋监副一员，为左右监副。[①] 其时澳门三巴寺教士，世习天文，待其学成，礼部牒取香山县护之如省，由督抚咨送入钦天监。[②] 及嘉庆（1796—1820）初所纂《大清会典》，监正已不规定用西洋人，惟附注云兼用西洋人，监副则仍乾隆之旧。至光绪（1875—1908）初所纂《会典》，钦天监职员已完全无用西人之规定矣。

三、数学、物理学及其他学术之输入

据王徵《远西奇器图说序》所载[③]，天启（1621—1627）初来华之西士，携有图籍七千余部。其他虽无可考，然即此，已可推见彼辈携来西籍之多。惜其译成华文之书，关于学术者独寥寥无几，综观此时期所输入学术，除天文学而外，可得而考者有如下述：

（一）数学

利玛窦著《乾坤体义》其下卷言数“以边线、面积、平圜、椭圜互相容较”[④]，是为西方数学入中国之始。及利氏入北京，与徐、

---

① 《清通典》，第二九卷，第一〇页（上），浙江书局本，光绪一三年（1887）。

② 《澳门纪略》，卷下，第五〇页（上）。

③ 原书见《守山阁丛书》，第六六册。

④ 《四库总目提要》，第一〇六卷，第九四页（上）。

李辈译西籍，其最先着手者，为数学书，以数学为各科学之本也。而数学书之最先成译者，则《几何原本》六卷。书成于万历三十五年(1607)。《原本》为利氏之师丁氏[①]所编，共十五卷，前六卷为欧几里得(Euclid)本文，以后为丁氏之注释绪论。利氏口授，徐光启译；光启请尽译之，利氏授至前六卷仅及平面之部而止。光启之译是书也，反复辗转，求合本书之意，重复订正，凡三易稿。其审慎可知。利氏于其书之《引》中，又详述几何学与各科学之关系。[②] 欧几里得几何学，在此时已称完备，直至今日尚无若何重大之改变；此学实是期所输入西学中之比较完全者也。是书《四库提要》称为"西学之弁冕"[③]，其得清代学者之重视可知。然其初出世时，除徐、李之徒而外，注意之者盖寡。故其后利玛窦以此书稿本寄徐光启，令南方好事者刊之，累年竟无有过问者。[④]

此外《天学初函》[⑤]中，关于几何学之书，尚有：(1)《圜容较义》，乃李之藻从利玛窦所译，专论圜之内接、外接形，引申《几何原本》之义，为定理十八，中有一则论椭圜。(2)《测量法义》，乃徐光启从利玛窦继《几何原本》而译，内述应用几何原理，以测量之法，为术十五，每术悉详加证明。[⑥] 又罗雅谷有《测量全义》，摘译亚奇默德(Archimedes，即今译阿基米德)《圜书》(*The Measure of the Circle*)中圜周率之计算，及其《圜柱圜球书》(*The Sphere and the Cyl-*

---

① 此据原书徐、李二序，丁氏为何人，无可考。

② 以上据原书利玛窦：《引言》，见《海山仙馆丛书》，第一〇四册。

③ 《四库总目提要》，第一〇七卷，第一〇六页。

④ 徐光启：《几何原本·后序》，见《海山仙馆丛书》，第一〇四册。

⑤ 《天学初函》乃李之藻汇刻当时所译著关于西学之书。

⑥ 参看原书，见《海山仙馆丛书》，第一一三册。

inder)中之要题；其计算圜周率，至二十一位。[①] 其输入西洋算术者，有《同文算指》一书，乃李之藻从利玛窦所译，成于万历四十一年(1613)，书凡十卷，所述比例、级数，皆前此中土所未有闻。[②]

西方近世平三角、弧三角之术，在此时早已成立。[③] 其术为测天所资，故亦随《崇祯历书》而输入。崇祯四年(1631)，徐光启上《割圜八线表》及《大测》二书，前者言平面三角，后者言弧三角——皆出自崇祯历局诸西人之手。[④] 此后，《历象考成》中，于此术益加阐明。[⑤]

对数术，西方自1620年，已臻完备。[⑥] 顺治(1644—1661)中，穆尼阁(Motel)居金陵，始以其术授薛凤祚。《四库提要》称薛从穆氏所译《天步真原》以加减代乘除，折半代开方，即此术也。[⑦]

康熙(1662—1722)末，西士进讲内廷，始输入代数之术，即当时所称为"借根方程"，或"阿尔热八达"(Algebra之译音)者是也。圣祖命诸臣所纂《律历渊源》中有《数理精蕴》一书，至雍正元年(1723)始成，集当时所输入西方数学之大成。在此时期内，代数学之输入，尚无专书，仅《数理精蕴》中《借根方比例》一部，分述其

---

① 据《清朝全史》上册三，第一七四页；又李俨：《中国数学源流考略》，载《北大月刊》，一卷五号，第六九页，1919。

② 参看原书，见《海山仙馆丛书》，第一〇八——一二册。

③ 自1464年Müller, Johann(1436—1476)氏之*De Triangulis Planiset Sphericis Libri V.*一书出世，近世平三角、弧三角之学已成立。见《科学小史》，第一九三页。

④ 详本文第二节。

⑤ 参看《中国数学源流考略》，载《北大月刊》，一卷五号，第七一页。

⑥ 自1614年讷白尔(Johann Napier)之*Mirifici Logarihmorum Canois Descripto*一书出世，对数始发明；1620年Bärgi氏之对数表继之，益臻完备，参看《科学小史》，第二四二—二四五页。

⑦ 《四库总目提要》，第一〇六卷，《天部真原条》，第九九页(上)。

一二耳。考其时西方符号的代数(symbolic algebra)已成立，四次方程式之解法久已发明。[①] 而《数理精蕴》所述，仅及二次方程式之计算，及其应用而止。[②] 此外为《数理精蕴》所未及者，则有杜美德(Jortoux Rerre)所输入之割圜九术。[③]

(二)物理学

天启六年(1626)，汤若望撰《远镜说》一书，是为西方光学入中国之始。全书仅十六页，首言远镜之用法，末言其制法，中则言其原理；凡光在水中之屈折，光经过望镜之屈折，凹镜散光，凸镜聚光，以及凹凸镜相合以放大物像诸现象，及其解释，皆详言之。惟词旨甚艰晦，以西人为中国文，无怪其然也。[④]

最初输入西方力学者，为艾儒略授王徵所译之《远西奇器图说》。书成于天启末，在《远镜说》后。书中第一卷言重心、比重之理，凡六十一款；第二卷述杠杆滑车、轮轴斜面之理，凡九十二款，每款悉有例证。第三卷言应用上述各原理，以起重、引重、转重、取水及用水力代人力诸器械，各器及其用法均有详细之图说。又考书中凡例，述诸“奇器”之能力，有云“能使小者大，大者小；远者近，近者远”，盖指凹凸镜也，而今书中无此器。又书中目录有四卷，今书只三卷。苟非原书尚未卒译，则今所传本，必有亡缺

---

① 代数学得 Fontana Nicolo (or Taragia, Nicholas) (1500—1551) 及 Cardan Girolamo (1500—1550)二氏之探索，四次方程式之解法始明。自 Viét, Francicus (1540—1603)、Harriot, Thomas(1560—?)先后致力，符号的代数(symbolic algebra)始兴。参看 W. W. Ball, *A Short History of Mathematics*, pp. 217-238, Macmillan and Co. London, 1912.

② 参看原书下编末部，《借根方比例》，江宁藩署刻本，光绪八年(1882)。

③ 参看《中国数学源流考略》，载《北大月刊》一卷五号，第七〇页。

④ 参看原书，见《海山仙馆丛书》，木集，第四二册。

矣。初，王徵欲从事译此书，邓玉函谓必先通数学而后可，因先授之以数学，其不苟可知，而译笔亦甚畅达。[1] 前乎此者，李之藻于万历四十年尝从熊三拔译《泰西水法》一书，述取水蓄水等力学机械；顾其书偏言应用，而原理不详也。[2]

此外有《自鸣钟说》一书（著者及成书年无考），王氏《远西奇器图说》凡例中尝称之，其书或与物理学有关，惜今已佚。清康熙间，南怀仁供奉内廷，尝作进呈《穷理学》一书[3]，而不传于世，今无可考焉。

此时期所输入之物理学于我国学术界，影响极少。二百年来，惟方以智著《物理小识》一书，颇有受西说影响之处[4]；戴震"因西人龙尾车法，作《赢旋车记》，因西人引重法，作《自转车记》"[5]，此外知有此学者盖寡也。

（三）舆地学

利玛窦初入中国居肇庆[6]，每以《西方舆地全图》示人；后又将之译成中文，粤疆吏刊之，以印本分送各省朋好，中国人始闻地圆及五大洲之说。[7] 及利氏入京，所贡方物有《万国舆图》一。[8] 后庞迪我奉命翻译《西刻地图》，据所闻见，著为《图说》，书未上而遭

---

① 参看原书，见《守山阁丛书》第六六—六七册。

② 《四库总目提要》，第一〇二卷，农家类第五六页（上）。

③ 《清朝全史》上册，三，第一七七页。

④ 参看钱嘉淦：《明末理学阐微》，载《新中国》一卷一号，第一〇七页，民国八年（1919）。

⑤ 凌廷堪：《戴东原事状》，据陈展云《戴东原的天算学》第一〇页引，见《戴东原》，北京晨报社，民国一三年（1924）。

⑥ 肇庆在广东西部，明代以此为广东省会。

⑦ *The Catholic Encyclopedia*，Vol. 13，p. 35.

⑧ 《明史》，第三二六卷，第一七页（下）。

驱逐。天启初，艾儒略得其遗稿，更采所携手辑方域梗概为之增补，成《职方外纪》一书，述当时西方各国情状颇详。[①] 中国人见其所述西方文物，远迈中华，力斥其荒诞，而于其五大洲之说亦等诸邹衍瀛海之谈。直至乾隆中叶所纂之《清通考》，犹谓"即彼所称五大洲之说，语涉诞诳，诸如此类，亦疑为剿说雪言"[②]。则我国人之锢于旧闻，惮听新说，于此可见耳。此外清初西人所撰关于外国地理书，有利类思与安文思与南怀仁合著之《西方要纪》；及南怀仁之《坤舆全图》与《坤舆图志》。[③] 其后蒋友仁来华进《增补坤舆全图》，又译《图说》，是为此期输入地理学之最后著作。[④]

清之初叶，有一事焉，为我国文化史上所值得特笔大书者，即全国舆地图之测绘是也。兹事全出西洋人手，经始于康熙四十七年(1708)。是年命费隐、雷孝思(原名均未详)、杜美德测绘蒙古、直隶。四十九年(1710)费隐测绘黑龙江。五十年雷孝思与加尔特(原名未详)测绘山东；杜美德、费隐、潘如望、汤尚贤(原名均未详)测绘山西、陕西、甘肃。五十一年冯秉正(Joseph Marie Anne de Moyria de Mailla)、德玛诺(Ro Main Hinderer)、雷孝思测绘河南、江南、福建。五十二年汤尚贤、费隐、麦大成(原名未详)测绘江西、两广，费隐又与潘如望测绘四川。五十四年雷孝思、费隐测绘云南、贵州、两湖，至五十八年乃完全告成。白晋汇成总图一张，

① 参看原书，《守山阁丛书》，第三九册。

② 《清通考》，第二八九卷，第一四册(下)。

③ 《清文献通考》，第二二四卷，第二五页(上)。

④ 详本文第三节。

又为各省分图。[①] 帝命之为《皇舆全览图》，并谕内阁学士蒋廷锡曰："此朕费三十余年之力，始得告成，山脉水道，俱与《禹贡》合。尔将此图与九卿细看，倘有不合之处，有知者即指出。"寻九卿奏称："从来舆图地记，往往前后相沿；虽有成书，终难考信。……此图诚开辟方圆之至宝，混一区夏之钜观。"[②]盖非过谀也。1737 年(乾隆二年)法国学者但布尔(Dunvillo)刊行之《中国新地图》(*Nanvel Atlas de la Chine*)乃依费隐所寄回其本国之副本也。[③]现在我国之地图，无一不以《皇舆全览图》为根据，则此图在我国地理学界之贡献可知也。

(四)炮术

初，葡萄牙人入中国以大炮攻新会，既去，遗其器，中国人始知有西方枪炮。[④] 后东来之耶稣会士，多精炮术，渐传其法于中国；当时有《海外火攻奇器图说》一书，未审传自何人；其书甚秘，不行于世。[⑤] 徐光启从利玛窦游，习火器之术，力请多铸大炮，以资城守。[⑥] 天启元年(1622)外患日亟，兵部议招用寓居澳门精明火炮之西洋人，上从之。崇祯三年(1630)，龙华民、毕方济(Francesco Sambiaso)奉旨招劝殷商，集资捐助火炮。教士陆若汉及西绅公沙的西劳(原名均未详)率领本国人士，携带铳炮，效力中朝，屡经战

① 据柳翼谋:《中国文化史》，第三编，第三一页(上)所引《正教奉褒》，又《清朝全史》上册，三，第一六九页。

② 《东华录·康熙朝》，第一〇三卷，第一页(下)。

③ 《清朝全史》上册，三，第一六九页。

④ 《明史》，第三二五卷《外国传》，第二〇页(下)。

⑤ 参见焦勖:《火攻奇器图说序》，《海山仙馆丛书》，第三七册。

⑥ 《明史》，第二五一卷《徐光启传》，第一五页(上)。

阵，多所伤亡。[①] 崇祯十五年，兵部尚书陈新至东阁述上传言西洋炮乃中国长技，有无间大将军之称，命汤若望商榷铸造，工部办料。旋上命若望将用法传授兵杖局内监。若望共铸造无间大小炮二十余位，大者重一千二百斤，次者三百斤，小者不下数百斤。帝派大臣验收，嘉其坚利，诏再铸五百位。又命若望教放铳法，条纂火药城守等书进呈。明年正月，命若望与吴惟英讲究火器于都城，以资演练。四月周延儒出督师，请诸火器，命若望随征。若望为空心炮台式，怀宗览大悦，褒嘉之。旋上命若望赴蓟督师前传习火器等项。[②] 后若望以炮术从李建泰剿贼，因随之降清焉。[③] 若望尝授焦勖译《火攻挈要》一书，成于崇祯十六年(1643)，于诸式火器之铸造法、运用法、安置法以及子弹、火药、火箭、地雷之制造，莫不详述。[④]

清吴三桂乱起，南怀仁又奉命铸造铳炮，自康熙十三至十五年(1674—1676)，前后造成大小一百二十具，分配各省。及二十年(1681)更铸较便欧式神武炮三百二十具，在芦沟桥试放，帝莅阅，嘉其命中，大加赏赉。南怀仁又编《神武图说》，中分理论三十六篇，图解四十四篇，于铳炮之术，说明其细节。[⑤] 然自是而后，朝野比较承平，火器无所用，其书鲜习之者。

---

① 据柳翼谋：《中国文化史》，第三编，第三二页(下)所引《正教奉褒》。

② 《明书》，第一六六卷，第二〇页(下)；又柳翼谋：《中国文化史》，第三编，第三二页(下)引《正教奉褒》。

③ 《国朝柔远记》，第一卷，第二页(上)。

④ 参看原书，《海山仙馆丛书》，第三七册。

⑤ 《清朝全史》上册，三，第一六八页。

（五）采矿术

崇祯元年（1628），毕方济上疏云：“臣蒿目时艰，思所以恢复封疆，而裨益国家者……二曰：辨矿脉以裕军需。盖造化之利，发现于矿；第不知矿苗所在，则妄凿一日，即虚一日之费。西国……论五金矿脉征兆多端，宜往澳门招聘精于矿学之儒……”[①]其后崇祯十六年（1643）汤若望奉命赴蓟督军前，除教授火器水利外，并及采矿之法。明年晋王审烓亦疏请命若望往营开采事。[②] 惜不旋踵而明亡，成绩无可见。此后则绝无闻焉。

（六）西方语言

金尼阁（Nicolas Trigault）以欧洲语言文字授王徵，万历六年（1626）成《西儒耳目资》一书。“中分三谱”，“以西洋之音通中国之音”。[③] 后此方以智之新字母参用《金尼阁谱》[④]即此书也。清初刘献廷之新音母，参以泰西蜡顶（即拉丁）话，[⑤] 则其时拉丁语亦已输入中国矣。鲁德照（Alvaro de Semedo）《字考》，或亦关于西方语言之书，今无可考矣。[⑥]

（七）艺术

利玛窦居肇庆，常以西方乐器及油画等物示其地士夫；[⑦] 及入

---

① 《清朝全史》上册，三，第一六二页。

② 《明书·外国传》，第一六六卷，第二〇页（下）。

③ 王徵：《远西奇说序》，见《守山阁丛书》，第六六册；又《四库总目提要》，卷四四，《小学类存目》，二，第六三页（上）。

④ 据梁任公：《中国近三百年学术史》第一二讲，九九页（上），清华学校讲义本，1923年。

⑤ 据全祖望：《刘继庄传》，见《鲒埼亭集》，第二八卷，第一二页（上），商务印书馆《四部丛刊》本，1920年。

⑥ 《清朝全史》上册，三，第一七六页。

⑦ *The Catholic Encyclopedia*, Vol. Ⅷ, p. 35.

京所贡方物，有西琴一张，又著《西琴曲意》一卷。[①] 毕方济有《画答》及《睡画二答》[②]，盖言画术。清圣祖时有西洋画家焦秉贞供奉内廷，而中国画家亦有习西洋画者。[③] 康熙五十二年(1713)御修《律吕正义》，其《续编》一卷，出西人徐日升、德里格手，述西方“弦音清浊，二均递转合声之法”。[④]

(八)哲学

《明书》述当时所输入西方哲学分类及其研究对象云：“‘落日加’(logica，论理学)译言辨是非之法，‘费西加’(physica，物理学)译言察性理之道，‘默达费西加’(metaphysica，形而上学或玄学)译言察性理以上之学——总名‘斐录所费亚’(philosophia，哲学)；‘玛得玛第加’(mathematica，数学)亦属‘斐录所费亚’科内，究物之形与数度……二者或脱物而空论之。”此未审传自何人。明末西士所译有《辨学》一书，为西方论理学输入之鼻祖。[⑤] 毕方济撰《灵言勺蠡》，详述西方古代“亚尼玛”(译名从原书，按即 Anima[⑥])之说，书成于天启四年(1624)；约在同时，高一志撰《空际格致》，畅阐火、气、水、土为宇宙四大原素之说；氏又有《“斐录”汇答》盖言哲学，今佚。[⑦] 此学在清代无过问者。

---

① 《明书》，第一六六卷，第一九页(上)。

② 《清朝全史》上册，三，第一七五页。

③ 《中国近三百年学术史》，第二讲，第五页(上)。旧《小说月报》有某笔记记清初一画家，习西洋画，今此书不在手，待他日重检。

④ 参看原书《续编》，《协均度曲》，殿刻本。

⑤ 《中国近三百年学术史》，第一讲，第六页(下)。

⑥ Anima 乃西方古代宇宙之一种解释，以为一切现象之变化，皆宰于一宇宙之灵魂(The soul of the world)。

⑦ 《四库提要》，第一二五卷，第四五页；《清朝全史》上三，第一七七页。

（九）其他

此外邓玉函撰《人身说概》，为西方人体学入中国之始；而清圣祖时，西士供奉内廷，亦讲全体学。[①] 艾儒略于天启三年撰《西学凡》，述欧洲建学育才之法；氏又撰《西方答问》，或亦此类之收，今佚。[②]

（十）西学输入之中绝

明清之交，耶稣会士得自由入居内地，多与中国人士交游，从事传授西说，翻译西籍，而其后又得清圣祖之提倡，故西学输入极一时之盛。自康熙四十三年（1707）耶稣会奉教皇教令改变传教方针，违反我国习惯，朝野愤怒，圣祖命将教皇所派、赍教令来华之代表次鲁囊（Turmon）监禁澳门，各地教堂概行禁止；凡未经特许之宣教师悉逐往澳门。[③] 传教既生顿挫，而其附带之西学输入亦因而衰落。及雍正元年（1723），朝廷从闽浙总督满宝奏请，下令所有在华之西洋人，除供职钦天监者外，其余一律驱往澳门，不准擅入内地。[④] 此事传闻由于耶稣会党允礽失败，信否姑不具论；[⑤] 然自是以后，除在钦天监外，西学已完全无输入之机会矣。而钦天监所需仅在天文，又在术而不在学，且职在官府，国内学者，罕能与之接

① 原文缺略，编者案。

② 《四库提要》，第一二五卷，第四五页（上）；《清朝全史》上三，第一七〇页。

③ 明末耶稣会在中国之传教权，全操于葡萄牙人之手，彼辈为传教便利起见，务不违反中国习惯，如祭祀祖先，虽不合其教旨，亦所不禁。其后法兰西人传教事业渐及中国，对于葡人之传教方法大不满意，因言于罗马教皇，教皇于康熙三九年（1704）遣次鲁囊赍教令来华；其教令内容最重要之条，即为禁止中国教徒崇祀祖先。康熙四三年，次鲁囊摘要公布之于南京，即所谓“Le Mendement de Nanking”者是。参看《清朝全史》上四，第一一七页。

④ 《东华录·雍正朝》，第三卷，第三一页（上）。

⑤ 《中国近三百年学术史》，第二讲，第六页（上）。

触，已不复能在学术界发生影响。而自《历象考成后编》(乾隆七年，1742)及《仪象考成》(乾隆十七年，1752)告成后，钦天监所需测天之术，已达完满之限度。故蒋友仁来华(约1762)而后，直至咸、同以前，西学之输入已完全停止矣。

四、西学输入与我国学术之关系

总观明清之际，西学之输入，其影响于我国学术界，有下列各方面。

(一)西学与理学

于明末纯任主观、最缺乏科学精神之我国思想界，而骤然有绝对客观的、全恃归纳研究的天文学，复挟演绎的，为一切正确观念之模范的数学而侵入；而其学又为政府所重视，而不可一日缺；则其影响于当时思想界者为何如耶?

梁任公先生谓“清代学术，为厌倦主观的冥想倾向客观的考察”，而以为明末西学之输入，亦为此种反动之机兆之一。[①] 吾尝深考之，益觉其言之信而有征焉。明末习西学者，对于性理之学，已明起反叛之旗。徐光启等论我国数学之不振，而痛咎理学家，其言曰：

“算数之学，特废于近世数百年间尔！废之缘，一为名理之儒士苴天下实事。……昔圣人所以制世利用之法，曾不得之士大夫间，而术业政事逊于古初远矣。余友振之(李之藻字)，生平相与慨

① 《中国近三百年学术史》，第一讲，第一七页(下)。

叹此事。”[①]

此实晚明治西学者流对于理学家之宣战书也。

（二）学术界内容之增加

西学输入之初，大引起我国学者之研究。明末治西学者除上述徐光启、李之藻、周子愚、李天经、王徵、焦勖、方以智外，现在可考者，尚有瞿式穀、虞淳熙、樊良枢、汪应熊、杨廷筠、郑洪猷、冯应京、汪汝淳、周炳谟、王家植、瞿汝夔、曹于汴、郑以焯、熊明遇、陈亮采、洪士祚、许胥臣[②]、王英[③]等。其后天文与数学研究日盛，其他渐无闻焉。清初最能深入西方天文数学之堂奥而融贯中法，力谋我国天文算数之独立者，有王锡阐、梅定九。此外以斯二学名家者，有薛凤祚、杜知耕、方中通、方中履、陈讦、陈世仁、庄亨阳、胡亶、游艺、屠文漪、王百家、秦文渊、揭暄、邵昂霄、余熙、李子金、孔兴泰、毛乾乾、梅文鼐，其著述皆传于世。[④] 而前述之明安图、何国宗，精通西术，尤后起之秀。此后乾嘉汉学者，什九兼通天文数学，《畴人传》三书所载，尤指不胜屈。

（三）古学之整理

初，西洋天文数学之初输入，习之者于我国古术绝对鄙夷。[⑤]

---

① 徐光启：《刻同文算指序》，见《海山仙馆丛书》，第一〇八册。

② 《中国近三百年学术史》，第一讲，第七页（上）。

③ 《四库总目提要》，第一〇六卷，《历体略条》，第九六页。

④ 参看《四库总目提要》，第一〇六—一〇七卷，及《中国近三百年学术史》，第一〇讲，第八九—九六页（下）。

⑤ 徐光启言西方数学“与旧数同者，旧所弗及也。……旧术……与西术合者，靡不与理合也；与西术谬者，靡不与理谬也”。参见《刻同文算指序》，见《海山仙馆丛书》，第一〇八册。

而以西说附会古学，以自尊学之风亦盛。[①] 王锡阐、梅定九始精究西法及古历之本原。自乾嘉以来汉学掩袭一世，为天文数学而治天文数学之学者渐稀。而一方面，天文、数学与经学有关，故汉学家多兼习其学。彼辈既然得此考古学上之新工具，于是整理古天文数学书之风乃大盛。而《立天元一术》之复明[②]，及《算经十书》之校辑[③]，尤其最大成绩。此外则明以前之天文数学书，悉校勘注释，且有一书而数注者。[④] 斯业之盛，可谓远迈前古，然其所采惟一之工具则“洋货”也。

(四)西学与汉学家

天文学与数学，为归纳之绝好模范，而汉学家之代表人物，自方以智、毛奇龄、阎若璩、惠栋、江永、戴震、焦循、钱大昕、孔广森、阮元、陈澧辈，莫不精究之；其他不甚著名之汉学者，尤指不胜屈。则汉学之所以饶有科学精神，谓其不受西方天文数学之影响焉，不可得也。吾读戴东原之书，而觉汉学受西学之影响，似有迹可寻焉。

昔利玛窦于《译几何原本引》[⑤]中述西方科学要素，其言曰：

---

① 《明史·历志》言西法不能出《周髀》范围。清初御定之《数理精蕴》其开宗明义第一章，即抬出《河图洛书》及《周髀》所载周公商高问答之语，谓为西法所从出。

② 立天元一术，发明于宋，盛于元，至明其书虽传，其术已无人能解。故明代号称通算，如顾应祥、唐顺之者，犹不解立天元一为何语。清初梅瑴成习西方代数，始悟其与古立天元之术相通。此后李锐、焦循、许桂林辈相继著书，阐发此义，益无余蕴。参看李俨：《中国数学源流考略》，载《北大月刊》，第一卷五期第七一页及第六期第六七及七一页。

③ 参看陈展云：《戴东原的天算学》，见《戴东原》，晨报社，1924 年版。

④ 参看李俨：《中国数学源流考略》，载《北大月刊》，第一卷第六期，第六五——七四页。

⑤ 见《海山仙馆丛书》，第一〇四册。

“虚理隐理之论，虽据有真指，而释疑不尽者，尚可以他理驳焉，能引人以是之而不能使人无或非之也。独定理者，剖散心疑，能强人不得不是，不复有理以疵之。”又曰：

“吾西国庠序所业格物穷理之法，视诸列邦为备。…… 彼士立论宗旨，惟尚理之所据，弗取人之所意。盖曰理之审乃令我知，人之意又令我意耳。”①

此种科学精神，凡客观的科学，皆其所寄；而天文数学其尤著者也。

戴氏述其治学之途径曰：

“寻求所获有十分之见，有未至十分之见。所谓十分之见，必征诸古而靡不条贯，合诸道而不遗余议；钜细毕究，本末兼察。若夫依之传闻，以拟其是；择于众说，以裁其优；出于空言，以定其论；据于孤证，以信其通；虽溯源可以知流，循根可以达杪，不手披枝叶之所歧，皆未至十分之见也。”②

其言“十分之见”及“未至十分之见”，与利氏所述“定理”及“虚理隐理之论”若合符契。惟戴氏专从考古上立言，故详略不同耳。又戴氏攻击宋儒义理之说其根本立脚点曰：

“孟子云：‘心之所同然者谓理也义也。’心之所同然者谓之理，谓之义，则未至于同然，存乎其人之意见者非理也非义也。”③

其言“义”“理”与“意见”之别，与利氏所述“理之所据”与“人之所意”又不约而同。夫东原精究西方天文数学，则其于寄于天文

---

① 见《海山仙馆丛书》，第一〇四册。

② 《与姚姬传书》，见《东原文集》第九卷，第九页(上)，经韵堂刻本，1792。

③ 《孟子字义疏证》上卷，第三页(上)，微波榭刻本。

数学中之科学要素，如利氏所述者，自当受有影响。且东原生利氏《几何原本》书成后百余年，其时此书又风行一世，为“西法弁冕”[①]，戴氏既究心西方数学，似有曾读其书之可能；则东原之言，或当直接得自利氏也。

（五）清代科学不盛之原因

吾侪论西学与清代学术之关系，最容易发生一问题：此时期既当西方科学输入，而其时学术界又倾向客观的考察，饶有科学精神，顾何以科学思想终不能发达？兹试求其答案如次：

首先，吾侪试将此期所输入之西学，与其时西方学术界情形一比对，而知当时西方所已发明之学术实未能尽量输入我国。其最著者，天文学自哥白尼出，已与占星学分家。而耶稣会士初于哥白尼之大发明未道只字，反谓哥氏有言天动之书；又改刻白尔定律，以实日动之说。而在他一方面，其所输入之天文学，仍不能脱占星学之窠臼。汤若望在钦天监任占候，择日，为荣亲王择安葬日期，用《洪范下五行》，此或由于不欲违反我国习惯；[②] 而穆尼阁撰《人命》一书[③]，以西方天文学之计算，诠释星命之说，则其时输入之天文学尚混杂于占星学之明证也。且也，耶稣会士之输入西学，于原理每多未详。《四部书目提要》：“作《新法算术》时，欧罗巴人自秘其学，立说复多深隐不可解。”[④]故王锡阐遂谓西人不能深知法意[⑤]，

① 详本文第三节。

② 汤若望事详本文第二节。

③ 《守山阁丛书》（第六四册）有穆尼阁《天步真原》一书。按：原书标题作《人命部》，又薛凤祚所作序题作《人命序》，则原书本名《人命部》，今据改。

④ 见原书第一〇六卷，《历象考成》条，第九六页（下）。

⑤ 《畴人传·王锡阐传》，见《皇清经解》，第一〇五九卷，第一页（上）。

岂当时耶稣会士学识肤浅，实未足以知此耶？抑知而故秘之耶？兹姑不具论。然坐是之故，当时第一流学者，若王锡阐、梅定九之徒，不知费几许“冤枉”精力，以探求西方所已发明之“法意”，而从事新发明之力，已为所分；若肤浅者流，更不得其门而入矣。西方学术未能尽量输入，实此期科学不盛之主要原因也。

其次，则由于“输学者”与“求学者”（中国政府，人民似尚在附属地位）之宗旨，根本不在学：盖教士以传教为目的，而输入学术，不过其接近社会之一种方法；中国政府以改良历书为目的，而学习西算及他种科学，不过偶然附及之余事。故在此时期内，其欢迎西学者——上自政府，下至在野人士——仅知西方有天文学，及其附带之数学，而他非所闻。咸、同以来，我国朝野仅以“船坚炮利”视西方科学，其结果西学虽输入，而我国科学终不发达，与此如出一辙。以船坚炮利视西学之观念，至今日始渐打破，而明清以来，以天文学数学视西方之观念，则始终未尝拔除。此亦其时科学不发达之一原因也。[①]

此外由于被传教事业之所累者，有由于当时学术界之环境者，有由于我国思想界之遗传者，梁任公先生言之已详[②]，兹不赘。

五、结论

明清之际西学之输入，既如上述，始于万历九年（1581）利玛窦

---

① 此段采本校教员郑芝蕃先生说。

② 参看《清代学术概论》，第一七三页，北京：商务印书馆，1920；及《中国近三百年学术史》，第三讲，第五页（下）。

之传教，迄于乾隆二三十年间(1755—1765)蒋友仁之来华，历时凡百八十四载。参加此役之西士现在可考者都四十四人。其中主要者四十人已见上述，其余悉见本文《附录》。兹根据此表，统计其国籍之分配。以人数论，明末来华者，以意大利人为最多；清初来华者，以法兰西人为最多。此四十四人中，其卒地可考而在中国者十九人(卒于澳门者不在内)，内有十三人，卒于北京。可见此期西学之输入，以北京为中心。盖北京为国都，且修历所在也。

表1　输入西学之西士国籍统计表

国籍	明末来华者	清初来华者	共计
葡萄牙	六	四	一〇
意大利	八	一	九
法兰西	一	七	八
日尔曼	二	二	四
西班牙	一	一	二
比利时	无	一	一
未详者	一	九	一〇
共计	一九	二五	四四

其所撰译关于输入西方学术之图籍，现在可考者，都九十种。兹根据本文《附录》一，统计其种类及年代之分配如下表。以著作之多寡论，其在清初，远不如明末之盛矣。

表 2　输入西学图籍统计表(西人所撰译者)

种类	数量			附注
	明末	清初	共计	
天文学	三〇	一三	四三	属于明末者有二一种为崇祯历书之一部分
数学	八	无	八	内有四种为崇祯历书之一部分
物理学	四	一	五	
舆地学	二	六	八	
炮术	一	一	二	
艺术	三	一	四	
语言	三	无	三	
其他	一〇	无	一〇	
存疑	一	六	七	
共计	六二	二八	九〇	

明清之际来华西士之与西学输入有关者，及其输入西学之著作表①

<table>
<tr><th rowspan="2">名氏</th><th rowspan="2">国籍</th><th rowspan="2">来华年</th><th rowspan="2">卒年</th><th rowspan="2">卒地</th><th colspan="3">所撰译关于西学之书</th></tr>
<tr><th>书名</th><th>成书年</th><th>附注</th></tr>
<tr><td rowspan="12">利玛窦</td><td rowspan="12">意大利</td><td rowspan="12">明万历九（1581）</td><td rowspan="12">万历三八（1610）</td><td rowspan="12">北京</td><td>乾坤体义</td><td></td><td></td></tr>
<tr><td>经大该</td><td></td><td></td></tr>
<tr><td>浑盖通宪图说</td><td></td><td>授李之藻译</td></tr>
<tr><td>万国舆图</td><td>万历二九（1661）</td><td>所贡方物之一</td></tr>
<tr><td>西琴曲意</td><td>万历二九</td><td></td></tr>
<tr><td>几何原本</td><td>万历三五（1667）</td><td>授徐光启译</td></tr>
<tr><td>测量法义</td><td>万历三五</td><td>授徐光启译</td></tr>
<tr><td>圜容较义</td><td></td><td>授李之藻译</td></tr>
<tr><td>同文算指</td><td>万历四一（1613）</td><td>授李之藻译</td></tr>
<tr><td>西国记法</td><td></td><td></td></tr>
<tr><td>西字奇迹</td><td></td><td></td></tr>
</table>

① 此表采自《中国近三百年学术史》附表一（原表采自日人稻叶君山《清朝全史》）。原表经作者校订，改正二十余事（参看《〈近三百年学术史〉附表一校补》，载《清华周刊》第三〇〇期，1923 年 12 月）。兹又据 Cordier Henri：*Bibliotheca Sinica*，Vol，2，Columns 1039—1106；Librairie Orientalee，Americaine Paris 1906，加以增改。又表内成书年及附注两项乃作者所增。（此表以输入西学先后为序）

续表

名氏	国籍	来华年	卒年	卒地	所撰译关于西学之书		
					书名	成书年	附注
孟三德	葡萄牙	万历一三（1585）	万历二八（1600）	澳门	长历补注解惑		
					浑天仪说		崇祯历书之一
庞迪我	西班牙	万历二七（1599）	万历四六（1618）	澳门			万历间预修历法事
熊三拔	意大利	万历三四（1606）	明泰昌一（1620）	澳门	泰西水法	万历四〇（1612）	授徐光启译
					表度说	万历四二（1614）	
					简平仪说	万历四一（1613）	
阳玛诺	葡萄牙	万历三八（1610）	清顺治六（1659）	杭州	天问略	万历四三（1615）	
					天学举要		

续表

名氏	国籍	来华年	卒年	卒地	所撰译关于西学之书		
					书名	成书年	附注
高一志	意大利	万历三五（1605）	崇祯一三（1640）	漳州	空际格致	天启初	录于四库
					譬学		
					西学治平		
					幼童教育		
					斐录汇答		
金尼阁	法兰西	万历四四（1616）	崇祯一（1628）	杭州	西儒耳目资	天启六（1626）	
					况义		
罗如望	葡萄牙	万历一六（1598）	天启三（1623）	杭州			天启初奉命铸炮
鲁德照	葡萄牙	万历四一（1613）	顺治一五（1658）	澳门	字考		
毕方济	意大利	万历四二（1614）	顺治六（1649）	广东	灵言勺蠡	天启四（1624）	
					画答		
					睡画二答		
艾儒略	意大利	万历四一（1613）	顺治六（1649）	福州	西学凡	天启三（1623）	
					西学答问		在奇器图说前
					职方外纪	天启三（1623）	

续表

名氏	国籍	来华年	卒年	卒地	所撰译关于西学之书		
					书名	成书年	附注
龙华民	意大利	万历二五（1512）	清顺治一六（1659）	北京	预修崇祯历书		
邓玉函	日尔曼	明天启一（1622）	崇祯三（1630）	北京	远西奇器图说	天启	授王徵译
					人身说概		
					测天约说	崇祯二（1629）	皆崇祯历书之一
					黄赤距度表		
					正球升度表		
					大测		
罗雅谷	意大利	天启四（1624）	清乾隆三（1738）	澳门	测量全义		皆崇祯历书之一
					比例规解		
					五纬历指		
					五纬表		
					月离历指		
					月离表		
					日躔历指		
					日躔表		
					黄赤正球		
					日躔考昼夜刻分		
					历引		存疑

续表

名氏	国籍	来华年	卒年	卒地	所撰译关于西学之书		
					书名	成书年	附注
汤若望	日尔曼	天启三（1623）	康熙五（1666）	北京	远镜说	天启六（1626）	
					古今交食考	崇祯三—一四（1630—1641）	皆崇祯历书之一
					西洋历测		
					星图		
					恒星历指		
					恒星表		
					交食历指		
					交食表		
					八线表		
					测天约说		
					恒星出没		
					测蚀略		
					大测		
					火攻揭要	崇祯一六（1643）	授焦勖译
					新历晓惑		
					新法表异		
					新法历引		
					历法西传		
?					辨学		

续表

<table>
<tr><th rowspan="2">名氏</th><th rowspan="2">国籍</th><th rowspan="2">来华年</th><th rowspan="2">卒年</th><th rowspan="2">卒地</th><th colspan="3">所撰译关于西学之书</th></tr>
<tr><th>书名</th><th>成书年</th><th>附注</th></tr>
<tr><td>孟儒望</td><td>葡萄牙</td><td>崇祯一〇(1637)</td><td>顺治五(1648)</td><td>印度</td><td>天学略义</td><td></td><td></td></tr>
<tr><td>穆尼阁</td><td></td><td>顺治中</td><td></td><td></td><td>天步真原</td><td></td><td>授薛凤藻译</td></tr>
<tr><td>利类思</td><td>意大利</td><td>崇祯一〇(1637)</td><td>康熙二二(1684)</td><td>北京</td><td rowspan="2">西方要纪</td><td rowspan="2"></td><td rowspan="2">与南怀仁合撰</td></tr>
<tr><td>安文思</td><td>葡萄牙</td><td>崇祯一三(1640)</td><td>康熙一六(1677)</td><td>北京</td></tr>
<tr><td rowspan="8">南怀仁</td><td rowspan="8">比利时</td><td rowspan="8">顺治一六(1659)</td><td rowspan="8">康熙二七(1688)</td><td rowspan="8">北京</td><td>灵台仪象志</td><td>康熙一三(1674)</td><td rowspan="8">存疑著作：测念纪略、预推记验、形性理推、理推各国说、光向异验理推、目司总图、理辨之引咎</td></tr>
<tr><td>康熙永年表</td><td>康熙一七(1678)</td></tr>
<tr><td>坤舆全图</td><td>康熙一三(1674)</td></tr>
<tr><td>坤舆图志</td><td>康熙二七(1688)</td></tr>
<tr><td>盛京推算表</td><td>康熙二〇(1681)</td></tr>
<tr><td>神武图说</td><td></td></tr>
<tr><td>御览简平仪新式用法</td><td rowspan="2"></td></tr>
<tr><td>进呈穷理学</td></tr>
</table>

续表

名氏	国籍	来华年	卒年	卒地	所撰译关于西学之书		
					书名	成书年	附注
德里格	意大利	未详	未详	未详	律吕正义续编		康熙间供奉内廷
徐日昇	西班牙	康熙一三(1673)	康熙四七(1708)	北京			
张诚	法兰西	未详	康熙四六(1707)	北京			
林安多	葡萄牙	康熙四三(1704)	未详	未详			
焦秉贞、库利尔、马尔其(原名未详)	未详	未详	未详	未详			
白晋	法兰西	康熙二六(1687)	雍正八(1730)	北京	皇舆全览图	康熙五八(1719)	
杜美德	法兰西	康熙三九(1700)	康熙五九(1720)	未详			
冯秉正	法兰西	康熙四二(1703)	乾隆一三(1748)	北京			
德玛诺	法兰西	康熙四六(1707)	乾隆九(1748)	南京			
费隐(原名未详)	法兰西	未详	未详	未详			
来大成(原名未详)	葡萄牙	未详	未详	未详			
雷孝思、汤尚贤、潘如望(原名未详)	未详	未详	未详	未详			

续表

名氏	国籍	来华年	卒年	卒地	所撰译关于西学之书		
					书名	成书年	附注
苏霖（原名未详）	葡萄牙	未详	未详	未详			官钦天监，康熙二七（1688）年以前来华
纪利安（原名未详）	未详	未详	未详	未详			官钦天监，康熙五二（1713）年制地平经纬仪
戴进贤	日尔曼	康熙五五（1716）	未详	北京	历象考成后编	乾隆七（1742）	
					仪象考成	乾隆一七（1752）	
					玑衡抚辰仪记	乾隆一九（1754）	
徐懋德（原名未详）	未详	未详	未详	未详	助修历象考成后编	乾隆七（1742）	

续表

<table>
<tr><th rowspan="2">名氏</th><th rowspan="2">国籍</th><th rowspan="2">来华年</th><th rowspan="2">卒年</th><th rowspan="2">卒地</th><th colspan="3">所撰译关于西学之书</th></tr>
<tr><th>书名</th><th>成书年</th><th>附注</th></tr>
<tr><td>刘松龄（原名未详）</td><td>日尔曼</td><td>未详</td><td>未详</td><td>未详</td><td rowspan="2">助修仪象考成</td><td rowspan="2">乾隆一七（1752）</td><td rowspan="3">与戴进贤同时官钦天监</td></tr>
<tr><td>鲍友管（原名未详）</td><td>未详</td><td>未详</td><td>未详</td><td>未详</td></tr>
<tr><td>傅作霖（原名未详）</td><td>葡萄牙</td><td>未详</td><td>未详</td><td>未详</td><td></td><td></td></tr>
<tr><td rowspan="3">蒋友仁</td><td rowspan="3">法兰西</td><td rowspan="3">未详</td><td rowspan="3">乾隆三九（1774）</td><td rowspan="3">北京</td><td>新制浑天仪图说</td><td rowspan="3">约在乾隆二七（1762）</td><td rowspan="3">何国宗、钱大昕助译</td></tr>
<tr><td>增补坤舆全图</td></tr>
<tr><td>坤舆图说</td></tr>
</table>

综观上述，此时期西学之输入，就天文学方面而言，在明末则《崇祯历书》集其大成，而一以第谷之学为主。在清初则《历象考成后编》集其大成，其修正《崇祯历书》，采刻白尔行星轨道为椭圆之律，而改其地动之言；地球与日月距离之计算，用奈端之术；蒙气差及太阳与地球半径差之分度，均采当时新率。而其天文图表及观象仪器，尤我国人所叹为精绝。惟哥白尼地动之原理，则至此期最末之年始输入。其时我国学者，犹不信其言。就数学方面言，则当时平面几何学、弧三角、平三角、对数、算术，皆尝为具体之输

入，代数学则输入至二次方程式止，而集其大成者，则《数理精蕴》也。就物理学方面言，则《奇器图说》言重心、比重、杠杆、滑车、轮轴、斜面之理；《远镜说》述光之屈折，及凹凸镜对于物体之现象；而南怀仁进呈《穷理学》一书，惜不传于世。舆地学除地球之图说外，《皇舆全览图》尤为我国舆地界空前之巨制。矿术虽尝见用，惜未传其法。此外则火器、音乐、画术、人体学、论理学、宇宙论以及其时哲学之分类，及其研究对象，皆尝输入，见于著述焉。惜乎此期输入之西学，其于我国学术界之重要影响，仅在研究范围之增加（仅天文学及数学），及古籍之整理与治学方法之改进，而终不能发展我国之科学思想以与远西并驾也。

原载《清华学报》，第1卷第1期，1924年6月。

清代生物学家李元及其著作*

（一）

当清乾嘉间，专向故纸堆中讨生活之汉学掩袭一世。于此时焉，独有一暗然自修之学者，除精通数学、地理学、音韵学、理学、史学、经学外，更从事自然现象之考察，殚力研究动物之分类及其生活现象。所及动物凡四百四十余种，将各现象分类归纳研究之。此学者为谁？曰李元。

虽然，李元之学不独晦然无闻于当世，且二百余年来久湮没不彰。《中国人名大辞典》中竟不能寻其姓氏！幸其仅传之遗著《蠕范》八卷——研究动物之作，见收于《湖北丛书》中，而《京山县志》有其略传一篇，吾侪据此可考见其生平及学术如下。

---

* 原文署名“YLC”，为张荫麟姓名之韦氏拼音首字母，加上该期“编辑余谈”有言，“本期除编辑员外，蒙顾子刚先生、余岱东先生、陈铨君、张荫麟君、邵德彝君赐稿，特此志谢”，故可确定本文为张氏作品。

（二）

李元，字太初，号浑斋，湖北京山孙家桥人。元幼孤贫力学，夜无膏火则默诵，有遗忘则爇香炷以照之。其苦笃如是。

乾隆三十六年（1771）举于乡，因从座师某公游学，四十年大挑一等。历官四川仁寿、金堂等县（此据《京山县志》，按《四川通志·职官题名》，仁寿、金堂并无李元名）。嘉庆四年（1799）官南充县（四川），所至有循声。嘉庆二十一年（1816），乞病归里。居蜀凡四十余年，归时惟载书数万卷而已。

元生卒岁及年寿均无可考。然自其乡举至告归已四十五年。假定其乡举时在二十岁左右，则告归年约当六十五岁，而其年为嘉庆二十一年。以此推之，元之生不能在乾隆初以前，其卒不能在嘉庆末以后。

（三）

元在生物学上之功绩，次节当详述之。然元学问淹洽，不独精生物学而已也。尝精研音韵学，著《音切谱》十八卷、《声韵谱》十卷，以顾炎武《音学五书》为宗。又深究性理之学，著《理学传授表》《往哲心传补编》，而其《寤索》三卷阐河图太极之理，尤多前儒所未发。居四川时，研究该省水道成《蜀水经》十六卷，后又撰《西藏志》，此其在地理学上之贡献也。官仁寿时手修县志，时人称其体裁极为谨严。又著《历代甲子纪元表》《春秋君国考》《王阳明年谱考》，则又深于史也。元尤精数学，著《拙氏算术》，又究心古算籍，著书诠释唐王孝通《缉古算经》，名《缉古算经小解》。时其乡钟祥李潢以数学名家，方著《九章细草图说》，元乃以己所著数学书就质，李潢评之曰“博大精深”。李潢亦研究《缉古》，欲为新注至卒未成。元之《小解》实清代《缉古》新注之第一部也。元亦通经，有《易经集解》《五礼撮要》《经腴》。此外杂著：有检验详说言验尸之术，亦实验之学；余有《率尔操觚》《日书》《吟坛嘉话》《葭萌小乘》《遁甲新诠》《乍了日程琐记》《一梦缘》《通俗八诫》；又辑《明文渊海策腴》等书。其所著诗古文名《浑斋全集》。

元官蜀时合刻其《蠕范》《蜀水经》《音切谱》《声韵谱》《寤索》《乍了日程琐记》及《通俗八诫》，名“浑斋七种”。至其元孙锦云时，七种板已残缺，惟《蠕范》及《寤索》独全，而《一梦缘》已不完，《阳明年谱考》《易经集解》及《全集》均已全佚，其余则皆未刊钞藏于家。今除《蠕范》一种已见收入《湖北丛书》外，其余即已刻各种亦无传本。故其学终不可得而全睹，诚学术史上之不幸也已。

(四)

《蠕范》一书成于官蜀时。元以为动物界现象虽“变幻周通，万有不穷”，然终有其相同之点，“如陶斯模，如冶斯镕，惟妙惟肖”，因欲“综其纷纭不齐之数”(自序)。所研究动物四百四十一种，将之分为五属二十一类。

1. 禽属

(1)山禽类；(2)林禽类；(3)原禽类；(4)水禽类；(5)异

禽类。

2. 兽属

(1)鹿类;(2)猫类;(3)马类;(4)牛类;(5)羊类;(6)犬类;(7)豕类;(8)猴类;(9)鼠类;(10)异兽类。

3. 鳞属

(1)蛇类;(2)有鳞鱼类;(3)无鳞鱼类;(4)异鱼类;(5)杂鳞类。

4. 介属

5. 虫属

(1)飞虫类;(2)走虫类;(3)倮虫类;(4)介虫类;(5)异虫类。

其所分类以今日生物学眼光观者固殊可哂。虽然,数千年来我国研究动物之分类者惟李元一人而已。且其时解剖之术未明,种类区划仅凭外形,谬误之多固无足惑。且其所分类亦有足称道者焉:

其一,以一种动物代表一类,明其有相同之点。此点与今日生物学相符。

其二,禽类全以其生活而分类虽不当,然其时解剖之学未明,舍此实更无善法。

其三,以犬代表豺、狼、獾等而列之为一类,以猫代表虎、豹、犴等而列之为一类等,足见其观察之精到。

书中研究动物生活现象为目十六:

(1)物理　研究动物之伦理,可取者少。

(2)物匹　研究动物之配偶,多精到处。

(3)物生　研究动物之产生。

(4)物化　研究动物之化生，所据资料多不可靠。

(5)物体　研究动物形体之状态。

(6)物声　研究动物之鸣声。

(7)物食　研究动物之食品。

(8)物居　研究动物之居处。

(9)物性　研究动物之心理作用。

(10)物制　研究动物各部及排泄物等对于他物之化学作用。

(11)物材　研究动物于人类之功用。

(12)物智　研究动物之特殊技能。

(13)物偏　研究动物本能及身体各部之退化者。

(14)物候　研究动物生活之与气候相应者。

(15)物名　研究动物之名称。

(16)物寿　研究动物之寿命。

兹将其优点略举如下：

(1)叙述动物生活之详明。例如《物理篇》述蜂蚁之生活皆前此中国记载所未曾有。

(2)观察有正确可取者。例如《物声篇》云："螽以股鸣，蚑以翼鸣，蝉以胁鸣"之类。

(3)归纳研究有价值者。例如《物匹篇》研究动物雌雄体色之异列举："鸡冠高雄、短雌，鸭首绿雄、驳雌；鹰身小雄、大雌，鸳色斑雄、驳雌；鹑羽褐雄、斑雌；雉羽文雄、素雌；鹬羽青雄，赤雌；鹦喙丹雄、黑雌……孔雀长尾翠冠者雄，短尾者雌"；"蜥蜴五色具者雄，不具者雌，樗鸡五色具者雄，黑质白斑者雌，蜻蜓绿雄碧雌。"吾侪读此可知动物雄者常有较雌为美丽之体色。

虽然，书中缺点亦甚多，试略举如次：

(1)全书偏于叙述方面(discriptive)，而解释方面(interpretative)极少，几无之，故不能发明原则。

(2)李氏研究所根据之资料得自书本者多，得自观察者少。且彼于其所观察之果为正确与否，及书本所载果可靠与否，未尝为实事求是的考验，故其结论多流于谬误。

(3)李氏于生物现象之解释尚多迷信的非科学的论调。

虽然，在李元以前生物学在我国未尝有问津者，有之亦不过如郑渔仲一流所谓“鸟兽虫鱼之学”，以为注释经传之预备耳。其为生物学而治生物学，用归纳方法而治生物学，而研究范围又及于动物之全体者，数千年来惟李元一人而已。此李元所以在我国学术史上值得特笔大书也。

原载《清华周刊·书报介绍副刊》第13期，1924年10月。

洪亮吉及其人口论

一、引言

清乾嘉间之汉学大师，其能于汉学以外，有卓然不朽之贡献者，惟得二人：在哲学上则戴东原震，在社会科学上则洪稚存(亮吉)，而其学说在当时及后世皆未尝有丝毫之影响，徒为今日历史上之资料而已。戴氏之学，近十余年来，经蔡元培、梁启超、胡适诸氏之阐扬，已大显于世；惟洪氏之学，至今犹湮没不彰，梁氏之《清代学术概论》及《中国近三百年学术史》中均无只字及之。吾读洪氏遗书，不禁掩卷而太息，太息夫古人之立言，亦有幸有不幸如此也。因不揣谫陋，草为此文。非敢云发前人未发之秘，亦无资格以表彰先贤，聊吐吾心中所不吐不快者而已。

迩来“整理”旧说之作，副刊杂志中几于触目皆是。然其整理也，大悉割裂古人之文，刺取片词单句，颠倒综错之，如作诗之集句；然后加以标题，附会以西方新名词或术语，诩诩然号于众曰“吾以科学方法董理故籍者也”，而不知每流于无中生有，厚诬古人。此种气习，实今后学术界所宜痛戒。予介绍洪亮吉之学说，不敢自陷此弊；故惟摘录原文，未加案语，以待读者之玩索思考，而判吾言之当否。且原文本末毕具，条理清晰，断不容妄加斧斤也。

二、洪亮吉之人口论

稚存一生所著书，高可等身。然其关于思想方面者，除散见文集中者外，惟《意言》一卷二十篇。其人口论，即具于此书之《治平》《生计》两篇中。其言曰：

> 人未有不乐为治平之民者也，人未有不乐为治平既久之民者也。治平至百余年，可谓久矣。然言其户口，则视三十年以前增五倍焉，视六十年以前增十倍焉，视百年百数十年以前不啻增二十倍焉。试以一家计之，高曾之时有屋十间，有田一顷，身一人，娶妇后不过二人；以二人居屋十间，食田一顷，宽然有余矣。以一人生三计之，至子之世而父子四人；各娶妇有八人；即不能无佣作之助，是不下十人矣。以十人而居屋十间，食田一顷，吾知其居仅仅足，食亦仅仅足也。子又生孙，孙又娶妇，其间衰老者或有代谢，然已不下二十余人；而居屋十间，食田一顷，即量腹而食，度足而居，吾知其必不敷矣。又自此而曾焉，而元焉，视高曾祖时，口已不下五六十倍。是高曾时为一户者，至曾元时不分至十户不止。其间有户口消落之家，即有丁男繁衍之族，势亦足以相敌。或者曰：高曾之时，隙地未尽辟，闲廛未尽居也。然亦不过增一倍而止矣，或

> 增三倍五倍而止矣，而户口则增至十倍二十倍。是田与屋之数常处其不足，而户与口之数常处其有余也。又况兼并之家，一人据百人之屋，一户占百户之田，何怪乎遭风雨霜露颠踣而死者之比比乎？曰：天地有法乎？曰：水旱疾疫，即天地调剂之法也；然民之遭水旱而不幸者，不过十之一二耳。曰：君相有法乎？曰：使野无闲田，民无剩力；疆土之新辟者，移种民以居之；赋税之繁重者，酌今昔而减之；禁其浮靡，折其兼并；遇有水旱疾疫，则开仓廪以赈之，如是而已矣。是亦君相调剂之法也。要之，治平之久，天地不能不生人，而天地之所以养人者原不过此数也。治平之久，君相不能使人不生；而君相之所以为民计者，亦不过前此数法也。且一家之中有子弟十人，其不率教者常有一二，又况天下之广，其游惰不事者何能一一遵上之约束乎？一人之居，以供十人已不足，何况供百人乎？一人之食，以供十人已不足，何况供百人乎？此吾所以为治平之民虑也。治平……为农者十倍于前而田不加增；为商贾者十倍于前而货不加增；为士者十倍于前而佣书授徒之馆不加增。……何况户口既十倍于前，则游手好闲者更十倍于前？……是又甚可虑者也。(《生计》)

读者当注意，凡上所论，皆就治平时代而言，明乎战争与变乱之为例外也。试将上文分析之，则可见其含有下列各原理：

1. 生产之增加不能与人口之增加成正比例。人口于百数十年间可增至十倍至二十倍，物产则只能(因土地开辟之结果)增加一倍至五倍。(注意：洪氏此处，并不谓土地之生产力有增加之可能。

因其时中国科学未盛，不知农学可以改良土地，增加耕种效率也。）

2. 天灾（水旱疾疫）尽不能消灭过剩之人口。

3. 全人口中未必尽皆从事生产。

4. 财力之分配未必平均。

坐是之故，洪氏遂“为治平之民忧”。所忧者何？生存之困难而已。然则洪氏亦尝思所以补救之术乎？曰：上文已略发其凡矣。不外：

1. 发展生产事业，即所谓“使野无闲田，民无剩力；疆土之新辟者，移种民以居之”是也。而减少“游惰不事”之民，亦其一策，上文虽未明说，亦可于言外推之。

2. 使富力之分配平均。即所谓“抑其兼并”是也。

3. 由政府出力救济。即上所谓“遇有水旱疾疫，则开仓廪以赈之”是也。

而其最重要之方策则为：

4. 节省消费。即上所谓“禁其浮靡”是也。关于此点，洪氏别于其所著《寺庙论》中详言之曰：

> 户口至今日可谓极盛矣。天不能为户口之盛而更生财，地不能为户口之盛而更出粟。一州一邑之知治理者，唯去其靡费而已矣。靡费之道有二：一则前议中所云饮食服用是也，一则寺庙是也。（《卷施阁文甲集补遗》）

上文所谓“赋税之繁重者，酌今昔而减之”，亦节省消费之一端也。

然斯四者，不过无法中之法而已，终不能彻底解决人口问题。此稚存所以始终抱悲观态度。使稚存而生于今日，得聆珊格尔夫人生育节制之演说，吾知其必当鼓掌不已也。

洪氏之人口论已尽于是矣。吾料读者至此，必当联想及英人马尔萨斯(Thomas Robert Malthus)。马、洪二氏，其学说不谋而同，其时代复略相当(洪生于乾隆十一年即1746，卒于嘉庆十四年即1808；马生于1766，卒于1834)。其学说完成之期，相差亦不过数载(洪氏《意言》成于1793年，马氏《人口论》出版于1798年)。斯亦学术史上极奇异、极凑巧之现象也已。以言精密详尽，洪说自不逮马说，稍读社会科学书者类能言之，无待吾赘加申释。所当附述者，西方人口论在马氏以前已有希腊之柏拉图、亚理士多德，及18世纪之意人波德罗(Geovanni Botero)、奥尔德斯(Giammaria Ortes)，英人拉黎(Walter Raleigh)、斯多亚特(J. Steward)、杨恩(Arthur Young)、汤生(J. Townsend)，美人法兰克林(B. Franklin)，德人梅失尔(Justus Möser)诸学者相继讨论，马氏不过承众说，而组织成系统耳；至于洪氏则蹊径独开，一空依傍者也。其难易相去远矣。独是西方自马氏人口论出，经济学及社会学上辟一新天地，其直接间接影响于政治及社会上一般人之思想至钜且重。反观洪氏之论，则长埋于故纸堆中，百余年来，举世莫知莫闻。不龟手之药一也，或以伯，或不免于洴澼絖，岂不然哉！

三、洪亮吉传略

孟子曰："颂其诗，读其书，不知其人，可乎？"吾侪既得闻洪氏之人口论矣，请略述洪氏之生平。稚存，江苏阳湖北江人。六岁而孤，随母侨居外家。贫而力学，稍长为童子师。年二十四补县学生。三十五始举顺天乡试。遂游陕西，依毕沅。阅十年成一甲第二名进士。官京师三年，视学贵州返，以仲弟丧告归。会高宗逝世，例当奔丧来京，事毕将返，遗成亲王书万余言，痛陈当时朝政及吏治之弊，语甚率直。王惧祸上之仁宗，遂下狱，律当斩；免死，戍伊犁。逾年，京师大旱，祈祷术穷。命赦亮吉以为禳，遂得归，年五十五矣。韬居里门，读书以终(卒六十四)。

稚存学甚博：精音韵训诂；喜为诗词骈俪文，尤笃志于史；一生精力所萃，则在地理沿革。生平治学精神，尽见于《致钱季木论友书》中，其略曰：

学问之友，必先器识。拘于一隅，难与高论。谈性命则为周孔，言训诂则称鄙儒；特牲所祠，纠其违即同非圣；方册既载，举其失便为违经……此一蔽也。言无智愚，时有今昔；浑敦穷奇，以古而足贵；垂棘和氏，以近而不珍……此一蔽也。据近定远，屈前就后；荀卿儒术，见绌于宋贤；蒙县著书，致讥于里塾……此一蔽也。……若夫事必究其本原，论必求其是；解带一室，邹鲁不欺其半言；驰轮九垓，嵩华不能摇其一瞬；研几极神，深识殆圣，吾党亦有人焉。

其对于史学之见解云：

近时之为史学者有二端焉。一则塾师之论，拘于善善恶恶之经，虽古今未通，而褒贬自与。……一则词人之读史，求于一字一句之间，随众口而誉龙门，读一通而嗤虎观。于是为文士作传，必仿屈原；为队长立碑，亦摩项籍。……夫惟通训诂则可救塾师之失。……亦惟隶事故则可以救词人之失。（《集杭堇甫〈三国志补注〉序》）

精思高识，诚非一孔瞀儒所能梦见者矣。

稚存虽汉学家，独有出乎其类者存焉。当时考据之儒，大悉生死书丛，不闻世事；此虽半由于惧触时忌，亦实风气有以溺之。惟稚存则留心时政，恒思建策敷言。观其犯大祸而上书成亲王，汉学家中除杭世骏而外，无其偶矣。当时考据之儒，大悉寻行数墨，嚼字咬文，不事遐思，惮言义理。惟稚存不然，其《意言》中反对命定论，辟鬼神、仙人、雷神之妄等篇，识见远追王仲任（充）；其《真伪篇》追溯礼之起源，明礼与真情之冲突，亦发前人所未发。而百余年来称洪亮吉者，惟知其考据之学而已。

附　言

洪亮吉之著作，已刊者有：《洪北江遗书》二百二十二卷（光绪丁丑授经堂重刊）。关于洪亮吉之传记，以其门人吕培等所编《北江先生年谱》为最详实（附刊《遗书》中）。

原载《东方杂志》第23卷2号，1926年1月25日。

评《清史稿》

清史开馆，倏逾十年。去冬草创已就，即付排印，名之曰《清史稿》，意者尚有待于讨论与润色欤？昔清修明史，历三十二年（康熙十八年至五十年）而草稿成，又二十二年而定本出。以今较昔，不为不速矣。夫与其因循延宕，致贻“头白可期，汗青无日”之讥，毋宁因陋就简，先以所成者问世，博征众见，而徐图修订，故吾人于《清史稿》之及今刊布，许为得计。《清史稿》凡百册。去冬印行者乃纪、志、表、传之各一部分，凡五十册；其余五十册，云于今年端午节以前刊竣，未审能如约否耳。（全书定价百元，一次付清，北京东华门内清史馆经售。）观其已印成之部分及其余部分之目录，殊多使吾人失望之处，兹分体例及内容两项，评论如次。

欲明清史体例之所宜，当先确定国史（指国史馆所修之史）之任务。

近人喜称颂章实斋之史学，而于章氏在我国史学上一空前之创见，则罕能识其微旨，此即“记注之史”与“撰述之史”之厘辨是也。此之区别，在西洋史学上，惟晚近意大利学者柯洛齐（Benedetto Croce，今译为克罗齐）于其所著 *Zur Theorie und Geschichte der Histo-*

riographie(今译为《历史学的理论与实际》)中始畅发之。章氏之分记注与撰述，与柯洛齐之分 chronide 与 history 其意略同。章氏曰："智以藏往，神以知来。记注欲往事之不忘，撰述欲来者之兴起。故记注藏往似智，而撰述知来拟神也。藏往欲其赅备无遗。……知来欲其抉择去取。"(《书教篇》下)章氏所谓记注与柯洛齐所谓 chronide 完全相同，惟章氏所谓记注，实含有教诲与预测之意。客观的历史，未必完全于教诲与预测无裨，然不能以此为鹄的。然则撰述将以何者为抉择去取之标准欤？曰：以现在问题之解答。凡一时代之对于过去，精神上及智力上皆有其所寻求追索而待解答之问题，非得解答则不能满足，撰述之史专以解答此诸问题，而记注为过去之库藏，虽与此诸问题无涉之资料，亦贮而存之，以备将来新问题发生之取汲。此柯洛齐所认为记注与撰述之区别，而吾人所当赞同者也。

持此以论官修之国史，其当为记注之史欤，抑撰述之史欤？曰：记注之史。此其故有三焉。

其一，记注之史需求极殷，然其范围广而取材繁，非个人所优为，必合众力而易举，且网罗文籍、采访调查所需经费，殊非私人之力所能给，藏于公共机关之史料，更非私人之力所能致。若委之于私人或私人团体，何啻俟河之清？故编纂完备之记注，非国史馆孰任其责。

其二，撰述之史必有一根本见解或观点贯注全书，连络各部。而"众手修书，道旁筑室"，难收贯通一致之效，若强而行之，必产生"非驴非马"之结果。

其三，记注"整齐世故"，有绳墨可循；撰述操抉择之权衡，易流于偏激。凡居特殊地位之人，其偏见特多。国史馆为国中惟一之机关，国史非私人著作所能取而相代，去取抑扬苟不得当，则史学上之损失极大。

合此三因，可确定国史当为记注之史。（至将来国史馆之组织及将来国史之体例不在本文范围，当别论。）今《清史稿》之大病，即在未能认清记注与撰述之界限，遂至于“记注、撰述两无所取”。夫既为记注，则其体例须适应下列两条件：（1）记述须求赅备，换言之，即须带百科全书性质。然所谓赅备，非无所不包，虽邻猫产子亦以入录之谓也，要之直接或间接有影响于人群，有关涉于文化者为标准。（2）材料之比次须便于检查。

旧史记传之体若加变通，尚能适应此二条件，无须根本改造。且有清二百余年来史馆所储之资料，皆为作旧式正史之预备，若根本变革其体例，则成书事倍而功半，更不论其与旧有二十四史之衔接与否也。然若墨守旧史体例，不加变通，则无取矣。今《清史稿》之体例，除诸帝本纪外，志则有《时宪志》《天文志》《灾异志》《地理志》《乐志》《舆服志》《选举志》《职官志》《食货志》《河渠志》《兵志》《刑法志》《艺文志》《交通志》《邦交志》，表则有《皇子表》《诸臣封爵世表》《大学士年表》《军机大臣年表》《部院年表》《疆臣年表》《藩部世表》《交聘年表》，传则有《后妃传》《诸王传》《诸臣传》《循吏传》《儒林传》《文苑传》《忠义传》《孝友传》《遗逸传》《艺术传》《列女传》《土司传》《藩部传》《属国传》。其中除《交通》《邦交》二志及《疆臣》《藩部》二表为新创者外，余皆不出前史窠臼。此书体例乃采用洪宪时代杭县吴士鉴所定，而略有修改。吴撰有《纂修清史商例》，载《中国学报》（洪宪时代刘师培等所办）。吴氏于近世史学毫无所窥，其所起例固无足取，然以吴氏之《商例》较今《清史稿》之内容，则知后此史馆中人，识见反出吴氏下。例如吴氏拟立《使臣表》《兴学志》及《外臣传》，而《史稿》无之；吴氏合天文及历法为一志，而《史稿》分之，此其著者也。《史稿》之体例，一方面病其包罗不赅，一方面痛其滥收不入历史范围之资料。兹斟酌损益，以为将来清史定本之体例应如下。

第一，本纪仍旧，记国家大事、中央政令及帝王之重要言行，以年月日为纲。今《史稿》本纪以每年为一段，年中按日，不相连贯之记载悉相联缀，直无异于不分条之流水账簿，极不便于阅览与检查。宜每年为一节，每月为一条，每月空一格，庶醒眉目。至循例之事，但于适当地位记其成例及偶然之例外便足，其每次之奉行不记载。乃《史稿》不知出此，如属国循例之朝贡、日食之循例免朝等类，每次必书，何不惮烦耶?

第二，本纪之下宜增立《疆圻纪事》一项，此实即旧史之有世家。盖我国幅员广漠，山川隔分，各区域内文野之程度既不相同，事变之影响或不相及，故宜分载，以见其异。兹立此目以各总督所辖及各藩部为单位，旧时属国在未丧失以前亦属焉(如甲午前之台湾则隶于福建)。《史稿》中之《疆臣年表》《藩部传》《属国传》及《土司传》均归纳于此项中。此项之内容亦为编年体，凡疆臣之政教设施、制度俗尚之兴革、灾异变乱及其他一切影响一区域内之大事皆属焉。其不能以年系者，则于适当之年中附及之。

第三，天体及地形之叙述不属历史范围，且今已各成专门之学，故《天文志》及《地理志》可删。若夫灵台中仪器及技术之改进、观测及推算上之新成绩，则可附入《历志》中，舆地疆域之变易则可纳入《疆圻纪事》中，河道之崩决与迁徙则可纳入《疆圻纪事》及《河渠志》中。《历志》及《乐志》中涉及推算技术之部分，皆成专科，亦宜删汰。《食货志》及《艺文志》皆为极重要之部分，惟皆未印出，未知其内容如何。窃以为《食货志》宜增《海关贸易出入表》。《艺文志》若每书作提要，则不胜其繁，似可不必，惟当注明撰人之年代，若此不可考，则注其成书之约略年代，此亦不可考，则注其书初刊之年代。《灾异志》亦未印行，不知其内容如何。天体现象如日月食、彗星见之类，旧史视为凶变而记录之者，今当削去；其水旱及大地震等类影响民生者，可按其地域归入《疆圻纪事》中，故《灾异志》亦可不立。

此外当增三志：(1)《学志》，载国子监及各省大书院之史迹，及清季兴办学堂、厘定学制之经过。(2)《宗教志》，叙黄教、喇嘛教及释、道等在清代之情形。又如雍正以前耶教之输入与传播，及其后衰废之故，道咸以降新教之输入，及《江宁条约》以后民教之相仇，皆宜详叙。今《史稿》中关于此方面叙述极缺略，清初耶教状况仅《南怀仁传》中数十字了之，何简陋乃尔耶！(3)《食货志》专记国民经济，其关于国家财政宜别立《财政志》载之。

第四，书中七表(《交聘年表》未印行)仅列人名，直数十册点鬼簿而已。窃以为表不必独立一门，宜附于有关之纪志之后。除《疆臣》及《藩部》二表采入《疆圻纪事》外，余如《交聘年表》可附于《邦交志》之后，《大学士》《军机大臣》及《部院年表》可附于《职官志》之后。又《邦交志》宜增《历朝外交条约表》，《交通志》宜增《电报及铁路兴建次序表》。其他《食货》《兵》《形》等各志中材料，当以表驭者更夥，是在作者随处制宜，兹不能一一列举。其《大学士》

《军机》《部院年表》不当仅举人名，并宜摘记大事。其不甚重要之大臣，若一一立传，则嫌烦冗，若悉摈不录，则又嫌缺略，存之表中，恰称其宜。《皇子》及《封爵》两表，乃点鬼簿式之帝王家谱及封爵传袭表，最无意义。夫其人苟无关于社会，无补于文化，则虽膺显号，虽演天潢，亦何殊于编户之民？必一一著其名氏，则四万万人何择焉？兹宜并加删汰，其皇子及世爵苟有可传者，则立为传，不可立专传者，则择适当地位附于纪传之后。

第五，忠义、孝友、遗逸等事非不当表扬，然历史非褒善录，亦非修身教科书，《史稿》中上列各传所收人物，苟非真可泣可歌，行为影响于当时而流风被及于后世者，皆宜刊落。合并其余为《懿行传》，后妃及诸王之立传亦以有关朝政者为限，其不足立传者但附于本纪中。

第六，旧史悉不注明资料之来源，最为憾事。然《史记》及“两汉书”犹恒或于叙述中附及之。例如《史记·三代世表》言本于谱牒旧闻，《汉书·艺文志》言本于刘歆《七略》，《后汉书·西域传》言本于班勇所记。后世并此例亦不知循守，今读《史稿》绝不见有声叙史源者。夫国史卷帙浩瀚，若必如阮元之作《国史馆儒林传》(见《揅经室集》)，几于每句皆加小注，则不胜其冗，而势有所不能，惟当于每节每篇或每卷之后，注明所据，如需要时，并作考异，此后来续修清史之人所必当注意者也。

偌大史书无一序跋，亦是怪事。窃谓主纂者宜作一长序，说明清代国史馆之情形及民国后纂修之经过，历来参预修纂此书之人，亦著其姓名履历及所参预之部分，列为一表。

此上略论体例之宜增革者竟。其内容之缺憾可得言焉。

其一，《史稿》既不著史源，故其所已取及未取之资料为何，不易考察。然观其记多尔衮与博尔济锦氏之关系，记平三藩及锄明裔之用兵，记康熙末年宫闱之惨剧，记清初诸文字狱，事实及观点俱无殊于官书，则知本纪所据盖不出《实录》《东华录》及诸方略。观其列传，恒类于谀墓之文，例如李光地之丑行揭于谢山，而《史稿》之传光地，直无瑕可击之完人。又如王鸿绪之窃《明史稿》，本传中绝不言其事。又在鸦片战争时，海龄之守镇江，临难苟免(见《出围城记》)，伪报死节，而《史稿》信以为真，则知列传所据多不出宣付国史馆之形状。又如其传陈资斋，不及其《海国见闻录》，其传洪稚存，不及其《意言》，则曷若勿传，此盖亦受行状撰者之累也。

其二，其中根据官样文章，致成笑柄之处颇多。兹举数例如下：(1)《本纪六》记康熙五年“朝鲜、荷兰入贡”。(2)十七年“朝鲜、西洋入贡”。夫稍有常识者，当知是时西洋诸国断无向中国入贡称臣、自侪于朝鲜之理，不谓数百年前我国人盲目之夸大狂，犹存于今日之国史中。(3)《阮元传》之“祖玉堂活降苗数千人，有阴德”，堂堂“太史公”，识见乃同于乡曲之妇孺乎？

其三，书中论赞，于前清诸帝颂誉备至，几于人人皆足与尧、舜、禹、汤比肩。虽以胤禛之刻薄凶残、弘历之骄暴淫侈，犹曲为阿谀。书首发刊通启，两处皆用甲子，不书民国正朔，一望而知编纂之人多为亡清遗老也。夫兴悲麦秀，对泣南冠，士各有志，无用诋讥，然若使此种态度影响于史迹之论述，则殊乖实事求是之精神。革命时代之宣传，以天下之恶皆归于满洲，固是偏见。若处处立意为亡清掩护，其失均耳。不幸本书即犯此病，其纪传之谨官书无论矣。他如清初平定东南，屠戮压迫之惨，又如康乾两朝号称黄金时代，然其时民生之疾苦，若唐甄《潜书》、汪辉祖《病榻梦痕录》中无意叙入者，吾人皆不能于《史稿》中得丝毫之印象。所谓信史，固如是夫？

其四，书中亦颇有讹误之处。例如(1)《阮元传》谓元“集清代天文律算诸家作《畴人传》”。按《畴人传》实总述历代历算诸家，上起秦汉以前，其书极通行，可按覆也。(2)《林则徐传》谓义律呈缴烟土二万余箱，按据林文忠公奏疏，实万五千余箱耳。(3)《交通志》记我国铁路权丧失之历史云：“法自越南筑路以达云南省，自龙州筑路以达镇南关。德据胶州湾筑路以达济南。葡据澳门筑铁路以达广州。……此各国以铁路侵略中国之大略也。”按葡萄牙并无在澳门筑铁路以达广州之事，亦从未有此议。事关国权，堂堂国史中岂容衍此巨谬？史馆中人，陆沉若此，吾不禁掷卷而惊起矣。

署名“燕雏”，原载《大公报·文学副刊》第20期，1928年5月21日。

附：

清史馆来函

《大公报》鉴：先读贵报(《文学副刊》第二十期)所载论《清史稿》一文，正深钦佩，又蒙赐示，感幸至矣。此次校刻史稿，原非定本，意在借以求益，徐再修正。既辱不弃，倘能代为广达此意，使海内外通人硕学源源指教，则尤幸甚。开馆修史，虽逾十年，而迭经变乱，仓卒付印，急就成章，实无异于明修《元史》。至体裁全仿《明史》，不合新史，此则为旧史体例所拘，无可如何。当俟当代名人合二十五史，而另编通史，庶足为史学界启一新纪元。同人拙陋，万万不能及此也。文末承示错误各节，定当于校勘记中正之。如更有赐教者，并望函寄北京清史馆金息侯。至愿拜嘉，匆匆即请撰安。燕雏先生能示姓名，尤感。

清史馆启(阴历)四月十二日

【编者附言】按本报于每期《文学副刊》出版后，必寄赠该期中所批评介绍之书籍、杂志之编辑人及其发行之书店各一份，俾得知晓，是为定例。来函有关系者，亦必刊登，以谂读者。又本副刊立论，力求大公无我，专重批评精神，但论其书，不问其人。然鉴于常人每喜于人的关系肆为推求，于是毁誉轻重，妄为曲解，而友好亲知亦多顾忌，故本副刊于作者(除来稿自愿用真名者外)例不署名，或则谨志别号，而真姓名亦约定不以告人，俾作者、读者两得自由。作者可以畅所欲言，而读者亦就文论文，就书论书，不为其他之推测，如是方可得精确严正之批评。此意于本副刊第一期《本副刊之宗旨及体例》第三段之末，已申言之。故清史馆赐函函末所询一节，恕不能答复(此层兼答北京何季琨君)。又本副刊虽由多人执笔，然各篇互相照应，内容实为一贯，望读者合其而后全体而观之，勿专注意寻求某作者或某种题目，则幸甚矣。

原载《大公报·文学副刊》第23期，1928年6月11日。

王静安先生与晚清思想界

今海内称王先生者，莫不以其经史考据之学，此在先生三十岁以前固未始自料也。是年先生曾撰《自序》二篇（见《教育世界》第六及第十期），述其为学之大略及将来之趋向。盖七八年来无日不寝馈于哲学中，末乃稍转移于词曲之创作。其《自序》中述哲学之经历曰：

> 是时（在上海东文学社时，先生二十二岁，光绪二十四年也）社中教师为日本文学士藤田丰八、田冈佐代治二君。二君故治哲学，余一日见田冈君之文集中有引汗德（即康德）、叔本华之哲学者，心甚善之，顾文字睽隔，自以为终身无读二氏书之日矣。……抵日本（光绪二十八年）后，昼习英文，夜至物理学校习数学。留东京四五月而病作，遂以是夏归国。……体素羸弱，性复忧郁。人生问题日往复于吾前，自是始决从事于哲学。次岁始读翻尔彭（Fairbanks）之《社会学》，及文（Jevons）之《名学》，海浦定（Höffding）之《心理学》（此书后经先生译成中文）……巴尔善（Paulsen）之《哲学概论》，文特尔彭（Windel-

band)之《哲学史》……通其大略。……次年始读汗德之《纯理批评》，至《先天分析论》，几全不可解，更辍不读。而读叔本华之《意志及表象之世界》一书，前后读二过，次及其《充足理由之原则论》《自然中之意志论》及其文集等，尤以其《意志及表象之世界》中《康德哲学之批评》一篇为通汗德哲学之关键。至二十九岁更返而读汗德之书，则非复前日之窒碍。嗣是于汗德之《纯理批评》外，兼及其伦理学、美学。至今年从事第四次之研究，则窒碍更少，而觉其说之窒处大抵其说之不可持处而已。……此外如洛克、休蒙之书亦时涉猎及之。近数年来为学之大略如此。

此数年中，先生陆续为文阐释叔本华、尼采之学说，介绍于国人，而康德之形而上学及美学，亦时杂论及之，又不徒介绍之而已。其于叔本华之遗传说，且批评其失当，于叔本华之“意志解脱”说，且怀疑其不可能(详后)。其于尼采之学说，则明其为叔本华美学思想之引申。视并世及至今稗贩者流，于西说未尝有深造自得，而妄作应声回响者，夐乎远矣。又不徒探究西哲之学说而已也，并追溯我国哲学思想之历史。先生治学方法视并世诸家有一特具之优长，即历史眼光之锐敏是也。其治一学必先核算过去之成就，以明现在所处之地位而定将来之途径。其作词也，则先有其词学史观(散见《人间词话》中，尚有一卷未刊)。其欲创作戏曲也(先生实尝有志于此，见其《自序》中)，则先成《宋元戏曲史》。后此治古器物文字，治辽金元史，莫不如是。此时治数学才数月，而其著作中于西方古代畴人如数家珍，今世大学中之数学教授视之如何耶？姑舍是，本文所论乃在哲学。先生对于我国哲学亦自有极明显之历史观。其大略见于《评辜汤生英译〈中庸〉》(原文录登本志第四十三期)及《论近年之学术界》二文中之引端，略谓自周之衰，国民之智力成熟于内，政治之纷乱乘之于外，上无统一之制度，下迫于社会之要求，于是诸子九流各创其说，于道德、政治、文学上灿然放万丈之光焰，此为中国思想之能动时代。自汉以后，天下升平，武帝复以孔子之说统一之，其为诸子之学者，亦但守师说，学术界稍稍停滞矣，佛教之东，适值吾国思想凋敝之后，学者见之，如饥得食，如渴得饮，故六朝至唐佛教极千古之盛，此为吾国思想受动之时代。然是时吾国固有思想与印度思想相并行而不相化合，至宋儒出而调和之。宋后至清，思想之停滞略同于西汉，至清末而西洋思想成为第二佛教。凡此在近人关于本国思想史之著作中闻之已熟，然不知实先生二十余年前之创说也。又谓《老子》之书，盖出于战国；儒家之形而上学思想，因受道家之影响而产生，出于孔子后。前一说，近人梁启超君后先生而主之。后一说，至今尚无人注意。此外先生关于我国哲学史尚有两篇重要文字。其一为《论性》，历述我国数千年来各家关于人性之学说与争辨，批评其得失，而试下一最后之断案(详后)。其二为《国朝汉学派戴、阮二家哲学说》，谓“戴东原之《原善》与《孟子字义疏证》，阮文达之《性命古训》等，皆由三代秦汉之说以建设其心理学及伦理学。其说之幽元高妙，自不及宋人远甚。然一方复活先秦之学说，一方又加以新解释，此我国最近哲学史上唯一有兴味之事，亦唯一可纪之事也”。近人之注意戴、阮二氏学说，而认识其真价值者，实自先生始。后此蔡元培君于其伦理学史中因盛称戴氏之学，而胡适君更将戴氏偶像移至近代思想神坛之最前面，顶礼膜拜无虚日，梁启超君且抠衣而往从焉。于是戴东原遂成为我国学界中最时髦之名词，戴学遂成为最时髦之学问。而戴氏之地位愈抬愈高，而其人物愈放愈大，而其真面目亦愈晦。德人尉礼贤(Richard Wilhelm)且以之为中国之康德焉(戴氏恰与康德同时)，吁过矣。其实戴氏之根本思想类多掇拾当时输入之西说，其盗袭《永乐大典》本《水经注》而改窜原书以图灭迹，尤为士林所羞称。而其学说之本身亦自相矛盾，此点在十余年前王先生已洞烛之矣。戴氏反宋儒之说，以为欲在性中，而义理即在欲中。理也者，情之不爽失也(在戴氏书中，情与欲即是一物)。顾情何以能不爽失，岂不以心知之调节欤？此戴氏所承认者也。然则知与情欲实相因。然戴氏又谓："凡出于欲无非相生相养之事，欲之失为私不为蔽……私生于欲之失，蔽生于知之失。"王先生论之曰，由戴氏之说推之，则必欲之失根于知之失而后可，必私与蔽相因而后可；不然，则理者情欲之不爽失之谓，知之失，安得即谓之非理？今乃曰欲之失为私不为蔽，一若私与蔽全为二物者，自其哲学之全体观之，不可谓之非矛盾也。

光绪三十一年，先生(时年二十九岁)始汇集上引诸文，并其他关于思想之作及古今体诗五十首刊行，名《静庵文集》。此书之出，影响极微，当时硕彦绝无称道，至今世人犹罕知有其书。其知而爱重之，亦大抵在先生经史考据学既驰声之后，此盖不由于显晦之无常，亦不由于提挈之乏力，实当时思想界之情势所必生之结果也。明乎此，然后先生在当时思想界之地位及此书在历史上之价值乃可见。先生于当时之思想界亦尝有精到之观察与批评(见其作《论近年之学术界》中)，后有作中国近代思想史者，此文在所必引。兹节录如下：

近七八年前，侯官严复氏所译之赫胥黎《天演论》出，一新世人耳目。……嗣是以后，达尔文、斯宾塞之名腾于众人之口，物竞天择之语见于通俗之文。顾严氏所奉者，英吉利之功利论及进化论耳。其兴味之所存，不存于纯粹哲学，而存于哲学之各分科。……故严氏之学风，非哲学的而宁为科学的也，此其所以不能感动吾国思想界也。近三四年，法国十八世纪之自然主义由日本之介绍而入于中国，一时学海波涛沸渭矣。然附和此说者……于自然主义之根本思想固懵然无所知，聊借其枝叶之语，以图遂其政治上之目的耳。……其有蒙西洋学说之影响而改造古代之学说，于吾国思想界上占一时之势力者，则有南海康有为之《孔子改制考》《春秋董氏学》、浏阳谭嗣同之《仁学》。康氏以元统天之说，大有泛神论之臭味，其崇拜孔子也，颇模仿基督教……其震人耳目之处，在脱数千年思想之束缚，而易之以西洋已失势力之迷信，此其学问上之事业，不得不与其政治上之企图同归于失败者也。然康氏之于学术，非其固有之兴味，不过以之为政治上之手段，荀子所谓"今之学者，以为禽犊"者也。谭氏之说则出于上海教会中所译之《治心免病法》，其形而上学之以太说，半唯物论半神秘论也。人之读此书者，其兴味不在此等幼稚之形而上学，而在其政治上之意见。谭氏此书之目的亦在此而不在彼。……庚辛以还，各种杂志接踵而起，其执笔者非喜事之学生，则亡命之逋臣也。此等杂志本不知学问为何物，而但有政治上之目的……如《新民丛报》中之汗德哲学，其纰缪十且八九也。……近时之著译与杂志既如斯矣，至学校则何如？……京师大学之本科尚无设立之日……此外私立大学亦无足当专门之资格者。唯上海之震旦学校有丹徒马良氏之《哲学讲义》，虽未知其内容如何，然由其课

> 程观之，则依然三百年前特嘉尔(即笛卡儿)之独断哲学耳。国中之学校如此，则海外之留学界何如？夫同治及光绪初年之留学欧美者，皆以海军制造为主，其次法律而已。以纯粹科学专其家者，独无所闻。其稍有哲学兴味如严复氏者，亦只以余力及之。其能接欧人深邃伟大之思想者，吾决其必无也。

以上皆节录王先生之语。由今观之，先生所决为必无者，果竟无有。而先生之书之不投世好，盖已自知之矣。嗟乎！当此举世沉溺于实用观念与功利主义之中，独有人焉，匡矫时俗，脱屣名位，求自我之展伸，为学问而学问，周旋揖让于欧洲深邃伟大之思想家之群，而聆其谈吐，而与之诘难，穷形上之奥，究人生之谜，而复挹精撷华以饷当世，斯岂非先知先觉之豪杰士，而我国思想史上所当特笔大书者欤？

且先生在思想上不仅有介绍与整理之功而已也。其论性，其批评叔本华，皆有精到之独见焉。其论性也，略曰：性之为物，超乎吾人之智识之外也。今夫吾人所可得而知者(按如康德之说)，一先天的知识，一后天的知识。前者如空间时间之形式及悟性之范畴，此不待经验而生，而经验所由以成立者。后者乃经验上所教我者，凡一切可以经验之物皆是也。今试问性之为物，果得从先天中或后天中知之乎？先天中所能知者知识之形式，而不及于智识之材质，而性固一智识之材质也。若谓于后天中知之，则所知者又非性。何则？吾人经验上所知之性，其受遗传与外部之影响者不少，则其非性之本来面目固已久矣。故断言之曰：性之为物，超乎吾人智识之外也。夫如是，故欲论人性者，非驰于空想之域，势不得不从经验上推论之。苟执经验上之性以为性，则必由善恶二元论起。何则？

善恶之并立，吾人经验上之事实也。自生民以来至于今，世界之事变，历史之所纪述，诗人之所悲歌，孰非此善恶二性之争斗乎？政治与道德，宗教与哲学，孰非由此而起乎？善恶者反对之事实，而非相对之事实也（大善曰善，小善曰善，非如大热曰热，小热曰寒）。惟然，故不能由其一说明之。又积极之事实而非消极之事实也。（有善曰善，无善犹非恶，非如有光曰明，无光曰暗。）惟然，故不能举其一而遗其他，故从经验上立论，不能不归宿于二元论。此所论虽不知其于性果有当否，尚不致于矛盾，故得而持其说。至若超乎经验而言性，或则为超绝的一元论（即性无善无不善，及可以为善可以为不善说），务与经验上之事实相调和，亦不见有显著之矛盾。至执性善性恶之一元论者，当其就性言性时，以性为吾人不可经验之一物，故尚得持其说。然欲以之说明经验或应用于修身之事业，则矛盾即随之而起。此则其《论性》一文中历表古今众论以证明者也。

欲明王先生对于叔本华“解脱说”之怀疑，宜先知叔氏学说之大略。其言曰：世界万物及人类之本质为生之意志（Will to Live）。意志者，一切物存在之原因也。此意志之表现于个人意识中者，厥为生活之欲望。个人之意志与万物之意志初非二物，原为一体。个人之要求生存，非个人直接要求，乃间接受此共通意志之宰制耳。此共通意志所要求者，乃共通之生存（Existence in general），而非某个人之生存。个人受此意志之支配而有生活之欲望与需求。欲求无穷，而凡欲求皆不可必得偿也。痛苦者非他，欲而不得耳。人生日日有欲而不得之事，即人生日日在痛苦之中。即使吾人之欲悉偿而更无可欲之对象，厌倦之情即起。故人生者实如钟表之摆，往复于苦痛厌倦之间，而厌倦亦痛苦也。欲求解脱痛苦之路，只有拒绝生之意志。此叔氏人生哲学极简略之大纲也。王先生批评之曰：

> 夫由叔氏之哲学说，则一切人类及万物之根本一也。故充叔氏拒绝意志之说，非一切人类及万物各拒绝其生活之意志，则一人之意志亦不可得而拒绝。何则？生活之意志之存于我者，不过其一最小部分而已，而其大部分之存于一切人类及万物者，皆与我之意志同。而此物与我之差别，仅由于吾人知力之形式，故离此知力之形式而反其根本观之，则一切人类及万物之意志皆我之意志也。然则拒绝一人之意志，而姝姝自悦曰解脱，是何异决蹄涔之水而注之沟壑，而曰天下皆得平土而居之哉？佛之言曰：若不度尽众生，誓不成佛。其言犹若有能之而不欲之意。然自吾人观之，岂徒能之而不欲哉？将毋欲之而不能也。故如叔氏仅言一人之解脱，而未言世界之解脱，实与其意志同一之说不能两立也。(《红楼梦评论》)

余按叔氏意志同一之说，乃从形而上立论，其个人之解脱之说，乃就形而下立论，就经验世界立论。此二界之不混为一谈，叔氏于其 *Nachträge Zur Lehre vom Leiden der Welt* 中已提示之，然若是则叔氏之形而上学及其伦理学打成两橛，此不能讳言者也。然先生未尝因此而抹杀叔氏学说之价值也，故曰：

> 今使解脱之事终不可能，然一切伦理学上之理想果皆可能也欤？今夫与此无生主义相反者，生生主义也。夫世界有限，而生人无穷。以无穷之人，生有限之世界，必有不得遂其生者矣。世界之内，有一人不得遂其生者，固生生主义之理想所不

许也。故由生生主义之理想，则欲使世界生活之量达于极大限，则人人生活之度不得不达于极小限。……所谓最大多数之最大幸福者，亦仅归于伦理学者之梦想而已。……人知无生主义之不可能，而自忘其主义（生生主义）之理想之何若，此则大不可解者也。（《红楼梦评论》）

王先生固致疑于叔本华“解脱说”之可能，惟其眼中所见之人生则与叔本华所追摹者初无异致。《外集》中有一诗，实为先生之人生观之直叙。其诗曰：

余家浙水滨，栽桑径百里。
年年三四月，春蚕盈筐篚。
蠕蠕食复息，蠢蠢眠又起。
口腹虽累人，操作终自己。
丝尽口卒瘏，织就鸳鸯被。
一朝毛羽成，委之如敝屣。
耑耑索其偶，如马遭鞭棰。
呴濡视遗卵，怡然即泥滓。
明年二三月，蠢蠢长孙子。
芒芒千万载，辗转周复始。
嗟汝竟何为，草草阅生死。
岂伊悦此生，良由天所畀。
畀者固不仁，悦者长已矣。
劝君歌少息，人生亦如此。

人生如此，复何可恋惜。其努力于智识与艺术，亦不过于“局促之生活中，以思索玩赏为消遣之法”（自序二）而已。若是乎，则其泰然敝屣尘躯，沉渊以殉理想，夫岂一朝一夕之故，所由来者远矣。

王先生《自序》中，对于哲学之本身，更有一段深会之见解曰：

> 哲学上之说，大都可爱者不可信，可信者不可爱。余知真理，而余又爱其谬误。伟大之形而上学、高严之伦理学与纯粹之美学，此吾所酷嗜也。然求其可信者，则宁在智识论上之实证论、伦理学上之快乐论与美学上之经验论。知其可信而不能爱，觉其可爱而不能信，此近二三年中最大之烦闷，而近日之嗜好所以渐由哲学而转入文学，而欲于其中求直接之慰藉者也。要之，余之性质，欲为哲学家，则感情苦多而智力苦寡；欲为诗人，则又苦感情寡而理智多。诗歌乎？哲学乎？他日以何者终吾身，所不敢知，抑在二者之间乎？

而孰知竟在二者之外也！

署名“素痴”，原载《学衡》第64期，1928年7月。

近代中国学术史上之梁任公先生

本年一月十九日新会梁任公先生病殁于北平，本报既已为文悼之矣[一月二十一日本报(按指《大公报》)社评]。兹再从其学术方面，作一综括之评论。

任公先生一生之智力活动，盖可分为四时期，每时期各有特殊之贡献与影响。第一期自撇弃词章考据，就学万木草堂，以至戊戌政变以前止，是为“通经致用”之时期。第二期自戊戌政变以后，到辛亥革命成功时止，是为介绍西方思想，并以新观点批评中国学术之时期，而仍以“致用”为鹄的。第三期自辛亥革命成功后，至先生欧游以前止，是为纯粹政论家之时期。第四期自先生欧游归后以至病殁，是为专力治史之时期，此时期渐有为学问而学问之倾向，然终不能忘情国艰民瘼，殆即以此损其天年，哀哉！

先生第一期之智力活动，全受康南海之影响。此时期之梁先生，实为康南海附庸。吾确信即起梁先生于九原，当不以此为降抑之词也。而此后三时期之活动，实于此时期奠其基。故欲论近代学术史上之梁先生，不能不一论康南海。康南海者，我国“经学”史上数座巨峰之一也。“经学”在中国历史中之地位，与哲学之在欧洲历史中之地位相当。其在西方史中，每当社会有剧变之世，哲学必先之或缘之而变；其在中国史中，每当社会有剧变之世，经学必先之或缘之而变。经学之成立在西汉初，自此以后，凡经五变。西汉末古文学兴，是为一变，此时期之代表人物为刘歆。魏晋之世，学者援老庄说经，是为二变，此时期之代表人物可推王弼。宋儒以"性理"说经，是为三变，此时期之代表人物为朱熹。清代汉学家专从训诂校勘方面治经，是为四变，此时期之代表人物为王念孙。道咸以降，西汉"今文学"复兴，"非常异义可怪之论"炽，是为五变，此时期之代表人物为南海康有为。（以上所陈之经学史观，乃作者臆见，兹仅发其凡，除论康南海为本文中应有之义外，余俟另为文详之。）

康南海者，非开辟之人物，而集大成之人物也。当鸦片战争前后，我国智识界先后衍成三种趋势：

第一，乾嘉间朴学之正统派，有二特点：其一则重文字之解释而轻义理之阐发；其二则解经以许、郑、贾、马为宗，皆守刘歆古文之学者也。然境域之垦辟既尽，则思迁移；正统派之宰制既久，则起反动。嘉道间，庄存与始将久遭湮埋之今文学中何休《公羊传注》掘出，著《春秋正辞》，专求公羊之"微言大义"及"非常异义可怪之论"。其后刘逢禄复著《春秋公羊经传何氏释例》扬其波。刘又著《〈左氏春秋〉考证》，谓《左氏春秋》本不解经，经刘歆改头换面而成现今之形式，是为近代今古文之争之第一次交绥。其后魏源著《诗古微》，攻《毛传》及大、小序，著《书古微》攻马、郑之说，邵懿辰著《礼经通论》，言古文《逸礼》为刘歆所伪造。而今文学与古文学之争，壁垒愈坚固。今文学之兴是为第一种趋势。

第二，自鸦片战争而后，少数有识之士，怵国运之凌夷，虑大难之将至，知非于词章、考据之外，别求经世致用之学不可。龚自珍及魏源之著作，即表现此种趋向。后经洪、杨之乱，四海沸腾。一时削平大难之功，端赖实行之人，益见徒事呫哔之无用；而曾、左辈盱衡当世，每叹才难，提挈诱掖，不遗余力。讲求实用，是为第二种趋势。

第三，鸦片战争之结果，虽未能醒中国人之迷梦，亦已使其知汽船、钢炮之不可忽视。当洪、杨时代，英法以舟师数千，直捣京畿。其后敉平江南，以倾国之师，收效之速，不若英将戈登一旅之众。此等事实，已足使不甚顽固者坚信泰西之优胜，而有模仿之必要。故乱定后，曾国藩辈即兴建福建造船厂、江南制造局及江南译书局，并派人出洋留学。初仅注意其器械及战术，渐乃及其政法。薛福成及郭嵩焘，此种运动之代表人物也。效法泰西，是为第三种趋势。康南海者，于此三种趋势，各集其大成，而复熔之于一炉，抟之为一体，以鲜明之旗帜，恳切之呼吁，宣传其说，而卒以易天下者也。梁启超者，在此旗帜下一员最有力之大将也。

戊戌政变，在政治上为彻底失败之运动，而在“社会思想”上实为一扫霾拨雾之飚风。其影响之显而见者，在此时前后，国民日用语中，不知增加几许新名词、新口号，若变法也，改制也，民权也，平等也，自由也，议会也，立宪也，废科举也，兴学校也，重女权也，戒缠足也，不可殚列，举国观听为之一新。综论其结果，在政治则促起“维新”之自觉，在青年思想上则促起“新学”之自觉。凡此乃旧时代与新时代转变间之一大关键，康、梁实与有转移之力也。试一观当时中国风气否塞至何程度，便知康梁辈之功绩。光绪十四年，康氏初上变法之书，举世目为病狂，大臣格不代奏。其后引用，朝野哗哄，攻击环集。戊戌秋，有平江苏舆者，集当时抨击康党最力之著名文件，都七卷，名《翼教丛编》，而为之序曰：

> 甲午以来，外患日迫。……言禁稍弛，英奇奋兴。而倾险淫诐之徒，杂附其间。邪说横溢，人心浮动。其祸实肇于南海康有为。……自黄公度为湖南盐法道，言于大吏，聘康之弟子梁启超主讲时务学堂，张其师说。一时衣冠之伦，罔顾名义，视为教宗。其言以康有为之《新学伪经考》《孔子改制考》为主，而平等、民权、孔子纪年诸谬说辅之。伪六籍，灭圣经也。托改制，乱成宪也。倡平等，堕纲常也。伸民权，无君上也。孔子纪年，不知有本朝也。……许尚书、文侍御既以参劾获罪。……张香涛尚书《劝学篇》，王幹臣吏部《实学报》，辞而辟之，未加显斥。吾湘如王葵园祭酒师、叶焕彬吏部数先生，洞烛其奸，摘发备至。……而（其后）康、梁以逆谋事觉，乱党逮治。区夏好士，钦仰皇威，弥然自乐其生。

若是乎，则当时之康梁，不几夫今日之“赤化者”哉。

自维新派与革命党为政敌，革命成而维新派被目为罪魁，而不知二者表相反而里实相成也。“国民革命”（此词始见于《同盟会宣言》，今党军名“国民革命军”，殆即本此）运动，实行先于言论。党人最著名之机关报，曰《苏报》，曰《民报》。然《苏报》始于癸卯，旋被封禁，上距《时务报》（梁任公在上海初办之报）之创办已七年矣。《民报》始于乙巳，上距《清议报》（梁任公在日本初办之报）创办已六年矣，视《新民丛报》之发刊亦后四年矣。《苏报》《民报》以前，党人盖未尝明目张胆以言论学说昭示国人。国人之于革命党，不过视为洪、杨之继起者而已。自乙未至乙巳十年间，肩我国思想解放之任者，实唯康、梁。虽其解放之程度不如党人，然革命学说之所以能不旋踵而风靡全国者，实因维新派先解去第一重束缚，故解第二重束缚自易易也。且梁任公自逃亡日本后，在《清议报》及《新民丛报》中，掊诋满洲执政者不留丝毫余地。清室之失去国人信用，梁任公之笔墨实与有力焉。清室既失去国人信用，而朝廷上又无改革希望，故革命势力日增也。此又梁任公无意中间接帮助革命之一端也。吾故曰维新党与革命党表相反而里实相成也。自乙巳同盟会成立于东京，而维新党遂成过去之陈迹。波澜起伏，前后相推。四时之运，成功者退。个人之得失，何预于其历史上价值哉？嗟乎，此固未易为今之以标语为金科、口号为玉律者言也。

自任公亡命日本后，诵习日文，因间接得窥西洋名哲之学说，而识力日扩。此时之梁先生，已非康南海所能范围，自述曰(《清代学术概论》第二十四节)：

> 启超自三十以后，已绝口不谈“伪经”，亦不甚谈改制。而其师大倡设孔教会，定国教，祀天、配孔诸议，国中附和不乏，启超不谓然，屡起而驳之。……(以为)中国思想之痼疾确在“好依傍”及“名实混淆”，若援佛入儒也，若好造伪书也，皆原本于此等精神。以清儒论，颜元几于墨矣，而必自谓出孔子。戴震暗合西洋思想，而必自谓出孔子。康有为之大同，空前创获，而必自谓出孔子。乃至孔子之改制何必托古，诸子何

为皆托古，则亦依傍混淆也已。此病根不拔，则思想终无独立自由之望。启超于此三致意焉。然持论既屡与其师不合，康、梁学派遂分。

自戊戌至辛亥间，先生之所贡献于国人者，除应时之政论及激发国民爱国心之宣传外，尚有三焉。一则，介绍西方学问。国人之得闻亚里士多德、倍根（今译作培根）、笛卡儿、斯宾挪莎（今译作斯宾诺莎）、康德、卢梭、霍布士（今译作霍布斯）、边沁诸家之学说，实自先生之著作始也。虽间接稗贩，每多隔膜与纰谬，然微先生之力，当时孰知除帖括、词章、考据以外，除坚船、利炮、铁路、银行之外，除法律、宪典之外，形而上者，尚有宗庙之美、百官之富耶？其于形上之学，激发好奇之心，引起探讨之兴趣，实为此后新文化运动之伏线矣。二则，以新观点批评中国学术，换言之，即我国学术之第一次重新估价。其论周秦诸子，其论管子、墨翟，其论商鞅，其论王安石，论孔教，论佛教，皆一扫传统观念，而为今日吾人大多数对于此诸家之观念之所基。此时先生批评中国学术之结晶，尤在《论中国学术思想变迁之大势》一长文。此实第一部有统系之中国学术史，一气呵成，前无凭借，非有绝伟之识力，其曷能与于斯！胡适自言其立志治中国思想史，实受先生此文之影响，则民国六七年后“新汉学”之兴起，先生盖导其源矣。三则，以新观点考察中国历史，而提出“史学革命”方案。始倡于官报及帝谱而外，别创以民族及文化为对象，借国民之照鉴之历史。其于《新民丛报》中《新史学》《中国史叙论》已发其凡，于《中国历史上革命之研究》《历史上中国民族之观察》《世界史上广东之位置》及《赵武灵王传》《张博望班定远合传》《王荆公传》《郑和传》《中国殖民八大伟人传》等篇中，复示其例。后有作近代中国史学史者，不能不以先生之名冠其篇矣。

从学术史上观之，自辛亥至戊午七年间，实为先生一生最不幸之时期。盖自辛亥革命成功后，先生在政治上实与康南海同为落伍之人物。历史上之趋势如此，非人力所能转移。为先生计，使自此时以后绝迹仕途，埋头著述，则其所贡献于中国学术者当如何！乃不出此，挟其历史上宝贵之地位，旅进旅退于军阀、官僚、奸雄、宵小之间，卒无补于国，而学亦荒，岂不惜哉？此时期先生在政治上之主张，可以一言蔽之，先从民智、民德方面着力，而以温和渐进之方法改善其政治上及经济上之地位。惟其侧重民智、民德，故于政治及经济上无具体而坚执之计划；惟其采温和渐进之手段，故易于优容军阀。民国以后先生在政治上得失之林，可得而论也。

及欧战甫终，西方智识阶级经此空前之大破坏后，正心惊目眩，徬徨不知所措。物极必反，乃移其视线于彼等素所鄙夷而实未尝了解之东方，以为其中或有无限宝藏焉。先生适以此时游欧，受其说之熏陶，遂确信中国故纸堆中，有可医西方而自医之药。既归，力以昌明中国文化为己任；而自揆所长，尤专力于史。盖欲以余生成一部宏博之中国文化史，规模且远大于韦尔思之《世界史纲》，而于此中寄其希望与理想焉。天不假年，抱志以殁，实中国史学史上之一大损失已。然其已见之主要成绩可得言焉：(1)《中国历史研究法》一书，虽未达西洋史学方法，然实为中国此学之奠基石。其举例之精巧亲切而富于启发性，西方史法书中实罕其匹。(2)关于学术史者，《先秦政治史》及《墨子学案》《老子哲学》等书，推崇、比附、阐发及宣传之意味多，吾人未能以忠实正确许之。惟其关于《中国佛学史》及《中国近三百年学术史》之探讨，不独开辟新领土，抑且饶于新收获，此实为其不朽之盛业。(3)先生《中国文化史》之正文，仅成《社会组织》一篇，整理犹未完善；然其体例及取材全空依傍，亦一有价值之创作也。(4)关于文学史者，除零篇外，以《陶渊明》一书(内有年谱及批评)为最精绝。报载其作《辛稼轩年谱》，力疾属草，实成绝笔。他日此书印行，当为我国学术史上与人印象最深之纪念物也已。

近两年来，先生在衰病中，医者禁其著作，已久与中国史学界绝缘。而我国史学界亦日冷落，至于今而益甚。不学无术之人因缘时会，凭借结纳，亦且披猴冠而登坛坫焉。不知我国史界之剥，何日始复也。

署名“素痴”，原载《学衡》第67期，1929年1日。

与余永梁论近世广东海外文献书

绍孟吾兄：

来示并《周刊》数期均获收，谢谢。以后敢请源源惠赐。承嘱为《周刊》撰稿，寒假前后曾撰成二篇，因已为《学衡》及《燕京学报》所预约，故未能寄上。本拟更为《周刊》写一篇，题为《广东之海外文献》，萦于意外之烦忧，亦竟不果。惟此文之意旨，不妨为兄言之：弟曩有一意见，以为国内各大学之历史科，宜担任纂修各该所在省之方志，并其资料之搜集与保存；既使方志得永久之付托者，复使学生得最实在、最亲切之练习。蓄怀此意，久欲有言。及读贵校研究所招生简章所列集众之工作种类，有“广东通志以新定体制及方则重修之”一条，不禁狂喜。不图私衷偶见，贵校早已实行，甚盼全国各大学能相率仿效，其无研究所者，不妨由历史科任之也。惟不知关于此事，贵校现在进行如何？

弟有一得之愚见欲贡者，则广东通志有一种极重要而颇富新资料可采，而前此无人曾注意及者，此即西方人关于广东之游记及回忆录是也。此外如澳门最早之报纸，鸦片战争时，林则徐、邓廷桢辈，曾命人每译日摘，以为觇外势之资。邓所译今尚存数巨册，中多述广东内地事；柳诒徵氏曾于《史地学报》中作《近世史料之一》一文论及之，且借以考知“十三行”之逸名。此数巨册收藏者之名籍，见于柳文中，贵研究所似宜访求录副。此外类此之译本，或原报，亦宜设法征访。广东在鸦片战争以前百余年间，为西方人在华之惟一居留地，其时在广州之西人侨民，且曾办有日报（见美人汤姆斯所著 *An Old Fan Kwai in Canton*），想今已无存。惟游记及回忆录，则存者尚多，就以英文作者而论，弟所见闻，已不下十余种。其中颇有可珍贵之资料，此等资料，以入通史则嫌其琐，入方志恰好。然此等书籍，今西方人已不甚爱惜（以其多数在西方无文学的或历史的兴趣），刊本多为数十年前物，流传极稀，绝少有为重印者；若不及早搜求，将来湮灭可惜。例如十七世纪末法人 Lonis Le Comte 之《旅华观察记》，原本已亡，只存英文译本；而英译本以弟所知，只有一册为南京金陵大学图书馆无意购得［A. J. 鲍恩（A. J. Bowen）有一文论及此书，载前年《中国科学与艺术杂志》（*China Journal of Science and Arts*）］。足下在研究所，不妨与同志从事搜求此类书籍，并择其中可用之资料译出刊行。此事决非一人之力所能为，与广东无关之人亦无此兴趣；贵所同人为之，可谓人地两适，且又切于目前之需要。不审足下谓何？弟所拟作《广东之海外文献》一文，即欲将上述所见闻十余种书略加介绍，惜近来决无暇成之；如贵所欲搜购时，弟可将其书名、作者及出版处，列出寄上也。寒假中得读贵所《周刊》前五期，曾为一文略加介绍与批评，适友人为天津《大公报·文学副刊》索稿，即以付之。兹寄上一观，不妨转录于《周刊》，并请受批评者加以答复。近状奚若，盼多多见示。南中春和，郊游可乐，追怀旧迹，恨不能抠衣从足下后也。

荫麟，二月廿九，一九二八

原载《国立中山大学语言历史研究所周刊》第2集第19期“学术通讯”栏，1928年3月6日。

王德卿传

王德卿为清乾嘉间一女子，博学工古文诗词。所著书有《星象图释》二卷，《象数窥余》四卷，《历算简存》若干卷，《筹算易知》《西洋筹算增删》《重订策算正讹》《女蒙拾诵》《沉疴呓语》各一卷，《文选诗赋参评》十卷，《德风亭初集》十三卷，《二集》六卷，《绣铗笺》十余卷。今惟见《德风亭初集》(以下简称《初集》)刊于《金陵丛书》中，余殆尽散佚矣。予读此集，不独德卿识见学诣为过去我国女子中所罕觏，且其品格高峻莹洁，其在世三十年之生活，直是一首美丽之诗，是乌可以无传乎！(关于德卿著作目，据同治《上元江宁合志》卷十二中及《初集》卷一。)

德卿名贞仪，生于清乾隆三十四年(1768)，本籍安徽天长县，祖父始迁南京。父锡珍，读书困于场屋，精医，著有《医方验钞》四卷。后此德卿亦通医学，乃因其父之濡染也。然德卿一生受其父影响者少，受其祖父影响者多。祖父名者辅，字觐颜，号惺斋，清雍正五年以优贡知广东海丰县，治盗有声，又革海船陋规，听讼视地之远近为先后。在任二年，以本府勒受前任亏空，互揭，为所诬，拟追赃不偿当斩，民争代输，得免，为巡抚某延入幕。知其能，以人才保荐发往甘肃军前效力。乾隆元年，清军凯旋，议叙，补固安知县，升顺天府北路同知，立书院，建营房，旋升知宣化府(乾隆五年)。期年，为揭帖所陷，降官，仍发广东。后补嘉应州知州，在任四年(乾隆九年至十三年)，得民爱戴，为立位于名宦祠。(以上德卿父之名，据《县志》卷十五下，关于惺斋事，据光绪《安徽通志》卷二〇一及光绪《畿辅通志》卷三及道光《广东志》卷四九、卷四八、卷五七；其余及以下不注明出处者，皆据《初集》。)此后事迹，载籍阙略，惟知其在乾隆四十四年以前尝罢官归，营宅于金陵，是年以事(今不详何事)获罪遣戍吉林。越三年，殁于其地。

惺斋不仅为能吏，且好学博览，著述甚富。在吉林时遭火焚者十八九，惟存《读书记事》一部，曾经蓝鹿州、龚天如校订，未刊。又好聚书，殁时藏书尚有七十五橱。此后德卿之获亲典籍，全赖其祖父搜藏之力。盖其父不重女学，德卿长成后，攻习诗歌文章，其父知而责之，且禁其呫毕也。

然惺斋却与其子异致，德卿方在髫龄，即教之学，并授以算术。九岁，其祖母董氏复教之学诗。德卿早慧，是时已颇知立志，自言“自九龄始知学女子之道，行有余力，旁及诗书。又仰企乎古贤媛哲母之才之德，于是颇专读书。稍长，先大母亦或命操笔学为文章”。

惺斋之获罪，德卿方十一岁，随祖母及父等往省之，因留居吉林。至惺斋殁后年余，始扶榇南归。德卿虽在羁旅，不辍研诵，而学日进，自言“间读诸注疏之书，矻矻然终日尽夜涉心其中，异同离合……必证，名物象数……必晰，义类指归必加研求……至于既久，盖旷然若有所见，怡然若有所知，几高视一切”。以十余龄女子，而力学知方若是，无怪其高视一切也。时吉林有蒙古阿将军者，德卿从其夫人习骑射。又有卜谦爻夫人者，年已老，随其夫陈瀹斋侍御有差于吉林。瀹斋与惺斋交最善，卜夫人一见德卿即爱重之，逐为其姆师，时德卿年十四也。夫人为一模范之旧式中国贤妇，教德卿本德行而末文采，务婉顺而避声华，于是德卿深自敛束，不复如前此之活泼自熹矣。夫人有孙女名凝田，字宛玉，时年十七，亦娴文翰，与德卿结为姊妹。时相过从，或论文，或酬唱，今《德风亭集》中有《答陈宛玉姊》一书，可见其闺中乐事也。书云：

> 一见吾姊，不特知为才媛，即知为贤媛矣。……别倏匝月，正尔惝恍。忽尺一见报，风旨幽静，而词语古茂。……前者投诗洵美，率然奉答，强无盐而并嫱施，益见形丑。奈何？承欲惠临，欣喜不胜。谨订月生魄夜，当扫竹窗，横素琴，俟我美人，幸勿过门题字而返也。

如是者年余，而德卿归金陵，时年十六也。方其去时，犹是提挈下之孩儿；及归，已成婷婷之少女，能为古文诗词，且有超俗异众之见解矣。集中所存，在吉林作之诗词，不下十数首，尚幼稚，鲜足称。然如《环翠园十咏为卜太夫人作之一》云“抱琴横石台，中宵繁籁歇。泠然时一弹，松梢下晴月”，冲淡而颇有意境。以十三四岁女子而能为此，亦可惊矣。

返里未久，即随其父及祖母等宦游。经山东入京师，自京师赴陕西，复由湖北溯江至江西，逾大庾岭以抵粤，经广州以至雷州。所至观风问俗，览胜吊古，襟怀为之扩拓，诗囊因而满积。其最著者，至山东则登泰山，有记；至陕西则登华山，至湖北则登岳阳楼，至广州则登粤秀山，皆有诗。其他小名迹之歌咏，更不可悉数。舟经庐山及石钟山，近望而不得上游，以为生平恨事，有诗纪之云：

舟行四月未踏地，客心览胜殊不同。奇山每每倏经眼，石尤转叹何昏懵。推篷终日但兀坐，忧来百端还相攻。偶尔一吟遣烦闷，细声真似号寒虫。前此溯流九江楫，欣然望见庐山容。虽已过眼睹真面，峰岚未陟心难穷。花宫百五付想象，何曾一一凌崆峒。后来乘风渡京口，又值痁病侵身侗。金焦在目不可上，但看突兀撑晴峰。生平恨事此其二，至今耿耿常留衷。朅来一棹过彭蠡，五更起碇安樯栊。飕飕饱送片帆去，倏忽已向湖口东。遥望石钟数余里，今朝快拟相追从。急呼榜人落蒲叶，好觅小艇循山踪。岂意湖飙忽狂发，退飞十里如鹢翀。船头有缆不得系，打头掠尾吹颠风。瞬时风烈转前促，片刻已运青芙蓉。是时五月正暄热，炎威顿觉皆飘空。雨师助力亦狡狯，雷声电影腾蛟龙。大点飒飒下如霰，跳如打浪看横纵。窾坎镗鞳大响作，噌吰澎湃相回冲。江豚逆波拱鬐鬣，众人失诧看篙工。苍鹰钩脱马羁溜，回旋湖面难为功。逝波力劲不可竞，有如猛箭初离弓。震涛万叠巨鲸吼，峭壁千尺洪钟汹。悔不豫事买缳瓠，或可缚腢存微躬。相顾共笑比鹣鲽。何为狼狈同飞蓬。一息不知几百里，轻舟掀簸浮惊鸿。向午偶遇浅沙阁，恍惚生气方回融。拭舱理舵整乱篋，抵涯立柱支危篷。舟子仰面指天末，十丈烂熳垂长虹。转顾湖口杳莫辩，石钟山影皆迷蒙。吁嗟乎，山灵与我似相忌，兹游又使行匆匆。他时再买过湖棹，驱箕真欲笺天公。

年十八，归天长旧宅。十九复回金陵，遂定居于是，以至出嫁前凡六年。时值升平，家道殷裕，父母俱存，姊妹相伴，闺帏暇豫，恣意读书。女儿之幸运，无加于此矣。而所居饶有园林之胜，更增益其生活之诗意。德卿自记曰：

初大父罢官归，择家园之隙地二十亩，以十七疏而为池，蓄以水，甃以石，养鱼数百头，种莲数千柄；东造桥，西制亭（疑即德风亭），四旁多植花树；又以一亩尽栽以竹，余亩计二以短垣缭之，中架数椽，屋阔与长称，圆其脊瓴，当乎池之上，盖俨然舫形也，故名之曰舫寄。倚其槛，波光交豁，萍藻相漾，堤梁互亘。……其中则有榻，有几，有琴，有书，有笔，有墨，有炉，有灶，有茶具，有酒器……其为地高而且旷，凡金陵之山水皆在眉睫间。

又曰：

于家园东偏，洒扫一室，方阔以二丈度，临乎水池之曲。……户牖方圆高下，而其临诸水也同。室中厘为二分，伏腊所居，因乎时也。其为室也，无镂壁画栋之饰，无珠帘绣幄之容。室内几三，不必为何木也。砚二，不必为何石也。石盂、磁盏、瓦壶以及瓶罍之器，各六七具，不必为何窑也。书四橱，不必尽为三坟五典也。画轴楹帖各数事，不必为古今名人笔也。笔数管，墨数锭，不必为诸葛廷珪制也。绣绒针黹之属数十具，不必越绫蜀锦也。余与二妹读书其中，外一丑婢，用待呼使。

德卿名此室曰虚室，取"虚室生白，虚心受益"之意也。园中又有德风亭，德卿亦恒与姊妹等读书其中。诗集中有《同家姊妹等读书德风亭偶作》一首云：

读书偏爱德风亭，小隐幽居共止形。竹树当窗闲索句，鼎彝供坐自题铭。一春花事留香谱，六代山光补画屏。欲拟修园稽董氏，女红同课户常扃。

又《初夏德风亭作》云：

笔砚新凉雨后加，繁阴深处启窗纱。红香乍拂莲开瓣，绿粉初调作绽花。绣得鸳鸯还检线，梦回鹦鹉惯呼茶。幽斋即此添清课，好句吟成日未斜。

可见其生活之幽静与闲适。

德卿"生平最爱花木，凡园以内本有之树木花草，一一整理之。其所无者，则买之市中而种蓄之，或植诸畦，或置诸盎，各因其性之所宜。四时之交，花者不少歇。偶游邗江（扬州）复买得蔷薇一本，携归……种于藕花洲之东，历三四岁，其蔓粗仅如大竹，循垣而下，罗络墙壁，枝干屈盘，至花时红萼绿叶，流影池水，如张绣屏，如濯鲜锦”。德卿作词以咏之（不存）。“凡金陵之名媛闺秀，游于园者，莫不流连赏爱，或歌或诗，皆有题品。”而德卿岁时或邀集三数朋好于园中为文酒之会，对花联句，意兴飙举。然青春之乐日，不能永驻。“既长，各习女红事，经年至园不过数次。”而彼薇花，亦随其主人之逸兴以俱尽。“时有园丁巫老者，初涉理花务。适值冬季，众卉尽雕〔凋〕，蔷薇亦藤瘦叶脱，疑其枯也，遂伐之，且劚其根。”诸姐妹咸以德卿之词为之谶云，录此不禁令人联想大观园诸姊妹散后之景象也。

在如此之环境中，德卿博览家中藏书，自成其学焉。

与德卿同读书于园中者，为从姊某及二妹静仪。从姊亦好学，能读《几何原本》等书，并自作图演草，然天资逊于德卿，每待德卿为之指正。静仪少德卿九岁，自幼“亲姊依姊，行必随肩，左右不越”。禀赋尤慧，“九龄教学书，楷法知拨镫。十二学诗文，亦问知其扃。十四娴刺绣，遂能习女红。淡墨出花谱，枝叶皆玲珑”。尝有鬻自鸣钟于其家者，以价不遂，静仪乃图其式，以笔画按其中枢纽形象，分毫微缕，密识于心，遂以铜片铁线自依为之，阅一月余，制成。虽不能准定时刻，而拨之亦传声响，见者皆诧其绝巧。既长，能与其姊唱和。今德卿集中附存静仪《新秋诗》一首云：

> 曲径残苔碧，遥山夕照明。掩书开绣幕，对菊出银罂。虚室嚣尘远，新添翰墨清。晚风吹雨过，蕉叶作秋声。

盖不过十四五岁时所作，亦难能矣。其父囿于迷信，习命数之术，偶以授之，彼一学即通其理。平日每推究己星命，戚然断不能过十六，尝自悲泣，不幸后竟如其言。

德卿还金陵后，所与论文励学之友，以山阴胡慎容(卧云)姊妹为最卓。慎容与其姊慎淑(景素)及堂姊淑仪(采齐)俱有隽才，时称胡氏三才女。而慎容诗尤工，所著《红鹤山庄集》，由蒋士铨为之刊行，颇著称于时。慎容尝随宦大兴，德卿在京师时已识之。及归，虽吴越相隔，会晤不常，然音讯时通，赠答不绝。慎容《红鹤山庄集》成，属德卿删汰论定，并题诗其后焉。是时与德卿同城而居者，有无行之文士袁枚，年已七十余矣。其人淫欲熏心，丑秽无耻。先是“变风”既歌于濮上，买笑复厌于花丛，乃大开门墙，广收其“女弟子”，征选诗话，以标榜为招徕。一时粗弄文翰、希慕虚声之女子，群起趋附，或捧花笺以求赏鉴，或献绣诗以示殷勤，以得“名传太史编”为毕生莫大之光宠。流风所扇，愈趋愈下。每甫解吟哦，辄刊诗稿，或柔肠难索，则倩捉刀，竞求名士之品题，以市才媛之声价。当德卿幼时，此种风气已遍于大江南北矣。德卿生性孤耿，自幼羞与此辈才媛同流，其《寄题红鹤山庄集诗》开端即讥之曰：

> 名闺才女多少年，绸青媲白能齐肩。香奁解咏即鄙世，推敲妙绪思涌泉。气粗语大尚编集，背后倾毁当面怜。……锦囊好句刀可捉，半出剿袭归陈编。一经巨识遂称播，闺中名姓皆相宣。

而己则孤芳自挺。“闺中知己而外，讲学就正者无复有他。”“抑且守身畏名，所谓踽踽凉凉，自笑以为殆闺中之狂士也。”

德卿少亲典籍，对于女子教育，即抱一特殊之见解。其《上卜太夫人书》有曰：

> 今世迂疏之士，动谓妇人女子不当诵读吟咏为事。夫同是人也，则同是心性，六经诸书皆教人以正性明善。修身齐家之学，而岂徒为男子设哉！

此不独持“女子无才是德”说者所不能梦及，抑亦非但以吟风弄月为女学者之所能梦及也。而我国历来言女学者胥不出此二派，德卿之论可谓勇矣。德卿具此信仰，故凡男子之所学者，皆欲学之。而其诗文则务隐藏闺阁之本来面目，使与男子所作无异，此则矫枉过正者也。

德卿诗文所就不甚高，然其论诗文之理，则语语精绝。综其大要，厥有二端。第一，论情感与格律并重，首言情感。德卿抨击当时下等之作者曰：

> 无病而强呻，无忧而强叹，无足为解颜动笑而强欢欣陶舞者，皆非正也。学呫哔之未几，而集裒然成，几为风尚。佥曰法汉魏，法唐宋。噫！此所谓帚之享也，豕之白也，徒自忘其陋也。

而以为不刊之作，归本于性情：

> 《三百篇》者，三百篇人之性情也。汉魏者，汉魏人之性情也。盛唐者，盛唐人之性情也。此所谓诗以言志也。

嘻！何其言之类于近世文学革命家之所倡导者耶？然尤有进于是者，德卿又言曰：

> 诗必出之以性情，此固人人知之，而不待言者。夫亦知性情之中，有兼尚者乎？是故有律法焉。律法者，性情之用也。又必备乎体裁，体裁者，律法之绪也。推之志贵其高古，却谊卑也。气贵其浑浩，绝薾弱也。调贵其噌宏，斥嘤伊也。识贵其旷达，去隘拘也。语贵其和平，忌刻薄也。律贵其周谧，鄙纤佻也。意贵其严核，黜浮肤也。典贵其融新，弃腐杂也。莫不由性情而推之。律法体裁之所由生者，视之若繁纡杂远，其实一也。

第二论摹仿。友有以诗稿就正者，德卿贻书规之曰：

> 尊作固能扫去脂粉气，而余犹惜其调高而意率，才大而体浮，律整而气虚，巧有余而力不足。此四者之受弊何哉？以矫造太过，摹仿太深也。矫造则和平不及，摹仿则陶熔不及。来示有云，法《三百篇》，又云，古不汉魏非古，律不盛唐非律。斯言固是已，而必规规焉倚墙附壁以为诗。诗道果如是乎？……后之学者，因求所师承，故上取法乎《三百篇》与汉魏与盛唐。而究之所以为诗，则无非富我之志，发我之性情而

已。语云，分道扬镳，城门一轨，此之谓矣。譬之嗜物者然，其性情之所近，有彼此不能相易者。如以我之所好，强彼之所不好，方枘圆凿，其不合也明甚。唯平日取古人诗，潜心玩味，得其解则求会其法，会其法则求味其神理。与我合者诵之，不与我合者置之。朝夕玩索，境由心生，妙由思出，下笔得句，则犹然我之性情，我之志趋，而规距复不相越，斯为善法古者矣。

德卿又博涉史籍，集中有《读史偶序》一长文，可作一史学通论观。首言史学之功用，次举历代之正史及杂史而略言其得失，次举历代之各类重要人物比较而品评之。所论多空泛肤浅，然亦可见其历史常识之丰富。其中亦间有通达之语。如云："史之有褒贬，谓作史者据事直书，而是非以判。"又云：

观研传纪……非徒以取资见闻，必尚其与古今之常变，权宜之大道。心历目下，求其会归，其间或事异而时一，或事同而旨殊，或千百年而旷世相符，或一人之事而前后各别。……将于此以吾目为监司，吾心为治吏……而且各有其类。欲求经籍者，不得通于兵刑。则经籍之条熟，欲求世系者，不得淆于封建，而后世系之统明。欲攻象纬，则专观象纬。欲攻文章，则专观文章。汇而仍分之，不流乎庞杂，则易读而无所病矣。

然德卿用力最勤者尤在天文及数学。彼自幼从其祖父惺斋习算法，既长复读家藏历学书十余种，其中以梅氏（定九）全书为最主要。又研究勾股测量(三角)及方程(代数)之术，十余年不少倦，恒废寝食以求之。惟冥索自通，初无可供质疑问难之人也。德卿所撰关于历算之书，今可考者凡六种，仅三种之自序存于集中。其中《筹算易知》及《历算简存》二种，乃居金陵之六年中所成者。前一种(成书确年不详)自序谓："值构微疾，帐闷中偶检架上梅氏书(《筹算原本》)，而损繁指奥，述成一编，使初学朝得暮能，习之显若指掌。复截去其六法(原书共有八法)，而独用乘除；既熟乘除，则此六法自可贯化而无虑。"此书盖全为阐述以便初学者，无创获也。后一种(成于乾隆壬子，时年二十四)自序谓："凡目藏耳食者，并诸编所载之说，每笔之成帙，且偶得心解，亦记存之。""久之乃日积……所笔者有如腋裘，引类而伸，皆撮其要。其义约而达，其理简而显，可相说以解焉。"此书盖其习历算之札记，大部仅为抄撮；至其偶得之心解为何若，惜此书不存，无从证知矣。《德风亭初集》中关于历算之论文凡三卷。其论三角法之理，论地圆，论月蚀，论岁差日至，论黄赤道，论经星，等等，皆述而不作。然于此诸文中，可知德卿极熟于我国历算学之沿革。总而论之，百余年前，历算之学，世所罕习，而其书又艰晦难通，德卿以一少女，无师而自入其堂奥，诚属难能。惜其但能阐述而无新发现，此则因其只知墨守书本，而不知从事观测也。

乾隆五十六年(1793)德卿二十五岁，此为德卿一生中变迁最剧之年。是年秋，其爱妹静仪卒。冬十一月，德卿于归安徽宣城。夫詹枚，亦嗜文墨，能与唱和联句，与德卿似颇相得，然其人他无所表现也。婚后八月，偕其夫归宁，居金陵三月，复返宣城。时德卿已"分职中馈，半废笔墨"矣。次年春，成《象数窥余》四卷。据其自序，亦不过“多半述之，而不尽由己作也”。次年，与其夫理奁具中杂稿，既删且焚，得少可存者十之二三，为《德风亭初集》。越二年卒，无子。未几，其夫亦卒。

德卿受传统伦理观念之束缚，与年俱紧。为文力辟佛老，盛颂未嫁殉夫之烈女。其作诗绝口情爱，刊落绮艳。其卓荦峥嵘之气概，亦随处女时代而俱尽。“仪自于归以后，笔墨文翰，久已厌事。或间有所作，亦复深自韬晦。兢业自矢，妇职自修，常惧有少得罪于舅姑，贻讥于内外，至忝我所生。”嗟乎！社会羁勒之抑遏女子个性，有如是耶！然德卿身在樊笼之中，有时想象海阔天空之境界，未尝不鼓舞奋跃。试读其《感赋》一诗云：

拔剑欲舞宝，我非聂隐娘。张琴待鼓曲，我非汉女沧。愿言梦游仙，飘然驾鸾凰。桃花春浪碧复碧，轻云飞越过三湘。如乘蝶翅下瀛海，六铢衫底行鸳鸯。采采朱兰翠水浦，紫琼碗里烹霞光。青禽化却鹦鹉榼，金盏翦作芙蓉裳。凡颜漆发独难老，广寒天阙随翱翔。

其题《女中丈夫图》一诗，为嫁后三年所作。追忆处女时代之豪情，当亦不胜今昔之感矣。兹录之以殿此篇：

君不见，木兰女，娉婷弱质随军旅。代父从军十二年，英奇谁识闺中侣。又不见，大小乔，阴符熟读谙钤韬。一十三篇同指授，不教夫婿称雄豪。得毋记载真非果，谁把虚声让婀娜。当时女杰徒闻名，每恨古人不见我。揭来忽睹倾城色，青娥冶貌凭调墨。恍然惊诧女嫖姚，掷戟挥戈情自得。梅肢柳领芙蓉面，裳系鸾环腰宝剑。莫邪为妇干将夫，霜花绣出龙班艳。乍看疑是虞兮妆，对面犹疑聂隐娘。翩翩体态轻堪举，叱咤应生口舌香。鸠缳凤履袜无尘，意气昂藏绝少伦。岂是彩旗出女帅，还猜锦伞来夫人。冰盈犀甲寒凝铁，紫塞黄沙风惨烈。美人小队出郊原，笑指晴皋鹰集劣。习武归来不挂弓，脸波愁腻粉光融。丁香双叩锦袜缬，羽衣未脱胭脂红。因思画工大有意，偶假娥眉作游戏。不然拔舞岂无人，何须更仿公孙器。时平将士老良材，徒使闺媛叹落埃。可怜学书不学剑，途穷斫地歌不哀。我观此卷翻然失，百事不能较人一。伏雌缩猬徒自惭，壮情往复怀芳姞。忆昔历游山海区，三江五岳快攀途。足行万里书万卷，尝拟雄心胜丈夫。西出临潼东黑水，策马驱车幼年喜。亦曾习射复习骑，羞调粉黛逐绮靡。归来换我襦衫轻，幼车重开亦有情。复尔贞吉事中馈，犹然呫毕如书生。满耳纷纷听扬播，未必名闺可虚座。秦姬赵女夸妍华，相逢大抵娇无那。吁嗟乎！画图中人孰能同，丈夫之志才子胸。始信须眉等巾帼，谁言儿女不英雄。

原载《学衡》第67期，1929年1月。

纳兰成德传

纳兰成德殁于清康熙二十四年五月三十日，即西历 1685 年 7 月 1 日。故本月一日适为纳兰成德阳历逝世纪念日，本月六日则为其阴历逝世纪念日。成德为清代第一大词人，惟其传记材料迄今尚未有人为充分之搜集与整理。兹特借此机会将张君研究结果刊布，以饷读者。编者识。

纳兰成德，以避嫌讳，改名性德，字容若，号楞伽山人，满洲正黄旗人。纳兰本作纳喇，为金三十一姓之一。明初纳喇星恳达尔汉据有库伦叶赫之地，为部落长，内附于明。其后二百余年，中国所谓“北关”者，即其地也。六传至养汲弩，为容若高祖。养汲弩有子三人，其第三子金台什（或作锦台什），为容若曾祖。有女嫔清太祖，生太宗，叶赫故附明。清太祖崛起，陵吞邻部，与叶赫积不相能。万历四十七年（清太祖天命四年，西历纪元 1619 年）遂灭之，金台什死焉。金台什二子德勒格、尼雅哈（或作倪迓韩）降满。太祖悯之，厚植其宗，俾延世祀。尼雅哈任佐领，屡从征有功，世祖定鼎燕京，予骑都尉世职，顺治三年(西历1646年)卒。长子振库袭，其次子明珠，即容若父也。容若母为爱新觉罗氏，其家世不详。(本节据《国朝耆献类征》初篇九，采国史《明珠传》、徐乾学《澹园全集》卷三十一《纳喇君神道碑文》，又卷二十七《纳兰君墓志铭》、韩菼《有怀堂文稿》卷十四《纳兰君神道碑》，又卷二十一《祭成容若同年文》。)

容若以顺治十一年十二月(是年十二月朔，当西历1655年1月8日)生于北京(此据徐乾学《墓志铭》,《续疑年录》作顺治十二年，误)。时明珠年甫二十。容若为明珠长子(此据徐撰《墓志》及《啸亭杂录》卷九)，有两弟，今仅知其一名揆叙，字恺功，少容若二十岁。(查慎行《敬业堂集》卷十七《恺功将有塞外之行，邀余重宿郊园，赋此志别》中云："忆子从我游，翩翩富词章。十三见头角，已在成人行。"而慎行之初馆明珠家，据《本集》卷八《〈人海集〉序》，乃在康熙丙寅。以此推之，恺功少容若二十岁。)容若十七岁以前之事迹，除下列一类笼统之考语外，别无可稽。

(一)韩菼《神道碑》：自少已杰然见头角，喜读书，有堂构志，人皆曰宫傅有子。

(二)徐乾学《墓志铭》：君自龆龀，性异恒儿。背诵经史，常若夙习。

(三)徐乾学《神道碑》：自幼聪敏，读书一再过，即不忘。善为诗，在童子已出惊人之句。(中略)数岁即善骑射。

综观之，容若盖自幼已敏慧逾恒，喜读书，有远志。讽习经史，尤嗜诗歌，斐然有作。读书之外，兼习骑射。在此十七年中，明珠方腾达宦场。明珠始官侍卫，继授銮仪卫治仪正，迁内务府郎中。任此诸职之起讫年，今不可详。康熙三年(时容若十岁)擢内务府总管，五年授弘文院学士，六年充《世祖实录》副总裁，七年奉命察阅淮扬河工，旋迁刑部尚书，八年改都察院左都御史，十年二月充经筵讲官，十一月复迁兵部尚书。明珠性格，盖精明果敢，第乏学术，故使权招贿，无殊于寻常显吏。此七年中，其兴革之见于史书者，惟康熙十年八月奏停巡盐御史遍历州县之例一事而已(《耆献类征》采国史馆《本传》)。然明珠颇知亲附风雅(《熙朝雅颂》卷二有《明珠汤泉应制诗》一首，苟其不出捉刀，则明珠亦亲翰墨者也)，结交词臣，延纳名士，一时江南以才华显著之文匠、骚人、词客、学者，罕有不先后为其座上之宾。故后世《红楼梦》索隐家，致有以十二金钗为指明珠馆中所供养之名士者焉。此固半缘于容若与彼辈声气之相投，然使非明珠好客礼贤，一世倜傥，嵚奇之士曷能容身于其馆第。以明珠崇尚风雅，当容若少时，或颇注意其学业。观其后此馆查慎行于家，使课其次子若孙而可知也。

明珠邸宅，盖在内城西北(《宸垣识略》卷八，内城西北属正黄旗。又《敬业堂集》卷八言馆明珠家，有移馆北门之语)。虽不知其皇丽如何，要当与其豪贵相称。又于玉泉山之麓营一别墅，名渌水亭(《宸垣识略》卷十四)。容若于其中读书馆客焉。渌水亭景物之胜，试读以下之诗词而可想见：

(一)朱彝尊《台城路·夏日饮容若渌水亭》(《曝书亭集》卷二十六)

一湾裂帛湖流远，沙堤恰环门径。岸划青秧，桥连皂荚，惯得游骢相并。林渊锦镜，爱压水亭虚，翠螺遥映。几日温风，藕花开遍鹭鹚顶。　　不知何者是客，醉眠无不可，有底心性。砑粉长笺，翻香小曲，比似江南风景，算来也胜。只少片天斜树头帆影。分我鱼矶，浅莎吟到暝。

（二）严绳孙《渌水亭观荷》（《秋水诗集》卷四）

久识林塘好，新亭惬所期。花底随燕掠，波动见鱼吹。凉气全侵席，轻阴尚覆池。茶瓜留客惯，行坐总相宜。远见帘纤雨，都随断续云。渍花当径合，添涨过城分。树杪惊残角，鸥边逗夕曛。渔歌疑可即，此外欲何闻。宫云湿更浮，清漏接章沟。抗馆烟中远，疏泉天上流。银鞍临水映，金弹隔林收。多谢门前客，风尘刺漫投。碧瓦压堤斜，居人半卖花。却思湖上女，并舫折残霞。蘸绿安帆幅，搴红卷袖纱。空留薜萝月，应识旧渔家。

（三）姜宸英《渌水亭送张丞》（《苇间诗集》卷三）

忆过桑乾别业时，禁城寒食柳丝丝。行看篱落参差影，开到杏花三两枝。落照村边逢猎骑，清流石上对围棋。（下略）

此林泉幽秀之地，实容若大部分生活之背景也。

康熙十年，容若年十七，补诸生，读书国子监。时昆山徐元文为祭酒，深器重之，谓其兄乾学曰“司马公子，非常人也”。次年秋八月，举顺天乡试。主考官为德清蔡立齐，副主考官为徐乾学，他日徐之自述曰："余忝主司宴，（容若）于京兆府偕诸举人拜堂下，举止闲雅。越三日，谒余邸舍，谈经史原委及文体正变，老师宿儒，有所不及。"乾学与明珠接近，此后容若遂师事之。

容若完婚之年，诸碑传俱无可征，亦不见别记。其词《浣沙溪》有一阕云：

十八年来堕世间，吹花嚼蕊弄冰弦，多情情在阿谁边？紫玉钗头灯影背，红绵粉冷枕函偏，相看好处却无言。

据此，则容若在十八岁时已有闺中之友，惟不知其成婚是否即在此年，抑在此年以前，又前若干时。容若所娶，乃两广总督卢兴祖（镶白旗人，康熙六年卒。《耆献类征》卷一五二有传）之女，虽非翰墨之友，然相爱极笃，读上引一词已可见。盖容若生性浪漫，肫厚恳挚，善感多情。其对幼弟，对朋友，对素不相识之人，犹且"竭其肺腑"（徐乾学语），而况于夫妇之间乎！读饮水诗词，其伉俪间之柔情密意、雅趣逸致，随处流露。兹摘引数则，以见其概：

红药阑边携素手，暖语浓于酒。盼到园花铺似绣，却更比春前瘦。（《回犯令》下半阕）

夕阳谁唤下楼梯，一握香荑，回头忍笑阶前立。总无语，也相宜。（《落花时》上半阕）

花径里，戏捉迷藏，曾惹下萧萧井梧叶。（《琵琶仙·中秋》）

水榭同携唤莫愁，一天凉雨晚来收。戏将莲菂抛池里，种

出花枝是并头。(《四时无题诗》之七)

露下庭柯蝉响歇。纱碧如烟，烟里玲珑月。并着香肩无可说，樱桃暗吐丁香结。　　笑卷轻衫鱼子缬。试扑流萤，惊起双栖蝶。瘦尽玉腰沾粉叶，人生那不相思绝。(《临江仙·夏夜》)

最忆相看，娇讹道字，手剪银镫自拨茶。(《沁园春》句)

芭蕉影断玉绳斜，风送微凉透碧纱。记得深夜人未寝，枕边狼藉一堆花。(《别意》之四)

挑镫坐，坐久忆年时。薄雾笼花娇欲泣，夜深微月下杨枝。催道太眠迟。(《忆江南》上半阕)

容若《沁园春》词有一阕自序云：

丁巳重阳前三日，梦亡妇澹妆素服。执手哽咽，语多不复能记，但临别有云："衔恨愿为天上月，年年犹得向郎圆。"妇素未工诗，不知何以得此也。(下略)

据此，则是时(康熙十六年)容若已赋悼亡。惟卢氏究卒于何年耶？容若悼亡词之有时间关系可考者，其中有一首云：

谢家庭院残更立，燕宿雕梁，月度银墙，不辨花丛那瓣香。　　此情已自成追忆，零落鸳鸯，雨歇微凉，十一年前梦一场。(《采桑子》)

就本文可知此词作于卢氏卒后十一年，而此词之作最迟不能后于容若逝世之年，故卢氏之卒，最迟不能后于容若卒前十一年，即不能后于康熙十三年甲寅，时容若年二十。又《金缕曲》(《亡妇忌日有感》)一词中有“滴空阶寒更雨歇，葬花天气”之句，则卢氏之卒乃在暮春。上举之《沁园春》中有“几年恩爱”之句，可见其自结婚至悼亡之间，有“几年”之久。上文言容若之结婚不知其是否即在十八岁，由今观之，若假定其为十八岁，则自十八岁至二十岁之春，至多不过两年，容若不当云几年恩爱。然结婚过早又不类，大略以十六七为近。假定如此，又就最低限度，假定“几年”为三年，则容若悼亡，当在十九与二十岁之间也。现在大略可推测者如此，须俟他日新发现材料之证实。今可确知者，容若与卢氏之同居生活，为期不过数年。绮梦之促，比似昙花；缱绻之心，忽然失寄。其伤痛之深、思念之苦，不待言矣。容若悼亡之词甚伙，皆缠绵悱恻，今不具引。但读其“回廊一寸相思地，落月成孤倚。背灯和月就花阴，已是十年踪迹十年心”及“零落鸳鸯，雨歇微凉，十一年前梦一场”诸句，怀念之心，十余年如一日，其相爱之挚可见。卢氏死后，容若续娶官氏，不知其事在何年。然“鸾胶纵续琵琶，问可及当年绿萼华”，“知否那人心，旧恨新欢相半。谁见，谁见，珊枕泪痕红泣”。然容若对后妻似亦有相当情爱，观其行役思闺之作而可知也。

容若虽出贵盛之家，生长纨绮之丛，却不慕荣华，不事享乐，若戚戚然于富贵而以贫贱为可安者。身在高门广厦，常有山泽鱼鸟之思。其所自述，则“曰余餐霞人，簪绂忽如寄”(《拟古》之一)，“仆亦本狂士，富贵轻鸿毛”(《野鹤吟赠友》)。其居处也，“闲庭萧寂，外之无扫门望尘之谒，内之无裙屐丝管呼卢秉烛之游。每夙夜寒暑休沐定省片晷之暇，（辄）游情艺林”（严绳孙《秋水文集》卷一《成容若遗集序》）。初尤致力词章，诗摹开元大历间风格。尝辑全唐诗选，尤喜长短句，自唐五代以来诸名家词，皆有选本。独好观北宋以上之作，不喜南渡诸家。尝以洪武韵改并联属，名词韵正略。以词为诗体正宗，刻意制作。其论词也，曰：

> 诗亡词乃兴，比兴此焉托。往往欢娱工，不如忧患作。……芒鞋心事杜陵知，只今惟赏杜陵诗。古人且失风人旨，何怪俗眼轻填词。词源远过诗律近，拟古乐府特加润。不见句读参差三百篇，已自换头兼转韵。（《饮水诗集》卷上填词）

近人有谓苏、辛始以词作新体诗，然盖皆未尝自觉者。自觉的以词作新体诗，当推容若为首也。容若词初印行者名《侧帽词》，不知刊于何年。其第二次刻本名《饮水词》，刊于康熙十九年闰三月（榆园丛刻本，顾贞观序）。吴绮之于此集之序（《林蕙堂文集续刻》卷四载此文，题作《〈饮水词〉二刻序》，故知此为二次刊本）中云：

> 一编侧帽，旗亭竞拜双鬟。千里交襟，乐部惟推只手。吟哦送日，已教刻遍琅玕。把玩忘年，行且装之玳瑁矣。

则是时《侧帽词》流播极广，尝诵一时，其去初印行之日当颇久。且新制增积，至有重刻之需要，亦须经过颇久之时间。约略推之，《侧帽词》之刻，当去容若乡举后不远。据阮吾山《茶余客话》所载：

吴汉槎（兆骞）戍宁古塔，行笥携徐电发（釚）《菊庄词》、成容若（德）《侧帽词》、顾梁汾（贞观）《弹指词》三册。会朝鲜使臣仇元吉、徐良崎见之，以一金饼购去。……良崎题《侧帽》《弹指》二词云："使事昨渡海东边，携得新词二妙传。谁料晓风残月后，如今重见柳屯田。"以高丽纸书之，寄来中国。《渔洋续集》有"新传春雪咏，蛮徼织弓衣"，指此。

按其涉及《侧帽词》之事必有误。吴兆骞之戍宁古塔，乃在顺治十六年闰三月（吴兆骞《秋笳集》卷四，又孟森《心史》丛刊一集《科场案篇》）。时容若才五岁，兆骞安得携其《侧帽词》也？（以上除注明出处者外，余皆据徐乾学《墓志铭》及韩菼《神道碑》）

容若于诗词外，又工书法。摹《褚河南临本禊帖》，间出入于《黄庭内景经》。亦好罗聚故籍，评鉴书画，间以意制器，多巧倕所不能及。居恒慕赵孟頫之生平，为诗曰：

吾怜赵松雪，身是帝王裔。神采照殿庭，至尊叹昳丽。少年疏远臣，侃侃持正议。才高兴转逸，敏妙擅一切。旁通佛老言，穷探音律细。鉴古定谁作，真伪不容谛。亦有同心人，闺中金兰契。书画掩文章，文章掩经济。得此良已足，风流渺难继。（《拟古》之三十九）

盖半自传而半自期许也。尝读赵松雪《自写照诗》有感，即绘小象，仿其衣冠。坐客或期许过当，弗应也。徐乾学谓之曰，"尔何酷似

王逸少”，心独喜之。（徐乾学《墓志铭》）

康熙十二年癸丑，容若年十九，会试中式，以患寒疾，不及廷对。（《通志堂经解》卷首载乾隆五十年二月二十九日上谕，谓容若“癸丑科中式进士，年甫十六”。盖据册籍填写之缩减耳。）于是益事“经济”之学，用力于《通鉴》及古文词。约自是年始，容若渐在“文人”社会中露头角，渐与当世才人交结。是时“文人”社会之状况为何如耶？明遗民中之巨子，若顾炎武、黄宗羲、王夫之、魏禧等尚健在，然皆入山惟恐不深，罕与市朝相接。贰臣则“江左三大家”（钱谦益、吴伟业、龚鼎孳）之文彩犹照映诗坛。其年辈稍晚者，则首推“江南三布衣”（朱彝尊、姜宸英、严绳孙），名满公卿，上动宸听。诗则王士祯主盟坛坫。词则徐釚、顾贞观之作海外争传。骈俪则陈维崧，吴绮以雄放纤柔相颃竞。此外卓然名家者，若汪琬、邵长蘅等之于古文，施闰章、宋琬、吴雯、梁佩兰、吴兆骞之于诗，彭孙遹、秦松龄、李雯等之于词，未易悉数。上举诸人中，顾贞观（梁汾）、严绳孙（荪友）、姜宸英（西溟）后此成为容若之密友。其次秦松龄（对岩）、朱彝尊（锡鬯）、陈维崧（其年）亦与容若有交谊。此外如王士祯（贻上）、吴绮（薗次）、吴雯（天章）、梁佩兰（药亭）则皆尝为其坐上宾，与有酬唱之雅焉。其营救吴兆骞，则后世传为佳话者也。盖容若虚怀好客，肝胆照人，于单寒羁孤、侘傺困郁、守志不肯悦俗之士，咸能折己礼接之，生馆死殡，于资财无所吝惜。其或未一造门，而闻声相思，必致之乃已。故海内风雅知名之士，乐得容若为归，借之以起者甚众。

是年（康熙十二年）始交严绳孙、朱彝尊。时严不过生员，朱则布衣也。绳孙此后之自述曰：

始余与容若定交，年未二十，才思敏异，世未有过者也。(《秋水集》卷二《〈成容若遗集〉序》)

又曰：

余始以文章交于容若。时容若方举礼部，为应世之文。(《秋水集》卷二《成容若哀辞》)

彝尊此后之自述曰：

往岁癸丑，我客潞河。君年最少，登进士科。伐木求友，心期切磋。投我素书，懿好实多。改岁月正，积雪初霁。紃履布衣，访君于第。君情欢剧，款以酒剂。命我题扇，炙砚而睇。是时多暇，暇辄填词。我按乐章，缀以歌诗。剪绡补衲，他人则嗤。君为绝倒，百诵过之。(《曝书亭集》卷八十《祭纳兰侍卫文》)

可见其初交时之情况。容若尝构一曲房，题其额曰“鸳鸯社”，属绳孙书之。(《修竹吾庐随笔》)

同年(癸丑)五月，容若所作《通志堂经序》中有“向余属友人秦对岩(松龄)、朱竹垞购诸经籍藏书之家”之语，则是年已识秦松龄，惟不知是否自是年始耳。《通志堂经解》者，乃唐宋经注之汇刻，据徐乾学序，乃彼悉其兄弟家藏本，覆如校勘。更假秀永曹秋岳，无锡秦对岩，常熟钱遵王、毛斧季，温陵黄喻邵及竹垞家藏旧版书若抄本，厘择是正。……谋雕版行世。门人纳兰容若尤怂恿是举，捐金倡始，同志群相助成。

容若序亦谓：

先生(乾学)乃尽出其藏本，示余小子曰："是吾三十年心力所择取而校定者。"余且喜且愕，求之先生，钞得一百四十四种。……请捐资经始，与同志雕版行世，是吾志也。

是则容若原未尝以校订之功自居，乾学亦未尝以此归之容若。而乾隆五十年二月二十九日上谕，乃指乾学校刊此书而托之容若，为之市名，以要结权贵，则于原书之首数页尚未一检，而信口加罪，其昏聩有如是也。据上引二序，则校订之力，全出乾学。惟伍崇曜(实谭莹代作)《粤雅堂丛书》本《通志堂经解》目录跋云，"《经解》其(容若)所刻，而健庵(乾学)延顾伊人(湄)校定者"，不知何据。(此文写成后，检知其据《八旗通志·艺文志》。)其或然欤？全书凡一百若干种，其中有容若叙文者约六十种。据徐乾学序，此书之雕印"经始癸丑，逾二年讫工"。然容若于各序文之记年，无在丙辰及丁巳之外者。岂书先刻成，然后作序欤？抑上引二语，乃乾学经始时之预算，而非事实欤？后说殆近。

当容若辈流连文酒之欢，议论铅椠之事，正南徼风云飙起之时。此后扰攘十年始已。是年三月，镇广东之平南王尚可喜请撤藩归辽东，吴三桂、耿精忠亦以是请。下议政大臣、九卿等议，多谓吴三桂久镇云南，不可撤。独明珠与户部尚书朱司翰、刑部尚书莫洛等坚持宜撤，诏从其议，立下移藩之谕。已而吴三桂兵起，廷臣争咎首谋者。上曰："此出朕意，伊等何罪?"盖帝久有削灭诸藩之决心，明珠等之议适符其意也。十四年，明珠调吏部尚书。十五年(丙辰)耿精忠降，三藩已有敉平之望。以明珠主张撤藩称易，授武英殿大学士。

是年容若应殿试，名在二甲，赐进士出身，旋授三等侍卫。后由二等擢至一等侍卫。自是年后，簪缨羁身，"值上巡幸，时时在钩陈豹尾之间。无事则平旦而入、日晡未退以为常"(《〈成容若遗集〉序》，《秋水文集》卷一)。即在休暇，亦旦夕有"正欲趋庭被急宣"(姜宸英赠容若句，《苇间诗集》卷三)之事，不复如前之逍遥自在矣。是年始友顾贞观。时贞观已举顺天乡试。先是以龚芝麓为之延誉，名声大起。据其同时人徐釚《词苑丛谈》所言：

> 顾梁汾舍人风神俊朗，大似过江人物。无锡严孙友诗"曈曈晓日凤城开，才是仙郎下直回。绛蜡未销封诏罢，满身清露落宫槐"，其标格如此。

顾自述曰：

> 岁丙辰，容若年二十二，乃一见即恨识余之晚。阅数日，即填此曲，为余题照。(《弹指词》卷下《〈金缕曲〉自注》)

此曲即《金缕曲》，其词曰：

德也狂生耳。偶然间，缁尘家国，朱衣门第。有酒惟浇赵州土，谁会成生此意？不信道竟逢知己。痛饮狂歌俱未老，向尊前拭尽英雄泪。君不见，月如水。　　与君此夜须沉醉，且由他蛾眉谣诼，古今同忌。身世悠悠何足问，冷笑置之而已，寻思起从头翻悔。一日心期千劫在，后身缘恐结他生里。然诺重，君须记。

读此可见容若之性情与气概焉。据徐釚《词苑丛谈》，此词都下竞相传写。于是教坊歌曲，无不知有《侧帽词》者。贞观之和作，亦极慷慨缠绵之致，兹并录如下：

且住为佳耳。任相猜，驰笺紫阁，曳裾朱第。不是世人皆欲杀，争显怜才真意。容易得一人知己。惭愧王孙图报薄，只千金当洒平生泪。曾不值，一杯水。　　歌残击筑心逾醉，忆当年侯生垂老，始逢无忌。亲在许身犹未得，侠烈今生已矣，但结托来生休悔。俄顷重投胶在漆，似曾相识屠沽里。名预籍，石函记。

容若友朋中，以与贞观为情谊最深。贞观有挚友吴兆骞，亦江南才士也，以科场案被累，戍宁古塔。是年冬，贞观为《金缕曲》二阕，代书寄之，以稿示容若。其词曰：

季子平安否？便归来，生平万事，那堪回首？行路悠悠谁慰藉，母老家贫子幼。记不起从前杯酒。魑魅搏人应见惯，总输他覆雨翻云手。冰与雪，周旋久。　　泪痕莫滴牛衣透，数天涯依然骨肉，几家能彀？比似红颜多命薄，更不如今还有，只绝塞苦寒难受。廿载包胥承一诺，盼乌头马角终相救。置此札，兄怀袖。

我亦飘零久。十年来，深恩负尽，死生师友。宿昔齐名非忝窃，只看杜陵穷瘦。曾不减夜郎僝僽。薄命长辞知己别，问人生到此凄凉否？千万恨，为兄剖。　　兄生辛未吾丁丑。共些时，冰霜摧折，早衰蒲柳。词赋从今须少作，留取心魂相守，但愿得河清人寿。归日急缮行戍稾，把空名料理传身后。言不尽，观顿首。

贞观之自述曰：

二词容若见之，为泣下数行，曰："河梁生别之诗，山阳死友之传，得此而三。(《啸亭杂录》卷九作'都尉河桥之作，子荆楚雨之吟，并此而三矣'。)此事三千六百日中，弟当以身任之，不俟兄再嘱也。"余曰："人事几何？请以五载为期。"恳之太傅，亦蒙见许。而汉槎果以辛酉入关矣。

明珠许救汉槎之事，据《随园诗话》所记如下：贞观之请救汉槎也。明珠方宴集，坐间手巨觥，引满，谓贞观曰："若饮此，为救汉槎”。贞观素不饮，至是一爵而尽。明珠壮之，笑曰：“余戏耳。君即不饮，余岂即不救汉槎耶?”又传：“兆骞得释归，因诣明珠谢。留府中，闲行入一室，上书一行曰‘顾梁汾为吴汉槎屈膝处’。”(据杨寿楠《贯华丛录》引刘继增《顾梁汾诗传》)此一事可见明珠、容若及顾贞观之性格，故备载之。

康熙二十年辛酉十二月，姜宸英始至京师(《苇间诗集》卷三)。其识容若，当在是时。方苞记姜西溟遗言云：

> 康熙丙子(时容若殁已十一年)同西溟客天津。将别之前，抚余(方苞)背而叹曰：“吾老矣，会见不可期。吾自少常恐为《文苑传》中人，而蹉跎至今。他日志吾墓，可录者三事耳：(其一)吾始至京师，明氏之子成德延至其家，甚忠敬。一日进曰：‘吾父信我，不若信吾家某人。先生一与为礼，所欲无不得者。’吾怒而斥曰：‘始吾以子为佳公子，今得子矣。’即日卷书装，遂与绝。”

全祖望《姜宸英墓表》所记，则视此较详而稍异。其言曰：

> 枋臣(明珠)有长子，多才，求学先生。枋臣以此颇欲援先生登朝。枋臣有幸仆曰安三，势倾京师，内外官僚多事之。……欲先生一假借之而不得。枋臣之子乘间言于先生曰：“家君待先生厚，然而卒不得大有佽助。某以父子之间亦不能为力者，何也？盖有人焉。愿先生少施颜色，则事可立谐。某亦知斯言非可以加之先生，然念先生老，宜降意焉。”先生投杯而起曰：

“吾以汝为佳儿也，不料其无耻至此。”绝不与通。于是枋臣之子百计请罪于先生，始终执礼。而安三闻之恨甚。(《文献征存录》卷二所载与此同，而较略。)

比观方、全二氏之记载，有微异者二处：(一)全氏所记容若之进言，视方记为婉转。(二)方记所示，似宸英一怒遂与容若永绝也者。惟据全表，则此后二人尚有往来。按关于后一点，全表为信。宸英《苇间诗集》卷三有《哭亡友容若侍卫》四首，中有云“平生知己意，惟有泪悬河”。又于其死前一年，有《容若从驾还，值其三十初度，席上书赠》六首，则终容若之世，二人友谊如故也。宸英一生轗轲，读容若投赠之词，所以慰藉之者良厚，宜乎其有知己之感。虽然，宸英拒容若之劝，宜也。以此拂袖行，矫矣。为身后之名，不惜特彰挚友之失，且欲抹杀其以后之友谊焉(假设方苞所记为信)。吾有以知此自少即希为《文苑传》中人者之品格矣。

严绳孙言，容若“丙辰以后，傍览百氏”(《成容若哀辞》)。今观《通志堂经解》中五十余种之序录，皆丙辰及丁巳两年间所作。容若除草《经解》序外，又从事经学之著作。丁巳二月，辑成《合订删补大易集义粹言》八十卷。是书乃取宋陈友文《大易集义》及方闻一《大易粹言》合辑之。二书皆荟萃宋儒之《易》说。《集义》原书只有上下经，《粹言》兼具经传。惟《集义》所采摭，视《粹言》多十一家。容若因将二书合并，去其重复繁芜，又采十一家著作中论《系辞》诸传，为《集义》所未采者补之，“间以臆见，考其原委”(自序)。此书今刻《通志堂经解》中。《四库全书总目提要》(卷六)谓此书“相传谓其稿本出陆元辅。性德殁后，徐乾学刻入《九经解》中，始署性德之名，莫之详也”。予按此缀辑之事，原属易易，宜为容若之智力所优为。至若移录原文，搜寻资料，或假门客之助，原非异事。若谓其纯出捉刀，吾不信也。容若又有《陈氏〈礼记集说〉补正》三十八卷，刻《通志堂经解》中，前后无序跋，度亦作于此两年前后。此书乃

> 因(宋)陈澔《礼记集说》疏舛太甚，乃为条析而辨之。凡澔所遗者谓之补，澔所误者谓之正。皆先引经文，次列澔说，而援引考证以著其失。其无所补正者，则经文与澔说并不载焉。颇采宋、元、明人之论，于郑注、孔疏亦时立异同。大抵考训诂、名物者十之三四，辨义理是非者十之六七。以澔注多主义理，故随文驳诘者亦多也。凡澔之说，皆一一溯其本自何人，颇为详核。……凡所指摘，中者十之七八。(《四库全书总目提要》卷二十一)

康熙十七年三月(容若二十四岁)，严绳孙在吴中，与吴绮共订定容若词集刻之，名《饮水词》(《严绳孙〈饮水词〉序》)。十月，清帝巡视北边(《东华录》卷七)，容若盖在扈从之列。是年三藩已渐次戡定。清帝惩于此次大乱，知非恩络一世才智之士，无以服汉人。先是正月二十二日诏曰：

> 自古一代之兴，必有博学鸿儒，振起文运，阐发经史，润色词章，以备著作顾问之选。朕万几时暇，游心文翰，思得博洽之士，用资典学。……凡有学行兼优、文词卓越之人，无论

已未出仕者，著在京三品以上及科道官员、在外督抚布按，各举所知，朕将亲试录用。其余内外各官，若果有真知灼见，在内开送吏部，在外开报于该督抚代为题荐。务令虚公延访，期得真才。(《鹤征录》卷首)

此即第一次博学鸿词之召举也。次年四月六日，考试既竣，诏取一等二十人、二等三十人。其中容若之友秦松龄、陈维崧、朱彝尊以一等见录，严绳孙以二等见录，皆授翰林院检讨(严、朱本布衣，陈本生员，秦本已革翰林院检讨)，纂修明史，留居京师。然容若自官侍卫，日在禁中，罕友朋游宴之乐。观朱彝尊《祭文》云："迢我通籍，簪笔朵殿。君侍羽林，鲛函雉扇。或从豫游，或陪典宴。虽则同朝，无几相见。"又徐乾学《墓志铭》云："禁庭严密，其言论梗概有非外臣所得而知者。"从可想见矣。

康熙十年(辛酉)三月，清帝幸汤泉(在遵化州西北四十里福泉山下)行宫，明珠及容若皆扈从，并有应制诗。是年冬，滇师告捷，内乱全息。次年正月上元夜，清帝举行大庆祝，欢宴群臣。据严绳孙《升平嘉宴诗记》(《秋水文集》卷二)云：

十四日，赐宴乾清宫。日小迁，诸臣候宫门之外。……少焉，宫门洞启，雁行序进升阶，闻教坊乐作。天子乃登黼座，诸臣叩首就列。时圆月始上，万炬毕陈。陛立双盘龙柱，高殆数丈，周悬五彩角灯，相续至地，流苏珠缀，天风微引，使人眩视。自墀历陛，御道中属文石栏楯，皆缀灯于柱端，上列鳌山。御屏之后，见山川人物，隐若海市。顷之，大学士明珠起进酒为寿。乐作，上饮毕，遂酌以赐明珠。……(以下遍赐与会诸臣)……于是梨园奏阳春布令之曲，重农事也。终两阕，上命臣英谕诸臣无废言笑，于是执法罢纠，上下和畅。俄闻乐作于内，鳌山机转，帆樯人马，不运而驰。遂诏大臣更上纵观，因复命酒遍赐如前。夜分月午，群臣皆醉。

“内庭之宴，前此未有”(同上)。容若父子同预其盛，一时纷张眩异之情状，可想见焉。二月，清帝以云南底定，诣盛京陵寝告祭，癸巳启行(《东华录》卷七)。容若随驾，徐乾学有诗赠别(《澹园集》卷八)。五月辛亥回京(《东华录》卷八)。“秋奉使觇梭龙(疑即索伦)羌，道险远，君间行疾抵其界，劳苦万状，卒得其要领还报。”(韩菼《神道碑》)因作《出塞图》纪念其事，姜宸英为题诗其上(诗见《苇间诗集》卷三。)及梭龙诸羌输诚，已在容若殁后旬日。清帝念其有劳于是役，遣宫使拊其几筵，哭而告之。此是后事(徐乾学《墓志铭》)。是时，明珠为清帝最宠信之人，廷议大抵以明珠之意见为主。“时诏重修太祖、太宗《实录》，乃编纂《三朝圣训》《圣治典训》《平定三逆方略》《大清会典》，皆以明珠为总裁官。两遇《实录》造成，加太子太傅，晋太子太师。”(国史馆本传)位既极乎人臣，权遂倾于中外。惜明珠未尝凭此机遇，为福民利国之谋，惟植势敛贿，以遂私欲。据康熙二十七年正月御史郭琇劾疏，所举明珠“背公营私实迹”如下：

(一)凡阁中票拟，俱由明珠指麾，轻重任意。……皇上圣明，时有诘责，乃漫无省改。

(二)明珠凡奉谕旨，或称其贤，则向彼云由我力荐；或称其不善，则云上意不喜，吾当从容挽救，且任意增添，以示恩立威，因而结党群心，挟取货贿。至于每日启奏毕，出中左门，满汉部院诸臣及其心腹，拱立以待，皆密语移时，上意无不宣露。部院衙门稍有关系之事，必请命而行。

（三）靳辅与明珠、余国柱交相固结，每年糜费河银，大半分肥。

（四）科道官有内升出差者，明珠、余国柱悉皆居功要索。至于考选科道，即与之订约，凡有本章，必先行请问，由是言官多受其制。（《东华录》卷八）

他日倾踬之因，已预伏矣。然明珠所为，亦不过古今寻常肉食者之惯例，初非穷凶大憝，亦未尝为残贼人道之事，未可与严嵩、魏忠贤等同日语也。

后世读《饮水集》者，莫不讶容若"貂珥朱轮，生长华膴，而其词则哀怨骚屑，类憔悴失职者之所为"（杨芳灿《〈饮水词〉序》，见榆园丛刻本）。而容若自述亦曰：

> 余生未三十，忧愁居其半。心事如落花，春风吹已断。行当适远道，作计殊汗漫。寒食青草多，薄暮烟冥冥。山桃一夜雨，茵箔随飘零。愿餐红玉草，一醉不复醒。（《拟古》之十三）

又曰：

> 冬郎一生极憔悴，判与三闾共醒醉。美人香草可怜春，凤

蜡红巾无限泪。(填词)

其他类此之悲歌尚众，岂皆无病而呻吟哉？据其挚友严绳孙所记：

(己丑)岁四月(距容若卒前一月)余以将归，入辞容若。时座无余人，相与叙生平之聚散，究人事之终始，语有所及，怆然伤怀。久之别去，又返我于路，亦终无所复语。然观其意，若有所甚不释者。(《秋水文集》卷二《成容若哀辞》)

可见其中心确有难言之悲楚矣。今读书而想见其为人，盖其心境之怆恻，厥有三故：生性之多情善感，一也；爱情之摧挫，二也；理想与实现之冲突，三也。所谓理想与实现之冲突，又有二事。其一，容若具浪漫性格，爱自由，爱闲逸，而其所官侍卫(换言之，即皇帝跟班)却为最不自由、最戕灭个性之奴隶职，苦可知矣。此观其《野鹤吟赠友》而可证：

鹤本生自野，终岁不见人。朝饮碧溪水，暮宿沧江滨。忽然被缯缴，矫首望青云。仆亦本狂士，富贵鸿毛轻。冲举道无由，幡然逐华缨。动止类循墙，戢身避高名。怜君是知己，习俗共不更。安得从君去，心同流水清。

其二，容若一生高洁，慕善亲贤，而目睹其父所为，龌龊苟且，黑幕重重，而又无从规谏(观上述安三之事可见)，更无从匡救，曷能无恫于中？严绳孙云：

> 容若年甚少，于世无所措意。既而论文之暇，亦间语及天下事，无所隐讳。顷岁以来，究物情之变态，辄卓然有所见于其中。或经时之别，一再接其绪论，未尝不使人爽然而自失也，盖其警敏如此。……吾阁师(明珠)……方朝夕纶扉，以身系天下之望。容若起科目，擢侍殿陛，益密迩天子左右，人以为贵近臣无如容若者。夫以警敏若此，而贵近若此，其夙夜寅畏，视凡人臣之情必有百倍，而不敢即安者，人不得而知也。(《成容若哀辞》)

绳孙为明珠门客，此文又作于明珠炙手可热之时，其言自多委婉，然其言外之意可得而知也。虽然，容若岂独忧危虑倾而已哉？抑且其内心有洁污是非之搏战焉耳。或谓容若别有难言之隐：

> 《红楼梦》中之宝玉，相传为即纳兰成德。黛玉未嫁，何以称潇湘妃子？第(百十六回)言宝玉梦入宫殿，见黛玉非人世服，惊呼林妹妹。传者谓此王者妃，非林妹妹云云。黛玉不知何许人，盖与纳兰为表兄妹，曾订婚约而选入宫，纳兰念之。曾因宫中唪经，纳兰伪为喇嘛僧，入宫相见，彼固不知纳兰之易装而入也。书中所言盖谓此。(万松山房丛书《饮水诗词集》署名“阿检”者跋语)

按宝玉影射纳兰之说，根本无据，此传说之来历不明。而清代宫禁森严，此事本身之可能性极小。凡兹悬测，允宜刊落。顾好事者或将曰：《饮水词》中，言私情密会，如“情知此后来无计，强说欢期，强说欢期，一别如斯，落尽梨花月又西”等类无题之作甚多，岂能无事实之背景欤？曰：若然，则欧阳修直一荡子矣。顾吾独有不解者，《饮水词》有《浣沙溪》一阕，题作庚申除夜(时容若年二十六)，当是纪实之作。其辞曰：

收取闲心冷处浓，舞裙犹忆柘枝红。谁家刻烛待春风。
竹叶将空翻彩燕，九枝灯施颤金虫。风流端合倚天公。

此所忆者为谁？若指前妻耶？则两广总督家之闺秀，当非舞女。殆容若悼亡之后，别有所恋而未遂耶？观其同时人之品评，谓容苦“负信陵之意气，而自隐于醇酒美人。有叔原之词章，而更妙于舞裙歌扇”(吴绮《募修香界庵疏》，《林蕙堂集续刻》卷六)。窃恐其悼亡以后，所欢必有在妻室之外者也，惟不必牵入宫嫔之事耳。

二十三年壬午九月，清帝南巡，容若扈驾。辛卯启行，十月庚子，至济南，观趵突泉。壬寅至泰安，登泰山极顶。丙辰登金山，游龙禅寺，又登焦山，遂驻跸苏州，游无锡惠山。惠山，秦松龄、严绳孙、顾贞观钓游之乡也。是时，顾贞观方居里，容访之于其家，与贞观及姜宸英偕宿惠山忍草庵。(秦松龄《〈梁溪杂事诗〉自注》及《修竹吾庐随笔》皆谓陈其年亦同宿庵中，按其年已卒于康熙二十一年，此处必误。)庵右有贯华阁，容若尝月夜与贞观登阁第三层，屏从去梯，作竟夕谈。容若诗有《桑榆墅同梁汾夜望》，即咏此时事。又尝与品茗于惠山之松苓、蟹眼二泉。时容若年甫三十，丰采甚都。贞观长性德十八岁，须鬓已苍。两人往来空山烟霭中，携手相羊。人望之，疑为师若弟，而不知其为忘年交也。濒行，为书贯华阁额，并留小像而去。容若卒后，贞观奉其像于阁中。其后阁毁，像与题额皆亡。回述清帝南巡事。十一月车驾至江宁，自江宁回銮，经泗水东境，游泉林寺（相传为“子在川上”处）。又至曲阜谒孔子庙，遂还京师。（本段除注明出处者外，余采《东华录》《修竹吾庐随笔》及杨寿楠《贯华阁丛录》转载刘继增《成容若小传》。）容若之扈驾出行，除上述各次外，又尝至南海子、西苑、沙河、西山、五台山、医无闾山等处，其年时不详。（徐乾学《墓志铭》及韩菼《神道碑》）

容若自在环卫，益习骑射，发无不中。其扈跸时，雕弓书卷，错杂左右；夜则读书，书声与他人鼾声相和（徐乾学《墓志铭》）。出则“常佩刀随从。……每导行在上前。骑前却视，不失尺寸，遇事劳苦必以身先，不避艰险”（徐乾学《神道碑》）。或据鞍占诗，应诏立就，因得帝眷，白金文绮、中衣佩刀、名马香扇、上尊御馔之赐相属云（韩菼《神道碑》）。既还京，明年万寿节，清帝亲书唐贾至早朝七言律赐之。月余，令赋乾清门应制诗，译御制《松赋》，皆称旨。外庭佥言其简在帝心，将有不次之迁擢，乃遽得疾，七日不汗，以五月三十日己丑，即西历 1685 年 7 月 1 日卒，葬皂荚村。（杜紫纶《云川阁诗集》，《〈登贯华阁诗〉自注》）容若既得疾，清帝使中官侍卫及御医日数辈至第诊治。时清帝将出关避暑，命以疾增减报。日再三，疾亟，亲处方药赐之，未及进而卒。清帝为之震悼。中使赐奠，恤典有加焉。容若卒前未及一旬，尚有《夜合花同梁药亭、顾梁汾、吴天章、姜西溟作》之诗，盖其绝笔矣。容若事亲以孝称，友爱弱弟，或出，遣亲近傔仆护之，反必往视，以为常云。(以上未注出处者，据徐乾学《墓志铭》。)所生男子二，长名福哥；女子二。当容若卒时诸儿俱幼。(此据韩菼《神道碑》，徐《志》作女子一，不知孰是。)

容若既殁，徐乾学哀刻其遗著为《通志堂全集》，凡二十卷。卷一赋，卷二至卷五诗，卷六至卷九词，卷十至卷十三《〈经解〉序》，卷十四杂文，卷十五至卷十八《渌水亭杂识》，卷十九至卷二十附录墓志铭、神道碑、哀词、诔、祭文、挽诗、挽词等。此书世希传本，所知惟八千卷楼藏书中有之，今未得见。(上目录乃据伦明万丛山房丛书本《〈饮水诗词集〉跋》)又韩菼所作《神道碑》，言顾贞观、姜宸英曾为容若作《行状》。今顾贞观文无传本，姜宸英集中复不载此状，余亦未得见。他日若发现此状及全集，其可以增补此文者当不少也。

容若遗物之流传于后世者，以余所知有二。一为容若玉印，一面镌绣佛楼，一面镌鸳鸯馆曾藏武进费念慈(屺怀)所。(叶昌炽《〈藏书纪事诗〉注》)一为《天香满院图》，乃容若三十岁像。朱邸峥嵘，红阑绿曲，老桂数株，柯叶作深黛色，花绽如黄雪，容若青袍络缇，伫立如有所思，貌清癯特甚，禹鸿胪之鼎绘(沈宗畸《便佳簃杂志》)，曾藏缪荃荪(小山)所。今二物皆不知流落何所，记此以当访问，闻图有影印本，予亦未见。

容若赠贞观词，有“后身缘恐结他生里”之句，殁后竟被附会而成一段神话。据《炙砚琐谈》所传如下：

> 侍中(容若)没后，梁汾旋亦归里。一夕梦侍中至曰：“文章知己，念不去怀。泡影石光，愿寻息壤。”其夜嗣君(谓贞观

子)举一子，梁汾就视之，面目一如侍中，知为侍中身后无疑也。……月后，复梦侍中别去，醒起急询之，已卒矣。

至《锡金识小录》所传，则愈歧而愈繁，谓：

梁汾家居，一夕，梦容若至曰："吾来践约矣。"厥明，报仲子举一孙。梁汾心异之，视其生命，决其必夭，遂名之曰益寿。资甚聪颖，十一岁而殇。时梁汾居惠山积书岩，夜梦容若曰："吾践约为子孙，今去矣。家人不予棺而欲以席裹我，何待我薄也!"梁汾凌晨归，而益寿已死。问家人，无席裹事。询其母，曰有之，始死启姑，将具木治棺，姑以儿幼，取肆中棺殓之。母以市棺薄，心恚，哭不如席裹也。

荒唐之言，录之聊备掌故，亦以见容若与梁汾之友谊最足吸引后世文人之想象也。(上两段据《贯华丛录》引。)

容若殁后一年，而查慎行(康熙间名诗人)来馆明珠家，课其子揆叙，时年十三。又二年(康熙二十七年二月)明珠为御史郭琇所劾，革大学士职，交与领侍卫大臣酌用，宾客星散。寻授内大臣，后屡从征，虽无陟擢，亦无大踬，四十七年卒，年七十有四(国史馆本传)。揆叙则由康熙二十三年甲戌翰林，历官翰林院掌院，位至副相(《敬业堂集》)。著有《益戒堂诗》前后集及《鸡肋集》(《熙朝雅颂》卷六)，今罕传本。《熙朝雅颂》(卷六至卷七)载其六十九首，亦一时作者也。

康熙二十二年辛酉四月，查慎行再馆明珠家。此时明府早已复

兴，宾客云集，是时揆叙则

> 结束随龙骧，腰悬八札弓。行逐楯楛郎……下笔尤老苍。……贯穿及韩苏，结撰卑齐梁。居然希作者，耻与时颉颃。(《敬业堂集》卷十七：恺功将有塞外之游，邀余重宿郊园，赋此志别。)

盖俨然一容若之仿影也。

明府另有别业，名自怡园，在海淀傍。此园经始于容若卒后一年，其胜也

> 绮陌东西云作障，画桥南北草含烟。凿开丘壑藏鱼鸟，勾勒风光入管弦。　　球场车埒互相通，门径宽间五百弓。但觉楼台随处涌，不知风月与人同。(《敬业堂集》十七《过相国明公园亭》)

又是一番豪华气象矣，惟渌水亭则已荒芜不治。是年四月，查慎行《渌水亭与唐实君话旧》诗云：

> 镜里清光落槛前，水风凉逼鹭鹚肩。菰蒲放鸭空滩雨，杨柳骑牛隔浦烟。双眼乍开疑入画，一尊相属话归田。江湖词客今星散，冷落池亭近十年。(《敬业堂集》卷十七)

至于今，又二百四十四年矣。余读书于清华园且七载，去玉泉山甚

近，春秋暇日，恒有登临，近始知渌水亭之址在是。然访其遗迹，已渺不可得。空对西山之落照，吊此多情短命之词人。

后　记

此文写成后，得读清华大学朱保雄君《纳兰成德评传》稿本。中据高士奇《〈蔬香词〉题注》，考知容若生于顺治十一年十二月十二日，可补本传一大遗憾。又于容庚教授处得读燕京大学罗慕华君《纳兰成德传》稿本，其考容若世系及奉使索伦事，别有所据，视本传加详，惜未注明出处。待彼文发表后，读者可按其所列参考书目复核之。余今未得罗君同意，无权力为此，亦无权力引录其文也。(亦深望罗君见此文后，能将上述两段录寄，并注明出处，则读者与作者当无限感幸。)更有一意外之获，近从伦明先生处，得读余数年来谒求而未得之《通志堂集》，喜可知矣。据此书可补正本传之处甚多。会余将有远行，他事相催，未及将本传改作，兹将可采用之新资料之重要者分条写列于后。(若遍检高士奇著作，或更可得关于容若之资料，余今亦未能为是，附记于此，以待来者。朱保雄君又云，容若之弟除揆叙外，尚有一人，亦风雅士。一时未能检得出处。盼其能检出录寄。)

(一)容若自乡举后与徐乾学往还甚密。徐序《通志堂集》云："自癸丑(时容若年二十)五月，始逢三、六、九日，(容若)黎明骑马过余邸舍讲论书史，日暮乃去，至为侍卫而止。"则徐氏于容若《墓志铭》中，谓其"于余绸缪笃挚，数年之中，殆以余之休戚为休戚"者当非夸也。徐序又言：

容若病且殆，邀余诀别，泣而言曰："性德承先生之教，思钻研古人文字……执经左右，十有四年。先生语之以读书之要，及经史百家源流，如行者之得路。然性喜作诗余，禁之难止。今方欲从事古文，不幸遘疾短命。"

则容若之自然嗜好及其所受乾学之影响可知也。

(二)翁叔元《容若哀辞》(《通志堂集》卷十九)云："壬子同举京兆。……同举之士百二十有六人，相与契合者数人而已。"此数人中，除叔元及韩菼(《本集》卷十三有与韩商榷《明文选》书；韩除为容若撰神道碑铭外，有祭容若文)较接近者外，当尚有王鸿绪、徐倬、李国亮、蒋兴芑、高瑄。(《本集》卷十九附有诸人与翁、韩合祭容若文云："吾侪同年几人，盖十二三年来离合聚散，亦间会兴于寝门。")叔元与容若过从尤密，其自述云：

明年(癸丑)或进士，余落第。君时过从，执手相慰藉，欲延余共晨夕。余时应蔡氏之聘不果就。是岁冬谓余曰："子久客不一归省坟墓，知子以贫故艰于行，吾为子治行。"于是余作客十五年，至是始得归拜先人丘垅，馆数椽居妻子，君之赐也。迨余丙辰幸登第留都门，往来逾密。君益肆力于诗歌、古文词，时出以相示，邀余和，余愧不能也。亡何，君入为侍卫，旦夕弼丞，出入起居，多在上侧，以是相见稀少，然时时读君诗及所与朋友往还笔墨。(《通志堂集》卷十九)

（三）本传据《苇间诗集》卷三，谓容若之识姜宸英当在康熙辛酉。今据《通志堂集》卷十九附录宸英祭文，知实在癸丑。祭文中，且述与容若结交之经历，亦为极重要之传记材料，采录于下：

兄一见我，怪我落落。转亦以此，赏我标格。人事多乖，分袂南还。旋复合并，于午未间。我蹶而穷，百忧萃止。是时归兄，馆我萧寺。人之狺狺，笑侮多方。兄不谓然，待我弥庄。俯循弱植，恃兄而强。继余忧归，涕泣弥弥。所以赙赙，怜余不子。非直兄然，太傅则尔。趋庭之言，今犹在耳。何图白首，复端斯行。削牍怀椠，著作之庭。梵筵栖止，其室不远。纵谈良夕，枕席书卷。余来京师，刺字漫灭。举头触讳，动足遭跌。见辄怡然，亡其颠蹶。数兄知我，其端非一。我常箕踞，对客欠伸。兄不余傲，知我任真。我时漫骂，无问高爵。兄不余狂，知余疾恶。激昂论事，眼瞪舌桥。兄为抵掌，助之叫号。有时对酒，雪涕悲歌。谓余失志，孤愤则那。彼何人斯，实应且憎。余色拒之，兄门固扃。充兄之志，期于古人。非貌其形，直肖其神。在贵不骄，处富能贫。宜其胸中，无所厌欣。忽然而夭，岂亦有云。病之畴昔，信促余往。商略文选。感怀凄怆。梁（佩兰）、吴（雯）与顾（贞观）三子实来，夜合之诗，分咏同裁。诗墨未干，花犹烂开，七日之间，玉折兰摧。

（四）容若与顾贞观之交谊，据顾之祭容若文（《通志堂集》卷十九），有可补记者如下：

屈指丙辰，以迄今兹。十年之中，聚而复散，散而复聚，无一日不相忆，无一事不相体，无一念不相注。……吾母太孺人之丧，三千里奔讣，而吾哥(容若)助之以麦舟。……每戆言之数进，在总角之交，尚且触恶忌于转喉，而吾哥必曲为容纳。洎谗口之见攻，虽毛里之戚，未免致疑于投杼，而吾哥必阴为调护。此其知我之独深，亦为我之最苦，岂兄弟之不为友生，至今日而竟非虚语。又若尔汝形忘，晨夕心数，语惟文史，不及世务。或子衾而我覆，成我触而子举。君赏余弹指之词，我服君饮水之句。歌与哭总不能自言，而旁观者更莫解其何故。又若风期激发，慷慨披露，重以久要，申其积素。吾哥既引我为一人，我亦望吾哥以千古。他日执令嗣之手而谓余曰："此长兄之犹子。"复执余之手而谓令嗣曰："此孺子之伯父也。"……吾哥示疾前一(?)日，集南北之名流，咏中庭之双树。余诗最后，读之铿然，喜见眉宇，若惟恐不肖观之落人后者。

(五)容若与严绳孙及秦松龄之交游，据二人合作之祭文(《通志堂集》卷十九)，有可补记者如下：

绳孙客燕，辱兄相招。松龄客楚，惠问良厚。谓严君言，子才可取。虽未识面，与子为友。无可相见，去年冬暮。今岁春残，绳孙奉假，龄则去官。(绳孙以是年四月请假出都，详于其容若哀词。则"去年冬暮"之别指松龄也。)……别来无几，思我实深。两奉兄书，见兄素心。

(六)梁佩兰祭容若文(《通志堂集》卷十九)亦有传记材料可采者如下：

我离京师，距今(康熙乙丑)四年。此来见公，欢倍于前。留我朱邸，以风以雅。更筑闲馆，渌水之下。仲夏五月，朱荷绕门。西山飞来，青翠满轩。我念室家，南北万里。不能即归，暂焉依止。公为相慰，至于再三。谓我明春，同出江南。公昨乞假，恩许休沐。静披图史，闲聆丝竹。顷复入侍，上临乾清。谕以奏赋，振笔立成。……四方名士，鳞集一时。埙篪迭唱，公为总持。良宵皓月，更赋夜合。或陈素纸，或倚木榻。陶觞抒咏，其乐洋洋。(集卷十三有《〈渌水亭宴集诗〉序》，以骈俪出之，无传记材料，今不录。)

(七)康熙辛酉，吴汉槎自塞外归，容若即延馆其家。《通志堂集》卷十四《祭吴汉槎文》中云：

皂帽归来，呜咽霑巾。我喜得子，如骖之靳。花间草堂，月夕霜辰。未几思母，翩然南棹。……中得子讯，卧疴累月。数寄尺书，促子遄发。授馆甫尔，遂苦下泄。两月之间，遂成永诀。

汉槎弟兆宣能文，亦馆容若家。有祭容若文，见《通志堂集》卷十九。

（八）刘继增《成容若小传》（见本传引）记康熙甲子容若扈驾过无锡，与顾贞观、姜宸英、陈其年偕宿惠山仞草庵，又与贞观倘佯山中。尝偕登贯华阁，屏从去梯，作竟夕谈。前已考，知其年草率，所记可疑。今读《通志堂集》卷十三《与顾梁汾书》云："扈跸遄征，远离知己。若留北阙，仆逐南云。"则是时贞观实不在里。刘传所记，皆子虚也。考刘君及其前人所以致误者，盖彼等以容若有《桑榆墅同梁汾夜望》诗，又贞观《弹指词》注有"忆桑榆墅有三层小楼，容若与余昔年乘月去梯处"之语。因以为贞观所谓"桑榆"乃指其故里，而桑榆墅之小楼乃指贯华阁也。不知桑榆墅乃一专名，容若诗题可证。其所在虽不可考，今按容若致梁汾书，可决其非贯华阁也。容若扈驾南巡时与梁汾一段故事，二百余年来成为文学史上佳话，播于吟咏，施于画图，且构成贯华阁古迹上之重大意义，不谓今乃得知其幻。（惟容若登贯华阁留像额题事，则有后人见证可信。）深望世之与贯华阁有关系者，更正前误，揭于阁中，使后来登临凭吊者得知其实。虽足以减却彼等之诗意与历史兴趣不少，然真理终属可爱也。

容若在南巡期内创作颇多，有《金山赋》《灵岩赋》，诗有《泰山》《曲阜》《圣驾临江赋》《江行》《江南杂诗》《秣陵怀古》《金陵》《病中过锡山》等作，词有《虎头词》（忆江南）十一首。附记于此。

（九）梁任公尝跋容若《渌水亭杂识》（见中华本《饮冰室集》卷七十七）盛称道之。余曩草本传，以未得见其书为憾。传成后，朱保雄君告余，《昭代丛书》中有之。因循未及觅阅，旋得《通志堂集》中有之，凡五集，自序云：

> 癸丑病起披读经史，偶有管见，书之别简。或良朋莅止，传述异闻，客去辄录而藏焉。逾三四年遂成卷，曰《渌水亭杂识》。

盖十九至二十二三岁时所作也。是书以考古迹、论古事古制占大部分，论文学次之，记异闻及感想又次之。兹据大书，参以集中他文，可考见容若之文学见解与普通思想。其论诗歌以性情为主，以“才”“学”为用，以比兴与造意为最高技术，以模仿为初步，而以“自立”为终鹄，而力斥步韵之非。其论性情与才学之关系也，曰：

> 诗乃心声、性情之事也，发乎情止乎义，故谓之性。亦须有才乃能挥拓，有学乃不虚薄杜撰，才学之用于诗者如是而已。昌黎逞才，子瞻逞学，便与性情隔绝。

其论比兴也，曰：

> 雅颂多赋，国风多比兴。楚词从国风而出，纯是比兴，赋义绝少。唐人诗宗风骚多比兴，宋诗比兴已少。明人诗皆赋也，便觉腐板少味。

容若所谓比兴，略即今日所谓明喻与暗喻。其论造意也，曰：

> 古人咏史、叙事无意。史也，非诗矣。唐人实胜古人，如

“江流石不转，遗恨失吞吴”，“武帝自知身不死，教修玉殿号长生”，“东风不假周郎便，铜雀春深锁二乔”，“此日六军同驻马，当时七夕笑牵牛”。诸有意而不落议论故佳，若落议论，史评也，非诗矣。

又曰：

唐人诗意不在题中，亦有不在诗中者，故高远有味，虽作咏物诗，亦必意有寄托，不作死句。……今人论诗惟恐一字走却题目，时文也，非诗也。

其论模仿与自立也，曰：

诗之学古，如孩提不能无乳姆也。必自立而后成诗，犹之能自立然后成人也。明之学老杜、学盛唐者，皆一生在乳姆胸前过日。

其《原诗》一篇（《本集》卷十四）阐此说尤详尽痛快。文繁不引，其斥步韵之敝也，曰：

今世之为诗害者，莫过于作步韵诗。唐人中晚稍有之，宋乃大盛，故元人作《韵府群玉》，今世非步韵无诗，岂非怪事？诗既不敌前人，而又自缚手臂以临敌，失计极矣。愚曾与友人言此，渠曰：“今以止是作韵，那是作诗？”此言利害，不可不畏。若人不戒绝此病，必无好诗。

凡此固不尽容若之创说，而其中允当透辟，后之论诗者莫之能易也。

容若之文学史观，尤卓绝前人，彼确有见乎“时代文学”之理，故曰：

> 自五代兵革，中原文献凋落，诗道失传，而小词大盛。宋人专意于词，实为精绝。诗其尘羹涂改，故远不及唐人。

又曰：

> 曲起而词废，词起而诗废，唐体起而古诗废。作诗欲以言情耳，生乎今之世，近体足以言情矣。好古之士，本无其情，而强效其体，以作古乐府，殆觉无谓。

明乎词曲之为新体诗，明乎复古之无谓，此实最“近代的”见解。近代自焦循、王国维，以至胡适之文学史观，胥当以容若为祖也。其论词之演化，亦极精绝。其言曰：

> 花间之词，如古玉器，贵重而不适用。宋词适用而少贵重。李后主兼有其美，更饶烟水迷离之致。词离苏、辛并称，而辛实胜于苏。苏诗伤学词伤才。

容若少笃好《花间词》(《本集》十三《致梁药亭书》)，为此言，见解已有转变，至更趋于成熟矣。

容若于诗词之选集，亦有独见。朱彝尊《词综》出，容若《与梁药亭书》(同上)论之曰：

> 近得……《词综》一选，可称善本。闻锡鬯所收词集，凡百六十余种，网罗之博，鉴别之精，真不易及。然愚意以为吾人选书，不必务博，专取精诣杰出之彦，尽其所长，使其精神风致，涌现于楮墨之间。每选一家，虽多取至什至佰无厌，其余诸家，不妨竟以黄茅白苇，概从芟薙。仆意欲有选如北宋之周清真、苏子瞻、晏叔原、张子野、柳耆卿、秦少游、贺方回，南宋之姜尧章、辛幼安、史邦卿、高宾王、程巨夫、陆务观、吴君持、王圣与、张叔夏诸人。多取其词，汇为一集，余则取其词之至妙者附之，不必人人有见也。

容若于此书中已具道有志于词之选集，徐乾学谓容若“自唐五代以来诸名家词皆有选本”(见本传引)，其言必不虚。今其书不可见，惟读上引其文，可窥见其选择之标准，与所选之人物焉。

容若又尝与顾贞观同选《今词初集》二卷，录同时人自吴伟业至徐灿女士凡百八十八家。书有鲁超序，作于康熙十六年。此书今存，余于伦明先生处得见之。

以上述容若之文学见解，并附记其选业竟。

本传中引容若以赵松雪自况之诗，中有云“旁通佛老言，穷探音律细”，盖非虚语。《杂识》中数谈音乐，且涉佛道之书。容若于佛、道二家有极开明之“近世的”态度，谓：

> 三教中皆有义理，皆有实用，皆有人物。能尽知之，犹恐所见未当古人心事，不能伏人。若不读其书，不知其道，惟恃一家之说，冲口乱骂，只自见其孤陋耳。昌黎文名高出千古，元晦道统自继孔孟，人犹笑之，何况余人？大抵一家人相聚，只说得一家话，自许英杰，不自知孤陋也。读书贵多、贵细，学问贵广。开口提笔，驷马不及，非易事也。

梁任公评之曰：“可为俗儒辟异端者当头一棒。翩翩一浊世公子有此器识……使永其年，恐清儒中须让此君出一头地。”(《〈渌水亭杂识〉跋》)其言盖无溢美也。

容若亦与缁徒往来，共作哲理谈。《与某上人书》(《本集》十三)云：

> 昨见过，时天气甚佳。茗碗熏炉，清淡竟日。……承示万法归一。一归何处？令仆参取。时即下一转语曰：“万法归一，一仍归万。”此仆实有所见，非口头禅也。……自有天地以来，有理即有数。数起于一，一与一对而为二，二积而成万。凡二便可见，一便不可见，故乾坤也、阴阳也、寒暑也、昼夜也、呼噏也，皆可见者也。一者何？太极也。……吾儒太极之理，即在物物之中，则知一之为一，即在万法之中。竺氏亦知所谓太极者。彼误认太极为一物，而其教又主于空诸所有，并举太极而空之，所以有一归何处之语。……求空而反滞于有，不如

吾道之物物皆实，而声臭俱冥，仍不碍于空也。

此虽幼稚之言谈，然可见容若之好思，而智力的兴趣之广也。

容若对于当时西方耶稣会教士所传入之异闻奇艺，亦颇留意。《杂识》中屡及之，尝言“西人取井水以灌溉，有恒升车，其理即中国风箱也”。其巧悟有如此。

（十）容若词集先后至少有四种原刻本。其一为《侧帽词》，刻于康熙十七年戊午以前。其一为《饮水词》，顾贞观以是年刻于吴下，皆详本传。今《榆园丛刻》本似即据康熙戊午本而增辑者。观其所冠序文及排列次序而可见。（此本卷四以前，以词之长短为次。最短者在前，而《忆江南》小令乃在卷五。此诸词如考定为作于戊午后，似前四卷为戊午原本，而卷五以下则为后来增辑者。）其一为张纯修（容若诗词题注中之张见阳即其人）所裒刻之《饮水诗词集》本。张序记时在“康熙（三十年）辛未秋”。其一为徐乾学《通志堂集》本，严绳孙序记时在“康熙三十年秋九月”。故二本之先后不易定。严氏《〈通志堂集〉序》云，“今健庵先生已缀辑其遗文而刻之”，似其时书尚未刻成。而张氏《〈饮水诗词集〉序》云“既刻成，谨此笔而为之序”，似《饮水诗词集》成于《通志堂集》之前。今《粤雅堂集丛书》本及万松山房本《饮水诗词集》，即以张纯修刻本为祖者也。除第一次刊本不可考外，其余三本中以张刻本所收词为最多，羡于榆园本两首。《通志堂集》本最少，仅三百首。《通志堂集》本与张纯修本次序既相同，其本文除一二字之变异外，亦大体相同；惟以之较榆园本，不独次序不同，其本文亦恒有一句以上之差异。《万松山房丛书》中之翻张刻本书题下有“锡山顾贞观阅定”一行，而张序亦云

“此卷得之梁汾手授”，疑其不同者，由于贞观之得容若同意而点改者。即康熙戊午亦非不经贞观等点改者，观顾序谓“与吴君薗次共为订定”而可证。今日欲观容若词在被点改前之本来面目，盖无从矣。予确信榆园本之来源为较早，他日若编校纳兰词，凡可依此本者皆依之，庶几所失本来面目者较少焉。

原载《学衡》第70期，1929年7月。

龚自珍诞生百四十年纪念

按：龚自珍（定庵）生于清乾隆五十七年壬子（1792），殁于道光二十一年辛丑（1841），其诞生之月日无考。本刊第二百三十期已有缪钺君撰之纪念文。惟此篇另有着意之点，与前篇绝无重复。龚定庵诗，在近世中国影响极大，既系维新运动之先导，亦为浪漫主义之源泉。甲午、庚子前后，凡号称新党，案头莫不有龚定庵诗集。作者亦竞效其体。大家如黄公度（遵宪）之《不忍池晚游诗》“百千万树樱花红，一十二时僧楼钟。白头乌哭屋梁月，此是侯门彼佛宫”，以及《海行杂感》“是耶非耶其梦耶，风乘我我乘风耶，藤床簸魂新睡觉，此身飘飘天之涯”，与龚定庵《己亥杂诗》酷肖。梁任公三十前后所作情诗“眼中竟欲无男子，意气偏能到小生”等，固系处处神似形似。即四十以后（民国四五年间）作，如“五百年前原上根，一百年前缣上痕”等，皆龚定庵“可惜南天无此花。……不是南天无此花。……男儿解读韩愈诗，女儿好读姜夔词。……”之句法也。又如丁惠康（叔雅）之“沉沉远梦迷千劫，绕绕新愁赋百哀”，

“山河运歇英才尽，鞶鼓声沉战血腥”等，凡兹苍凉哀艳之句调旨趣，皆龚定庵之嗣音也。入民国，南社一派，尤步趋龚定庵。一方投身革命，自诩侠烈；一方寄情声妓，着意风流。龚定庵诗之浪漫素质，本有阳刚、阴柔二种。以雄奇而兼温柔，既慷爽而复秾丽。合此两美，自成特味。虽托体不高，有伤妩媚，而动人艳美，启人模仿。其所惯用之辞藻，如“剑气箫心”，如“罡风”，如“春魂”，如“落花”，如“三生”等，检近人集中，触目皆是也。今之少年所共崇拜之苏曼殊(玄瑛)，其人与诗独具奇美，然亦不外取资于龚定庵。又龚诗最便于集句，故南社一派人尤喜集龚诗为七言绝句，几乎龚诗与我诗不可分焉。由来一作者自用所长，必有多人竞起仿效。从 style (风格)而生 mannerism(风格主义)。读此篇，明乎龚定庵学术思想之渊博新颖，与其人之恢奇俊迈，则知其能创作新体之诗者不为无故，而效颦者之可厌，当不令减少龚诗之原有价值矣。编者附识。

清道光十八年(1838)冬，素以能吏著称之湖广总督林则徐新拜钦差大臣之命，膺禁烟之重任，朝野皆另眼相视。则徐既陛辞，将赴粤，其故交有礼部主事仁和龚自珍者为序赠行，颇有所献替。自珍平生最恨烟毒，曾于经典中为寻出一恶名，曰“食妖”，又素主“东南罢番舶”之议，于当时西洋输入之奇器异物，亦尝于经典中为寻出一恶名，曰“服妖”。绝“食妖”与“服妖”乃其重要政见之一，而实行此政策之必要手段，则“绝互市”。至是自珍稍杀其激烈之主张，而劝则徐“勒限使夷人徙澳门，不许留一夷(于广州)。留夷馆一所，为互市之栖止”。禁烟必至于用兵，亦自珍所预料。当时盖颇有为此戒惧者，自珍则为主战论辩护曰：

> 乃有迂诞书生逆难者，则不过曰为宽大而已，曰必毋用兵而已。告之曰：刑乱邦，用重典，周公之训也。至于用兵，不比陆路之用兵，此驱之也，非剿之也。此守海口，防我境，不许其入，非与彼战于海，战于艅艎也。伏波将军则近水，非楼船将军，非横海将军也。况陆路可追，此无可追。取不逞夷人及奸民就地正典刑，非有大兵陈原野之事，岂古人于陆路开边衅之比也哉！（见本集邃汉斋本卷五《送钦差大臣侯官林公序》）

此代表当时最讲经世致用之学之士大夫对于“夷情”及军事之见解。不明乎此，鸦片战争之起，殆无从了解也。则徐复书，于自珍之策议，许为“谋识宏远”，于上述徙夷及用兵之说，尤为悦服。关于前者则谓“弟早已陈请，惜未允行，不敢再渎”。（此事不见官书，可补史阙。）则徐之非作客套虚语，此则其后来之行为可证。“英雄所见略同”，自珍得则徐复书之时，喜可知矣。

虽然，自珍亦有其失望之理由在。彼献策于则徐，盖非无所为而为者也。彼困郁闲曹久矣。彼自道光九年成进士后，以楷法不中矩度，“殿上三试，三不及格，不及翰林；考军机处不入直，考差未尝经轺车”。（见本集卷四《干禄新书自序》。附言：此序乃一篇讽刺楷法取士之文，非真有成书而自为之序也。黄氏年谱于道光十五年条下著成《干禄新书》，傎矣。）以经世之大才自负而莫获展伸，遂益增其跋扈飞扬之态。平居日为“出位”之思想与言论，而其凌厉之文笔，雄健之口辩，又足以助之。在一班负成例之枷，带功令之锁之行尸走肉的学士大夫侪辈中，如自珍其人者，自为不可思议之怪物。一时京朝之贵人达官，殆无不以“敬鬼神”之态度待之。以故浮沉于礼部末职者将十年，今且垂垂老矣。不次之擢迁，殆成绝望。平生怀抱宁遂于尘封蠹蚀之簿书中永远埋没耶？彼其献策于则徐，实寓有求用之意。故赠序之后，复申之以书。书之内容，今无从悉，然观则徐复札（此札附本集序文后）谓“濒行接诵手教……阁下有南游之意，弟非敢沮止旌旆之南。而事势有难言者，曾嘱敝本家岵瞻主政代述一切，想蒙清听……”夫使自珍之欲“南游”而为问水寻山，则何待请命于则徐，而则徐又何致因之而有难言之事势？显然自珍欲参预此幕历史悲剧（彼所预料为喜剧者）之后台，而为则徐所婉拒也，则自珍失望又可知矣。

粤东之行不成，北京之居不乐，其明年四月，自珍遂弃官归隐于其故乡杭州。有名之《己亥杂诗》三百五十首之大部分，即此次途中纪程念旧之作。在《己亥杂诗》中，实展开自珍一生之全景。其中除写景记游外，有感时讽政之作，有谈禅说偈之作，有论经史考据之作，有思古人咏前世之作，有叙交游、品人物之作，有话家常、描琐事之作，亦有伤身世、道情爱之作。自有七绝诗体以来，以一人之手，而应用如此之广者，盖无其偶。而自珍复能参错谣谚、谶纬、佛偈、词曲之音调语法以入此体。用能变化无端，得大解放，而为七绝诗创一新风格。用能“声情沉烈，恻悱遒上，如万玉哀鸣”。（此盖自珍自赞语，而托为新安女士程金凤书第杂诗后者。）若其“行间璀璨，吐属瑰丽”，犹余事也。杂诗三百余首实呵成一气，可作自珍之自叙传读。而欲攫取嘉道间(近世我国史上之一关键时代，鸦片战争之前夜)之“时代精神”者，尤不可不于此中求之。但有此作，即无其他造诣，自珍亦足千古矣。

《己亥杂诗》所表现其作者之性格，为如何复杂凌乱，而富于矛盾意味之性格！彼一方面殚精孔经，笃信孔道，以当世之申伏自期——“仕幸不成书幸成，乃敢斋祓告孔子”。一方面即景慕“西方圣人”，自信已“证法华三昧”，“持罗尼陀满四十九万卷”之后，复“新定课程，日诵普贤普门普眼之文”。而另一方面彼却发“温柔不住住何乡”之问。所过通都，耽游北里，高唱“风云材略已消磨，甘隶妆台伺眼波”之句。年将知命，犹日为蛾眉洒其词章上之涕泪：“拊心消息过江淮，红泪淋浪避客揩”；“亦是今生未曾有，满襟清泪渡黄河”！然在另一方面，彼固一“先天下忧”之志士：上下古今，讨究经国纬民之大计，效痛哭流涕之贾生，以开创风气为己任。彼于诗歌若出天授，然却视为口孽，屡尝立志戒除。彼箧中有功令文千篇，自许为此道作手，然却首倡废八股之议。要之，自珍者，盖一多情好玩之慧公子(彼固生于豪门，其父官至苏松兵备道)，一易地之李后主、纳兰成德，而戴上经生、策士、修道士、预言者之重重面具者也。

当自珍流连于扬州而作其扬州好梦之时，彼所拟参预而未果之历史悲剧已在广东开演。此剧之意义，非彼所能知也。此剧第一幕之反映于《己亥杂诗》中者，为如下轻淡之一首：

故人横海拜将军，侧立南天未蒇勋。我有阴符三百字，蜡丸难寄惜雄文。

彼之"阴符""雄文"，内容如何，今无从得知，恐亦不外"东南罢番舶议"之类。自珍幸而不及见《江宁条约》之成(1842)，不然，其痛恨又当何如！彼又不幸而恰死于英军再陷定海之后(1841)，及见相当不幸事变，使有理由以怀疑其所画政策之价值。

虽然，自珍平生之预言，非尽如其关于鸦片一役之失败者也。彼于其时代确有深切之认识。任朝野酣歌醉舞之不休，直目当世为衰世，而论其征象曰：

> 衰世者，文类治世，名类治世，声音笑貌类治世。黑白杂而五色可废也，似治世之太素。宫羽淆而五声可废也，似治世之希声。道路荒而畔岸隳也，似治世之荡荡便便。人心混混而无口过也，似治世之不议。左无才相，右无才史，阃无才将，庠序无才士，陇无才民，廛无才工，衢无才商……而才士才民出，则百不才督之，缚之，以至于僇之。僇之非刀非锯……徒僇其心，僇其能忧心，能愤心，能思虑心，能作为心，能有廉耻心，能无渣滓心。……才者自度将见僇，则早夜号以求治。求治而不得，悖悍者则早夜号以求乱。夫悖且悍，且睊然胴然以思世之一便已，才不可问矣。曰乡之论憩有辞矣。然起视其世乱亦竟不远矣。(《乙丙之际塾(也作箸)议》第二，本集卷一)

读者识之："乱亦竟不远矣。"此言之发，乃在洪杨变起前三十六年也。"五十年中言定验，苍茫六合此微官。"夫自珍岂无其睥睨一世之理由哉！

抑自珍所见哀世之特征，不仅在国无人才，尤在士无廉耻。在其弱岁所作《明良论》(本集卷二)中尝痛言曰：

士皆有耻，则国家永无耻矣。士不知耻，为国之大耻。历览近代之士，自其敷奏之日，始进之年，而耻已存者寡矣。官益久则气愈偷，望愈崇则谄愈固。……农工人肩荷背负之子无耻，则辱其身而已。富而无耻者，辱其家而已。士无廉耻，则名之曰辱国。卿大夫无耻，名之曰辱社稷。出庶人贵为士，由士贵为小官大官，则由始辱其身家，以延及辱社稷也。厥灾下达上，象似火。大臣无耻，凡百士大夫法则之，以及士庶人法则之，则是有三数辱社稷者，而令合天下之人，举辱国以辱其家辱其身，混混沄沄而无所底。厥咎上达下，象似水。上若下胥水火之中也，则何以国？窃窥今政要之官，知车马服饰言词捷给而已，外此非所知也。清暇之官，知作书法赓诗而已，外此非所问也。堂陛之言则探喜怒以为之节。蒙色笑，获燕闲之赏，则扬扬然以喜，出夸其门生、妻子。小不霁则头抢地以出，别求乎可以受眷之法。……务车马捷给者不甚读书。曰，我早晚直公所，已贤矣，已劳矣。作书赋诗者稍读书，莫知大义，以为苟安其位一日，则一日荣，疾病归田里，又以科名长其子孙，志愿毕矣。且愿其子孙世世退缩以为老成，国事我家何知焉？嗟呼哉！如是而封疆万万立有缓急，则纷纷鸠燕逝而已！伏栋下求俱压焉者鲜矣！

“嗟呼哉”，今日之现象其有以愈于自珍之所摹状者几何！当嘉庆末年，举国犹在歌颂河清海晏之日，为此骇论，谁不哂其无病呻吟。然在吾人今日读之，则譬犹一家之人，经历大难之后，重读往日菩萨所示灵谶，发现其字字经验，则惟有相顾痛哭而已。

此哀世之黑暗，自珍亦尝究其造成之因，以为即在有清开国立朝以来，防范反侧之权术与制度。其在《古史钩沉论一》(《觇耻》)中，托为“史氏之书有之曰”：“昔者霸天下之氏，称祖之庙，其力强，其志武，其聪明上，其财多，未尝不仇天下士，去人之廉，以快号令，去人之耻，以崇高其身。一人为刚，万夫为柔，以大便其有力强武。……大都积百年之力，以震荡摧锄天下之廉耻。既殄既狝既夷，顾乃席虎视之余荫，一旦责有气于臣不亦莫乎。”(本集卷二)自珍观察历史之眼光可谓锐矣。虽然，一社会之道德风气之破坏，岂必出于称祖之庙，岂必期以百年？当一政治旧势力崩倒以后，少数奸雄乘机攫夺政乐之缰辔，本其市侩之人生哲学，瘁厉天下以求遂其一身、一家、一宗、一族、一乡、一党，及其妻妾玩女之身家，宗族、乡党之安富尊荣。一手持刀枪，一手持金银与委任状以晃耀于天下曰：顺我者，亲我者，不论狗彘、奴才、盗贼、恶少、浪子、佣保、走弁，大之可使任兼圻，掌部政，小之则县市厅局司或学校，胥可为其奉旨发财之沃土；逆我者，蔑我者，不论其是“同志”、非“同志”、老“同志”、少“同志”、先进“同志”、后进“同志”、“忠实同志”、非“忠实同志”，举可以不宣理由，不经法判，而以锁链系诸其项。一切主义政策，法律纪纲，除为便我之具外，为无物；一切道德名词，除为责人之具外，为无物。朝率“同志”匍匐摇尾于一种名义之下；暮则呐喊一声，抹去粉墨，可屠戮此名义下之信徒如草菅。朝痛哭流涕，誓将间关赴难；暮一抹去粉墨，则抱头鼠窜。如此类之人一日尸于民上，而自号清流，薄具才智才士，犹乐于为之奔走，供其使令焉。如是而欲求知耻尽忠之道德风气弥漫于社会，虽以刀加颈，吾不信为可能矣。

闲话且住，对彼哀世之人，自珍之警告为“变法！变法！”其恒有之格言为“穷则变，变则通，通则久”。其《乙丙之际箸议》第七《劝务》（本集卷一）一篇，力陈历代拘牵祖法、惮为改革以曾覆亡之教训。自珍者，实戊戌维新运动之先驱，不独其宗主“今文”，推崇“公羊”，附会“三世”，与后来之维新领袖有同调也。无怪光绪季年《定庵集》遂衣被一世。

自珍之变法论，今不尽传。盖其敢形诸笔墨者，仅“为虽不施行，而言不骇众之言”耳，而其曾形诸笔墨者又不尽以入集（例如《上大学士富俊陈当世急务八事书》之曰落，见于《己亥杂诗》注》）。今可见自珍之改革建议，略有七项。（一）废八股试帖取士之法，而代以“讽书射策”。讽书谓背诵经书，射策则“兼策本朝事……其言不得咿嚘不定，唱叹蔓衍，以避正的。其不能对，则庄书‘未闻’二字以为式”。（《述思古子议》，本集卷三）（二）宽选官之资格的限制，使少壮志士得参要政，而革颓懦痹麻之老配政治。（三）增吏禄以杜贪污之一源。（四）减杀大臣对人主仪节上之种种屈辱，以尊其人格。（五）假疆臣事传以励振作。（六）汰冗官以节国用。（七）移本部人口以垦殖西域（即今新疆），并辟之为行省。自珍素治四裔地理，于蒙古及西域尤所究心。其西域置行省之计划甚为周详，今日犹可供参考。在朴学上，自珍乃承受风气之人，而非开风气之人。关于乾嘉之交，我国学界习尚，彼曾有极扼要之韵语记述：

乾嘉辈行吾能数，数其派别惩其尤：易家人人本虞氏，毖纬户户知何休。声音文字各突奥，大抵钟鼎工冥搜。学徒不屑谭贾孔，文体不甚宗韩欧。人人妙擅小乐府，尔雅哀怨声能遒。近今算学乃大盛，泰西客到攻如仇。(《常州高材篇》，见本集卷八)

除易与算学自珍绝口不谈外，其余各事均可移入彼之传状。彼自少受其外祖父段玉裁影响，深入训诂之学，而旁及古钟鼎文。壮岁从武进刘申受游，遂附于“今文”学之门户。彼之朴学著作别于文集者不下十数种(目见黄氏年谱)及身未刊，经洪杨乱后都无一流传。惟《春秋决事比》(六卷)之自序及答问五篇存于集中，其大旨不外引申(毋宁曰附会)经义，以明人事法制之所当然，此正晚清“今文”学之精神也。其治诗(有诗《非序》《非毛》《非传》各一卷，佚)主一空旧注依榜，直接涵咏经文，以意逆志。其子橙本之作《诗本谊》，今存《定庵集》中。自珍之诗学虽亡而不亡矣。

自珍通经致用之最后结果，为其理想社会之规划，此具详于《农宗》一篇(本集三)。在彼之乌托邦中，除天子、卿大夫、公侯(此自为不可少)而外，庶民分两阶级：一曰“农宗”(有田阶级)，一曰“闲民”(无田阶级)。闲民佃于农宗以为生，其阶级地位世袭。农宗之后，每代有一部分承袭农宗，余则降为闲民。农宗有三等。其第一等为“大宗”，有田百亩。大宗譬若有五子，则一子(长子?)袭百亩为大宗；一子(次子?)为“小宗”，得领官田二十五亩；又次二子为“群宗”，得官田二十亩；余子为闲民。小宗为第二等，其一子袭二十五亩为小宗，次一子得领官田二十亩为群宗，余子为闲民。群宗为第三等，其一子袭二十亩为群宗，余子悉为闲民。各阶级之等差并无政治上意义。各宗及闲民均得入仕。仕者有禄田或禄俸，禄田分品级而定世袭之久暂。此种理想，在今日观之诚瑕隙百出，然自珍立法之意固在裁抑兼并而求比较之平均也。其立闲民阶级之理由，则曰："虽尧舜不能无闲民，安得尽男子而百亩哉?"诚然，在农业经济的社会中，当生产方法固定之时代，以有限之田土，无限增加之人口，欲求均与足兼顾之制度，实一无法解决之难题也。此历史悲剧所以循环而无已也。

上之理想制度，自珍认为非尽创新，大体上乃是复古。彼确信古代封建制度之起源乃(如柳子厚之见)由下而上，非由上而下。换言之，即先有许多各自独立按宗法组织之部族(谓以一子继承家长地位，承袭其田土而不析产之大家族)，由诸部族互相服属(自珍以为或以"德"，或以"力")，然后有大一统之国家。并举现存民族为例曰："近世回部蒙古，有旗分，有族分。或以族降，或以族徙，或以族开垦，其叛者亦以族。盖世酋无析产之俗，故世世富足，令群支仰赖以活。而苗裔能言其先派，至有数十世之多者。此文之旁证也。"此种历史见解与方法，何其超过时代之远也！因自珍确信国家之起源由于族部之互相兼并，故不得不否认古代井田制度之存在。"问：百亩之法，限田之法也，古也然乎？答：否，否！吾书姑举百亩以起例，古岂有限田之法哉。贫富之不齐，众寡之不齐，或什佰，或千万，上古而然。……后世之末富，以财货相什佰，相千万，世宗莫得而限之。三代乌能限田？三代之季化家为国之主，繇广田以起也。"(《农家答问》第一，本集卷三)以吾所知，我国学者明白否认古代井田制之存在者，自珍盖为第一人。

彼之历史观察尚有更锐于是者。下引一段，除去其形上学的含义，则一极彻底之唯物史观也：

> 最上之世，君民聚醵然，三代之极其犹水，君取盂然，臣取勺焉，民取卮然。降是则勺者下侵矣，卮者上侵矣。又降则君取一石，民亦欲得一石，故或涸而踣，石而浮则不平甚，涸而踣则又不平甚。……大略计之，浮不足之数相去愈远，则亡愈速。去稍近，治亦稍速。千万载治乱兴亡之数，直以是券矣……贫相轧，富相耀。贫者阽，富者安。贫者日愈倾，富者日愈壅。或以羡慕，或以愤怒，或以骄汰，或以啬吝，浇漓诡异之俗，百出不可止。至极不祥之气，郁于天地之间。郁之久则必发为后燹，为疫疠。生民噍类，靡有孑遗。人畜悲痛，鬼神思变置。其始不过贫富不相齐为之耳。小不相齐，即至丧天下。(《平均篇》，本集卷二)

自珍尚有一历史见解，为章学诚所掩者，即“古无私门著述，六经皆史”之说是也。自珍之言曰：“自周而上，一代之治，即一代之学也。一代之学，皆一代王者开之也。有天下，更正朔，与天下相见谓之王。佐王者谓之宰。天下不可以口耳喻也，载之文字，谓之法，即谓之书，谓之礼，其事谓之史。职以其法载之文字而宣之士民者，谓之太史。”(《乙丙之际箸议》第六，本集卷一)“六经者，周史之宗子也。易也者，卜筮之史也。书也者，记言之史也。春秋也者，记动之史也。风也者，史所采于民而篇之竹帛传之司乐者也。雅颂也者，史所采于士大夫也。礼也者，一代之律令史职藏之故府，而时以诏王者也。小学者，外史达之四方，瞽史谕之宾客之所为也。”(《古史钩沉论》二，本集卷二) 此与章氏《文史通义》中之论若合符节。然自珍盖非剿袭章氏。考《文史通义》之最初刊行乃在道光十二年，而自珍发此论之文字，其一(《乙丙之际箸议》) 作于嘉庆二十二年，其一(《古史钩沉论》) 亦于道光五年已具稿矣。

原载《大公报·文学副刊》第 260 期，1932 年 12 月 26 日。

龚自珍《汉朝儒生行》本事考

定庵文久以怪诞著。余初读即疑其有所隐托，然命意所在莫能尽详也。即如《汉朝儒生行》一诗，稍知定庵生平者，一览即知其中有三数语为极明显之自状；惟余则迷离惝恍，莫明所指。岁壬申，为定庵诞生第百四十周年，予方居美洲，或以《定庵集》见寄，属为纪念之文，因取此诗反复咀嚼。及“关西藉甚良家子，卅年久绾军符矣”二句，忽念此讵非指岳钟琪事？

以此假设为导引，检《清史·岳传》，岳原籍甘肃兰州，果为关西人；其父昇隆为康熙间名将，渠果是良家子；自其初从征西藏至再起定金川凡二十八年，而前乎从征西藏，渠已历官游击及副将，谓其“卅年久绾军符”正合。因以此事为中心，触类旁通，果能使全诗涣然冰释，而定庵生平对清朝之一段腹诽恶诅，流露于本诗及他处，已瞒过一世纪之人者，至是亦得白于世，不可谓非一大快事也。因草此篇，以贻世之爱读《定庵集》者。

汉朝儒生不青紫，二十高名动都市；《易》通田何《书》欧阳，三十方补掌故史。

汉朝儒生，定庵自谓也。定庵年二十以副贡居京师，年二十九以举人补内阁中书，言三十，举约数也。此诗作于道光壬午，时定庵适三十一岁。

全诗以汉家影清室，汉事影清事。定庵固深于汉史者：尝为《〈汉书〉补注》未成，成《读〈汉书〉随笔》四百事(已佚)。此诗运用汉事甚为圆熟周详，故能造成咏古之幻觉。

> 门寒地远性傥荡，出门无阶媚天子。会当大河决酸枣，愿入薪楗三万矢。路逢绛灌拜马首，拜则槃辟人不喜。归来仰屋百喟生，著书时时说神鬼。

大河决酸枣，汉武帝时事，此影嘉庆间畿辅水患，《集》中尝数及之，如《乙丙之际塾议》第一云："岁辛酉，直隶大水，越七年戊辰又水，癸亥迄乙丑再决南河。"又《己亥杂诗》第二十一首自注云："曩陈北直种桑之策于畿辅大吏。"所谓"愿入薪楗三万矢"，"路逢绛灌拜马首……"者似指此。

> 生不逢高皇骂儒冠，亦不遇灞陵轻少年。爱读武皇传，不遇武皇祠神仙。神仙解词赋，《大人》一奏凌云天。枕中万金岂无药，更生误读淮王篇！

"灞陵轻少年"，文帝之于贾山事。文帝虽轻贾山，而未尝不之用。"不遇"云云，讽清室之不容才士也。"神仙解词赋"，讽清帝之不解词赋，而康、雍、乾三朝之右文，为牢络士心，附庸风雅也。实不重儒学，而又不敢学高皇之骂儒冠，此其所以为伪也。

自言汉家故事网罗尽，胸中语秘世莫传。略传将军之客数言耳，不惜箝我歌当筵。一歌使公惧，再歌使公悟。我歌无罪公无怒！

“将军”，指岳钟琪也。云从岳氏旧客得闻（不知直接或间接）一段故事，将于此诗中述之。

汉朝西海如郡县，蒲萄天马年年见。匈奴左臂乌孙王，七译来同藁街宴。武昭以还国威壮，狗监鹰媒尽边将。出门攘臂攫牛羊，三载践更翻沮丧。

此节形容康、雍、乾三朝武功之盛，“出门……”以下二句言官军一方残暴，一方已衰惰。

三十六城一城反，都护上言请勤远。期门或怒或阴喜，喜者何心怒则愤。

此指乾隆十二年金川（在四川）之叛，事具《东华录》《圣武记》及《清史稿》有关涉诸人传，不必详引。“期门或怒或阴喜”，可见朝中携心之人多也。

关西籍甚良家子，卅年久绾军符矣。不结椎埋儿不长，鸣珂里声名自震。大荒西饮马，昆仑荡海水。不共郅支生，愿逐楼兰死。

“关西良家子”，即上所称“将军”也。岳钟琪以康熙五十七年征藏有功，擢四川提督。其后雍正朝青海之役、回疆之役、准噶尔之役，钟琪皆当重任，效殊力。累迁至三等公、太子少傅、川陕总督。功高望重，谗谤随生。以钟琪本岳飞二十一世孙，或言其将修宋金之怨，颠覆满朝。世宗初未为惑，穷治谤首，谣言稍息。其后曾静竟上书劝钟琪反，虽钟琪立捕以闻，诏褒忠赤，然满人对钟琪之猜嫉转甚。雍正十年终以小故为满官纠讦，至落职交兵部拘禁，论罪濒死。乾隆二年放归乡里。十三年以金川之乱再起，盖自征藏至是已二十八年矣。言“卅年久绾军符”举约数也。

上书初到公卿惊，共言将军宜典兵。麟生凤降岂有种！况乃一家中国犹弟兄！旌旗五道从天落，小印如斗大如斛，共隶将军一臂呼，万人侧目千人诺。山西少年感生泣，羽林群儿各努力。共知汉主拔孤根，坐见孤根壮刘室。

此叙岳钟琪之起用也。“山西少年”云云，可知岳所领军多其乡人（此“山西”非今山西省）。

不知何姓小侯瞋，不知何客惎将军。将军自顾忽疑惧，功成定被他人分。不如自亲求自附，飞书请隶嫖姚部。上言乞禁兵，下言避贤路。笑比高皇十八侯，自居虫达曾无羞。此身愿爵关内老，黄金百斤聊可保。

前所谓“略传将军之客数言”者，此也。诗辞甚明，高皇十八侯仍用汉事。金川之役，钟琪内惧，请增兵下位，此事不见别记，可补史阙。

鸣呼！汉家旧事无人知，南军北军颇有私。北军似姑南似嫂，嫂疏姑戚群僮欺。可怜旧事无人信，门户千秋几时定。门户原非主上心，詄荡吾知汉皇圣。

“南军、北军”用汉典，南军指汉将士，北军指满将士；而“门户”则朝中满、汉之门户也。

是时书到甘泉夜，答诏裴徊未轻下。密问三公是与非，沮者不坚语中罢。瘦词本冀公卿谅，末议微闻道途骂：拙哉某将军！非火胡自焚？非蚕胡自缚？非蛋胡自螫？有舌胡自挢？有臂胡自掣？

“甘泉”，以汉宫影清室。“沮”者，谓沮清帝从钟琪请者也。“道途骂”云云，言世人窃怪钟琪之不反也。

军至矣，刺史迎，肥牛之腱万镬烹。军过矣，掠童女，马踏燕支贱如土！

"军"，谓所请禁军也。"掠童女，踏燕支"，其暴可想。

> 嬴家长城如一环，汉家长城衣带间。嬴家正为汉家用，坐见入关仍出关。入关马行疾，出关马无力。丞华厩里芝草稀，水衡金贱苦乏绝。卜式羊蹄尚无用，相如黄金定何益！珠崖可弃例弃之，夜过茂陵闻太息。

"汉家长城"，谓满臣也；"嬴家长城"，谓汉臣也。《己亥杂诗》第十五首中云："读到嬴刘伤骨事，误渠毕竟是锥刀。"嬴、刘伤骨，谓满人之诛残汉人也，下语言其终自误也。此可与本诗互证。"衣带间"，言其亲也。"如一环"，言其疏远而不见重也。"嬴家正为汉家用"以下四句，言此时汉人虽为满用，他日终当驱逐满人出关，而尔时满人将无抵抗之能力也。"出关马无力"，语意何等明露！此直是对满朝之恶诅矣。

定庵生长豪门，浮沉郎署，自无"秀才作反"之想；然盱古衡今之际，见乎满汉之轩轾，未尝不深慨愤。观其《咏史》诗云："金粉东南遍五州，万重恩怨属名流。牢盆狎客操全算，团扇才人踞上游。避席畏闻文字狱，著书都为稻粱谋。田横五百人安在？难道归来尽列侯？"是直以娼妓比东南文士，以狎客比清帝，而太息于复仇雪耻之无人矣。"避席……"二句写尽康、雍、乾、嘉四朝士夫觳觫之态。又例如"夜读《番禺集》书其尾"二诗隐为明遗民屈大均(翁山)张目(《番禺集》非真书名，屈为番禺人故云尔。诗中有"灵均出高阳，万古两苗裔"之语，明借屈原点出屈字)。

明乎定庵对清室之真态度，则知其《集》中任何颂圣之辞(颇不少见)，决非由衷而出，或为反语，或为掩饰，或为循例，三者必居其一。此则读《定庵集》及作清代文学史者所不可不加意也。

“丞华”以下四语用汉典，以影示将来清室财政上匮竭，为其衰败主要之一。“珠崖”二语则讽其毋勤远略。“茂陵”(司马相如)，定庵自谓也。

> 汉家庙食果何人？未必卫霍无侪伦。酎金失侯亦有命，人生那用多苦辛？噫嘻，人生那用长苦辛！勿向人间老，老阅风霜亦枯槁。千尺寒潭白日沉，将军之心如此深！后世读书者，毋向兰台寻。兰台能书汉朝事，不能尽书汉朝千百心。儒林丈人识此吟！

“卫、霍”，指佟国舅之流也。此段大旨以岳钟琪为鉴，劝汉人毋枉自辛苦，为满效力。

原载《燕京学报》第13期，1933年6月。

附：

张荫麟《龚自珍〈汉朝儒生行〉本事考》辨正

温廷敬

余读龚定庵诗书后，盖在民国初，迄今已二十余年，而观遍当代清史著述，尚未知有此隐秘曲折之一大事，因录寄广州中山大学文史研究刊，以彰于世，顷见《燕京学报》十三期，张君荫麟亦有此作。以吾文之作虽在前，而发表则在后，方欲收回，以避雷同之诮。乃读张君之作，则指为岳钟琪，与吾文绝异。而牵强附会，无一合者。惟首释河决酸枣，引乙丙塾议第一，及已亥诗自注本事，为详吾文之所略。至指此诗为岳钟琪作，则绝无一是处。试得逐段而辨析之。“汉朝西海如郡县”诸句，乾隆平定新疆以后，乃可当此。若钟琪卒于乾隆十九年，未能及见其事。乃泛言为康雍乾三朝武功之盛。其不合者一也。武昭以后，即暗指乾嘉以后，狗监鹰媒，即满人之为戍将于新疆者。出门攫夺牛羊，盖咸视边回为可噬。三载践更，常情以瓜代为可喜者，而去此腴缺，则翻以为戚也。定庵上镇守吐鲁番领队宝公书，曾引素诚激变乌什，即其一事。素诚虽被戕获谴，继之者终不改。嘉庆二十五年，因南路参赞大臣斌静，淫虐民心尽失，遂肇张格尔之乱。而张乃以出门二句，言官军一方残暴，一方衰颓。于诗语果有当乎。其不合者二也。“三十六城一城反”四语，三十六城，本于《汉书·西域传》三十六城郭之国。定庵上宝公书，亦言回部多古民，汉世三十六城之裔，犹有不者。此自指道光六年，张格尔陷喀什噶尔之事。都护上书，盖指伊犁将军长龄。而期门之或怒或喜，则指禁衙将士。怒者，愤回疆之反，满人之领队大臣被戕。喜者，则喜可借出兵以劫掠，博取富贵，怒者可测，喜者不可测。张乃谓为乾隆十二年金川之叛。金川嘉良小夷，何得蒙西域三十六城之号。而谓期门之或怒或喜，为朝中携心之人多。期门岂得概朝中之人。正当乾隆全盛之时，一僻远小夷之叛，谁敢携心。其不合者三也。“关西藉甚良家子，卅年久绾军符矣。”考杨遇春以乾隆四十四年武举，入督标效用。素无地望，故依汉代例称良家子。良家子者，如淳曰，非巫医商贾百工也。实则亦非门荫子弟。若岳钟琪，则为四川提督骑都世职赐谥敏肃岳昇龙之子。祖为总兵，叔父与弟皆至提督，将门出将，安得以汉代所称良家子目之。至历举钟琪之事，皆与诗无涉。其不合者四也。“不结椎埋儿，不长鸣珂里。声威自震大荒西，饮马昆仑荡海水。”盖言遇春起寒素，守正不交结戚近。时为陕甘总督，声明震于西域。张于此一无所释，且误读不结椎埋儿不长为句，鸣珂里声名自震为句，大荒西饮马为句，句读未分，词义自不能解。其不合者五也。“不共郅支生，愿逐楼兰死。”即述遇春奏请亲率将士剿办之事。上书初到以下十句，见朝臣尚有公论，人主亦破格用材，诏授遇春钦差大臣，率诸君进讨。“麟生凤降岂有种”，“共知汉主拔孤根”，皆指遇春言方切。若钟琪金川之起用，乃出特诏，并未上书。虽非贵戚，亦出将门。中遭罪废，止得谓之起废籍，不得谓之拔孤根。其不合者六也。不知何姓以下，此即当时一大隐秘之事。小侯之瞋，此小侯不知何人，意者或即武隆阿。武隆阿于嘉庆二十五年，任喀什噶尔参赞大臣。至道光三年九月，始调西宁。其在任，尝奏阻回城伯克进京。又奏冲巴噶什，布鲁特，潜回本地者，请宽其禁。布鲁特卡外游牧，请听其便。张格尔之得入卡滋事，未必非其酿成。其条奏八旗生计，请将各省绿营兵马，分半作为旗缺，令驻防子弟挑补。宣宗以其紊言乱政，革职留任。可知其为袒满忌汉之人。此次回疆之役，长龄与遇春同奏请用兵，长龄为伊犁将军，遇春署陕甘总督，宣宗顾用遇春督兵，而不用长龄。满人必多不服。武以曾奏请宽入卡之禁，尤恐遇春陈其失。其借此造谤，当必有因。及遇春用幕客言，请长龄为帅，已愿辅之。遂并用武为参赞。蛛丝马迹，固大可寻。若钟琪起用，仅统四路官军，并未继前经略张广泗之任。而傅恒之自请视师，授以经略，乃在启用钟琪之先。绝非出于钟琪之请。其不合者七也。遇春善战，久结主知。故书到徘徊不下，密问公卿，卒以满汉之见，沮其议者不敢坚持。遂有长龄武隆阿之命。道途之骂，正以遇春请下于人，作茧自缚，自掣其臂。乃谓世人窃怪钟琪之不反。试思当钟琪之世，道路之人，果有此思想乎。其不合者八也。军至三句，言供奉之侈。军过三句，言骚扰之惨，“嬴家长城如一环”，言秦筑长城，严设天险，仅欲摈强胡于塞外，“汉家长城衣带间”，言汉视长城，乃如一衣带水，遂因此而收西域。是秦筑长城，正为汉用。此或借言明清，明人籍关为保守者，清乃用以进取也。“坐见入关仍出关”，言西域已通，往来不觉也。此特借以起长龄武隆阿奏请将逆裔阿布都哈里管西四城回务，并给职衔，为弃回疆之计。盖其时满兵已多怯懦，不肯前进。“入关马行疾，出关马无力”，正见人惮行役而怀归志。承华以下，当即长龄疏内，言及马疲饷匮，转运困乏，遂欲效捐之之弃珠崖，而不顾当日平定之艰难。茂陵叹息，亦以武帝比高宗。张乃以嬴家为汉臣，汉家为满臣，汉人虽为满用，终当驱满人出关。此乃今日之思想事实，强施之于前人，不复顾其词义之安。珠崖之语，谓讽其毋勤远略，正与诗意相反。其不合者九也。张格尔败，为杨芳生擒。红旗奏捷，长龄遂封威勇公，世袭罔替。而遇春仅下部议叙。汉家庙食六句，正定庵代遇春扼腕，勉为旷达之语，归之于命。若钟琪则前已封三等公爵，世袭罔替。金川降后复爵，赐号威信。无一语与此吻合，乃以卫霍指佟国舅，谓大旨以钟琪为鉴，劝汉人勿枉为满效力。试问定庵当日，曾梦想有人为此解释乎。其不合者十也。大抵今日考据家之弊，其于经史文义，不能深究，往往捕风捉影，视为创获，不复计其事实之合，文义之安。诬罔古人，迷误后学。四千余年载籍之混乱，莫斯为甚。若张君，固其中之笃实谨慎者，犹不免此弊，不能不为深喟。然余前作仅明大意，阅者或病其简略。得张君作，乃复详悉辨正，俾得条分而缕析。此则深谢张君之启予也。

与陈寅恪论《汉朝儒生行》书

比闻希白先生言，尊意以为定庵《汉朝儒生行》所咏实杨芳事，拙考以为其中之某将军乃指岳钟琪者误。拙考所提出者乃一假说，未敢遽以颠扑不破也；苟有其他假说能予本诗以更圆满之解释，固不惮舍己以从。然尊说似不无困难之处。考本诗作于道光二年壬午(定庵诗自编年)而叙某将军再起定乱时已“卅年久绾军符矣”。然壬午以前杨芳蹶后复起定乱之事，仅有嘉庆十八年平天理教匪一次。自是役上溯其初由千总升守备(嘉庆二年)相距仅十一年，使所歌者为杨芳，定庵何得作“卅年久绾军符”之语？

然此诗遂与杨芳全无关系欤？似又不然。因先生之批评之启示，使愚确信此诗乃借岳钟琪事以讽杨芳而献于杨者。诗中“一歌使公惧，再歌使公悟”之公，殆指杨无疑。杨之地位与岳之地位酷相肖似也。杨以道光二年移直隶提督，定庵识之，当在此时，因而献诗，盖意中事。次年定庵更有《寄古北口提督杨将军芳》之诗，劝其“明哲保孤身”也。本诗与杨芳之关系，愚以前全未涉想及之。今当拜谢先生之启示，并盼更有以教之。

二十三年三月七日

原载《燕京学报》第15期，1934年6月。

跋今本《红楼梦》第一回

《红楼梦》的考据，虽然还没有做到像莎士比亚的考据一样透彻，但对于这部书的版本和作者，已几乎没有我们说新鲜话的余地——除了碰着埋藏的文籍之意外的发现。但我觉得很奇怪的，这部书的今本开卷，就有一个并不寻常的疑难，却始终没有人指出，并且寻求满意的解答。我相信，这个疑难，任何细心的读者都会在隐约中感觉到，不过没有跟问下去罢了。

今本《红楼梦》以“此开卷第一回也”起，跟住的一段说明这书是一部化装的自叙传，并为这书作一些道德的解辩。第二段却突兀地问：“看官，你道此书从何而来?”以下便引入女娲补天的故事。假如今本的第一段是原书的正文，则这里从文章技术上看来，实有显著的大缺憾。就文意论，这里明白地自相矛盾，而且将下文所构的幻象，为全书骨干的，首先一拳打碎。小说固然是扯谎，但也要扯得像样，使读者忘其为谎。如今在扯谎之前，首先板起面孔，说明自己就要扯谎了，然后突兀地改换嗓子，归入本题。虽说为扯谎而扯谎，也未免难以为情罢？说话如此，作文亦然。我们试为著者设身处地一想，只要懂得作文的初步技术，断不出此。

自然，我们若认定这里表现作者技术的劣拙，便什么问题都没有了。但这种劣拙和全书实不相称。曹雪芹决不是会错误了作文的初步技术的人。而且，我们若将这一段删去，全书不独金瓯无缺，而且适成其天衣无缝。

那么，我们索性假说这一段是后人增添的吧？但是，第一，这假说没有本子的证据，现存最古的本子是有这一段的，非有更强的理由不宜轻改之。第二，这一段不独文体上和原书不差，而且意旨也和我们从别方面可以考见的本书的性质相适合，很不像是后人假作的。

于是我们感觉左右为难。我对这难题的解答如下。

曹雪芹的原本是带着评语的，这些评语也许就出自作者手笔而托于他人，也许一部分是作者所为，一部分是其相知友朋所为，也许完全是其相知的友朋所为。上说的一段就是这些评语的总序或首节，原与正文分开，或用小字，或低一格，或以空白与正文相隔别（因为这一段太长，不能写在书眉），而传抄者误以与正文相混，相沿至今。

我之作上面的假说，有三层根据。第一，在作品上添上自订的评语，原是中国旧日稗传家的惯例，其前如孔东塘的《桃花扇》，其后如梁任公的《劫灰梦传奇》等是。我们若将《桃花扇》原本自订的评语的首段：

若赞礼者，云亭山人之伯氏，曾在南京目击时艰。山人领其绪论，故有此作。

和今本《红楼梦》的开端：

> 作者自云，历过一番幻梦之后，故将真事隐去，而借通灵说此《石头记》一书也。

比较，竟酷相肖似。如书中所表现，曹雪芹雅爱曲文，《桃花扇》宜所熟习，而仿效之，亦是可能的事。第二，本段中“通灵”二字，读者若未阅下文，直无从索解。如本段为原书正文，此二字在这里出现，殊嫌唐突。文章固有时宜预布疑阵，而此处非其伦也。如本段为批注，则读者阅正文后方阅之。其中“通灵”二字自不嫌唐突矣。第三，照中国旧日的文例，非当借他人口吻来叙述自己时，或先标本人名号作正式的、侧重的肯定时，或叙他人事后缀上评语时（如“君子曰”“太史公曰”），似乎没有用客观的地位来称说自己的。于一文或一书的开始，称及自身时，径用“作者”来替代“予”“愚”“蒙”“我”等，这原是现今欧化的文例，旧日所无的。我们习见了这种文例，故此看今本《红楼梦》的第一段不觉得奇怪。实则这一段若是正文，则作者在这里并非从他人口中称说自己，照恒例应说“此开卷第一回也。予（或其他相类之第一人称）曾历一番幻梦之后……”而不应如今本云云。但我们若假定这一段是他人或托于他人的评语，则无足为奇了。

读者也许问：难道文例不会有例外么？会的。但试思例外来得之巧，则我的假说就有理由了。

署名“素痴”，原载《大公报·图书副刊》第17期，1934年3月10日。

甲午战前中国之海军

一、沈葆桢之经营

当同治末年（1874）日人借故进兵台湾也，朝命沈葆桢率福建水师赴台，观动静而备守御。葆桢是时方以前江西巡抚之资格，督办船政于福州。其人既廉正有能，于海军在国防上之重要复知之切；创立造船厂及水师学堂，沿用西洋技士教习，遣派留学生，七年之间，成绩灿然。此后奋勇殉身及临难苟免之著名海军将校，与乎折樯裂舷、沉沦海底之败舰中，颇有为福州船政之产品者焉。葆桢既至台，亲诣日本司令官西乡从导，并巡行其营垒，语之曰，两国海军方始萌芽，同种间遽构战，令西人尽见底蕴，益启窥伺之心，不如各归，大治海陆军，二十年后相见，庶彼此具有规模，不为人藐视。西乡颇受感动，旋亦不得大逞于台，遂罢兵归。甲午战后，葆桢孙翊清奉派赴日观操，西乡犹健在，亲款宴之，出妻见子，备谈前事，曰："日本海军之粗有成绩，不敢忘令祖之赠言。"

西乡归后十年而有甲申中法之役，以考验我国海军之造诣。时葆桢已前卒，然其于海事，亦既尽心矣。初，光绪元年(1875)六月，总理衙门会同户部奏准，于关税厘金项内每年分拨南北洋大臣各二百万两，专为海军之用。会葆桢移督两江，兼领南洋大臣，鉴于畿辅海防重要，以为海军宜先尽北洋创办，分之则为力薄而成功缓，因奏请暂将四百万两尽给解北洋海军，俟其兴办稍有端绪乃已。无何，晋豫告饥，北洋大臣徇朝士请，提海军款以赈，葆桢以为大戚，贻书争之，谓“国家安危所系，其老病不及见，必为我公异日之悔”。然鸿章终不省，旋复移用。四年二月，葆桢奏请将前项协款仍分解南北洋。六年冬，葆桢正力疾调集款项，拟派学生出洋监造新舰，适日本夷琉球为冲绳县。庶子王先谦请兴师问罪，诏交南北洋大臣会议。葆桢遗疏言：“天下事多坏于因循，但纠因循之弊，缰之以卤莽，则其祸更烈于因循。日本自台湾去后，君臣上下，早作夜思，其意安在？若我海军全无基础，冒昧一试，后患方长。”

葆桢卒后，以迄甲午，海军之发展，仅限于北洋，而其规划组织之任，则专属于李鸿章。李乃于天津设水师营务处(初以马建忠主之)，及水师学堂(始终以严复主之)，造大沽口船坞，筑旅顺炮台，奏调淮军宿将陆路提督丁汝昌统领北洋海军，延聘英人琅威理为总查司训练事，益订购军舰于外国。

(本节参考书：沈瑜庆新译《帝国海军之危机序》《沈文肃公政书》、池仲祐《海军大事记》)

二、甲申闽海之战

光绪十年(1884)夏在德国订造之定远、镇远二巨铁甲舰及济远巡洋舰已告竣工，尚未驶来，而中法在安南之冲突日益烈。朝旨严戒海防。五月，李鸿章出海巡阅，值张之洞、吴大澂、张佩纶诸大名士，各奉朝命，联翩出京，道过天津，鸿章邀之，共预盛典。一时纶巾羽扇，掩映于汹涛飞浪间。意气之壮，可想见焉。鸿章归后奏报巡阅情形，略曰："臣先……檄天津镇总兵丁汝昌所统超勇、扬威两快船，康济、威远两练船，齐集大沽口外。镇东、镇西、镇南、镇北、镇中、镇边等炮船齐集烟台。五月二十九日……督率各船放洋操演雁行鱼贯各阵式，帆缆灯旗各号令，及枪炮施放之法，尚能整齐灵便。闰五月初一日，驶抵金州之旅顺口，察勘新筑炮台营垒，全仿洋式，坚致曲折，颇具形胜。道员袁保龄督挖船澳船池，修建军械库屋，工程已及大半；操演水雷、旱雷，均渐熟习。该处……现有提督宋庆等陆军，与丁汝昌水师互相犄角，布置已就绪。设遇海上有事，冀可凭险固守，牵制敌船，使不遽深入。初二日，过烟台，会操各船，声势略壮。……初三日，抵威海，阅看所延德国副将哈孙教演鱼雷，员弁兵匠齐力操作，射放有准，驾驶雷艇，快捷如风，洵为制敌利器。道员刘含芳会同哈孙督操布置，诸务甚有条理。惟该处濒诲，南北西口，地阔水深，若筑台设守，需费极巨，一时不易措办耳。"

是时我国海军显然以北洋一支为较强，其所属船舰，什九造于外国。（超勇、扬威及六镇皆造于英。威远轮机由英厂承办，铁骨由法厂承办，运归闽厂装配。惟康济全为闽制。）南洋及福建两舰队，则大部分以马尾船厂及江南制造局之出品充数。而南洋诸舰，拖船载勇，迎送官吏，习以为常。训练既荒，战备更阙。福建水师之脆弱，则于马江一战而尽见。法人之不向北洋进攻者，殆有见避坚击瑕之义欤？而恶运遂首先降临于侍讲学士，会办福建军务，挟积年清望与盖世英名，而自告奋勇之张佩纶身上。

六月，法舰十三艘陆续抵马江口。于是张佩纶出驻马尾，督扬武、福胜、建胜等十一舰及其他较小之兵船八号、炮船十号以拒守。先是闽督何璟自以书生不谙兵事，属请解职，朝令杨昌濬代之。旋命大学士左宗棠督闽师，皆未至。军事皆主于张佩纶。彼实不知兵，而意气极盛。何璟及巡抚张兆栋，皆曲意事之。彼狃于李鸿章之议，谓和约旦夕可成，戒军士勿妄战，听法船入口。而又瞢然无备。我方主舰与敌舰密迩而泊，或言此险势也，敌若先开炮，则我军立烬。佩纶以为怯，置不理。敌既照会开战时刻，起碇换帜矣，我方诸舰犹屹然住碇如故。及敌弹从至，乃始斩锚链而还炮。是役也，闽海军全部覆灭，造船厂复被毁。而奉命赴援之南洋五舰中，复有二艘为敌轰沉于浙江海面。

（本节参考书：罗惇曧《中法兵事本末》、池仲祜《海军实纪述战篇》、《李文忠公奏稿》、《清季外交史料》光绪十年部分）

三、北洋海军之经营

经此役后，朝中自帝后王大臣以下，咸知以兴海军为号召。十一年九月，诏设海军衙门于京师，以醇亲王为总理，庆郡王与李鸿章为会办。李负办事之责而不驻衙门，醇亲王等驻衙门而无事可办，惟司经费之出纳而已。李于海军，非不尽瘁，然既未之学，复窘于财，荏苒九年，以迄甲午，北洋海军，质量上皆大体仍旧。其睹南洋及闽粤舰队，则更自郐以下，而又不预甲午之役，可无述焉。

是年十一月，鸿章致书醇亲王，陈述北洋海军现状，及其之初步发展计划，略曰："北洋现有船只惟定远、镇远铁甲二艘最称精美，价值亦巨，济远虽有穹甲及炮台甲，船身较小，尚不得为铁甲船，只可作钢快船之用。此外，则惟昔在英厂订造之超勇、扬威两快船，船身较小，更炮巨机巧，可备巡防，至康济、威远等木船，专作练船，海镜仅可装运兵丁，以上三艘皆闽厂所造，旧式也。镇北等蚊船仅可守口，不便在大洋备战。……鸿章前在京师舰面陈俟英德续购四船（按时已定造致远、靖远两穹甲于英国，经远、来远两穹甲舰于德国）到后应归并操练，庶气势较厚，将来饷力稍充，须添购浅水钢快船三艘，鱼雷小艇五六支，合之原有铁舰雷艇，庶可自成一军矣。……前在英厂购到蚊船数支……吃水仅八尺，故先在大沽建坞修理……此坞水底无石，为费颇省。嗣购到超勇、扬威吃水十五尺，不能进大沽，每年赴上海洋商船厂修理已形不便。今又添定远、镇远、济远吃水至二十尺、十六尺……非借英之香港大石坞、日本之长崎大石坞不能修理。……今年始聘到德国监工名启威者，相度旅顺口内地基堪以创建船池石坞，其口门有导海机器挖沙船随时浚深，铁舰可入内停泊修洗，估计坞厂厂房各工……约需银百三十万两，限三年竣工。"以上之计划，除添购浅水快船一项始终未办外，其余部分，逐渐实现，十二年购福龙鱼雷舰于德，十三年购左一出海鱼雷舰于英，购左二、左三、右一、右二、右三五鱼雷舰于德。十八年八月旅顺船坞告成，距甲午衅起才两年耳。

此外，北洋海军之新建设则有威海、大连及胶墺诸军港之经营，威海、大连及旅顺之布置情形，详各该地战事之记述中。胶墺军港之完成，在甲午战役后而又不在战役范围，今不之及。（此文为拙作《甲午战役史》之一部分，故云尔。）

（本节参考书：《海军大事记》《李文忠公海军函稿》）

四、北洋海军发展之停顿

自十四年春，致、靖、经、来四舰驶到后，北洋无复添购外舰之事，船之增者惟十五年闽厂所成之平远一艘而已，盖朝廷于发展海军初无诚意，吝给巨款。十七年四月，户部尚书翁同龢甚且提议南北洋购买外洋枪炮、船支、机器暂停两年。丁汝昌等以我国海军战力远逊日本，添船不容少缓，力陈于李鸿章，李据以入奏，终以饷力匮绌，户部之议得行。然如李鸿章后来解嘲之言，“倭人心计谲深，乘我力难添购之机，逐年增置”。甲午战时日本新旧快船推为可用者共二十艘，其中有九艘自光绪十五年后分年构造，最快者每点钟行二十三海里，次亦二十海里上下。我国诸船定购在先，当时西人船机之学，据说尚未精造至此。致远、靖远二船定造时号称一点钟行十八海里，后因行用日久，仅十五海里。此外各船则愈旧愈缓，黄海战前李鸿章《覆奏海军统将折》中有云：“海上交战，能否趋避，应以船行之迟速为准，速率快者，胜则易于追逐，败亦易于引避。若迟速悬殊，则利钝立判。”此事实鸿章盖早已见及之也。然当户部议兴之日，鸿章何不痛陈利害，反复力争，以求贯彻己之主见？

周馥者，鸿章幕府旧僚，是时方任直隶臬司，一日密告李鸿章曰：“北洋用海军费已千余万。只购此数舰，军实不能再添，照外国海军例，不成一队也。倘一旦有事，安能与之敌？朝官皆书生出身，少见多怪。若请扩充海军，必谓劳费无功。迨至势穷力绌，必归过北洋，彼时有口难诉。不如趁此间时，痛陈海军宜扩充，经费不可省，时事不可料，各国交谊不可恃，请饬部枢通筹速办。言之而行，此乃国之大计，幸事也。万一不行，我亦可站地步。”鸿章曰：“此大致须朝廷决行，我力止于此。今奏上必交部议，仍不能行，奈何？”周馥复力言之，鸿章嗟叹而已。

果也，甲午战起，朝野皆以海军不振归咎于鸿章。是年七月初七日，上谕：“自光绪十年越南用兵之后，创办海军，已及十载，所有购船制械，选将练兵诸事，均李鸿章一手经理。乃倭人自上次朝鲜变乱，经我军勘定，该军败而归。从此蓄谋报复，加紧练兵，此次突犯朝鲜，一切兵备，居然可恃。而我之海军，船械不足，训练无实，李鸿章未能远虑及此，豫为防范，疏慢之咎，实所难辞。”不知鸿章读此作何感想也，而周馥亦可谓有先见之明矣。

（本节参考书：《周顺悫公(馥)自撰年谱》《李文忠公奏稿》《海军大事记》《光绪朝中日交涉史料》卷十六）

五、西后与海军

世之谈海军掌故者，每致憾于西后移海军费修颐和园，使海军发展中辍，为甲午致败之一大原因。王照于《德宗遗事》、罗惇曧于《中日兵事本末》、沈瑜庆于中译日本《帝国海军之危机序》、池仲祐于《海军大事记》中均有此说。至移用海军经费之数目，罗氏云三千余万，沈氏云二千余万，颇有出入。王、罗皆曾广交朝中缙绅，而沈、池皆海军界耆旧，其言宜非齐东野语可比。惜予寡学，至今尚未能详细迹溯此事之第一手的文籍证据。按李鸿章《海军函稿》，光绪十二年五月二十四日，有《内提要款请指发解还》一函，致醇亲王者，中云“奉宸苑承修三海工程款不敷用，奏准于发存汇丰银行生息船款内，暂提银三十万两”。夫自京师海军衙门成立后，海军经费已入于醇亲王等之手，鸿章凡有所需，只能向该衙门请领。此所挪用之款，乃早已发交鸿章者也。夫既已发出之款，尚可提借，则其未发出者更当何如？为三海之工程可如此，则为颐和园之工程更当何如？又按于式枚所编《李文忠公尺牍》，有《致两江总督曾国荃》一函，商请拨海防经费为西后筑颐和园者。以予所知，此为王等传说之唯一确证，然其于移用款数，无明文也。

据李鸿章《海军函稿》，北洋海军经常费，在致、靖等四舰下水之前，岁不过百二三十万。其后当亦不过百四五十万两。此外，临时之大宗支出，在海署成立后者，不外旅顺船坞建筑费百四十万。威海、大连军港建筑费各四百万，盖自光绪十一年九月（海署成立）至二十年八月（甲午战起），凡八年间北洋海军支出平均每年至多不过二百六七十万左右。而每年收入，则各省从前分解南北洋之款，拨归海署，名四百万，实可得二百万内外，海防新捐可得二三百万；自十三年后鸦片加税解海署年可二百余万。出入相比，大有赢余。惟海署供给东三省练饷为数亦颇巨，即报效园工，当不至有二三千万之多耳。关于本问题，在海署报销册（如其有之）发现以前，吾人所得而推论者大略如上。

六、琅威理之就聘与去职

光绪十六年我国海军界发生一重要变迁，即英员琅威理(Captain Lang)去职是也。泰乐尔(W. P. Tylers)曰，“当时不知此为关系全世界之大事，实则然也。琅去而(中国)海军衰坏，日本之敢借朝鲜事与中国挑战者以此。其后能获胜者以此。因日本占朝鲜，故有日俄之战。因俄国战败衰弱，故启德国席卷世界之心”。斯言虽夸，非无根也。琅威理者，故英国海军大佐，于光绪八年始加入北洋海军，主持教练。彼精于所业，精而勤于任事，为僚佐所敬惮。一时军容顿为整肃，中外交称之。先是我军与驻防外舰向无交际，海上相遇，不通问讯。自琅任事，始讲迎送、庆吊、往来之礼。十年中法事起，琅回避去职。越二年乃复职。是岁丁汝昌率定远、镇远、济远、威远、超勇、扬威等赴朝鲜海面巡操。既毕，前四舰入长崎船厂坞理。我水兵因恋妓与日捕口角。次日水兵休假登岸，日捕堵塞街巷，聚而攻之，街民亦持刀追杀，死伤甚惨。时琅威理从行，力请汝昌，即日宣战。汝昌不敢从，终受赔款了事。初北洋之用琅也，畀以提督衔，以示优崇，本非实职。而军中上下公牍，则时有丁、琅两提督之语。故自琅及诸西人视之，中国海军显有中、英二提督，而自海军奏定章程言，只有一提督。十六年春，北洋舰队巡泊香港(冬季北洋封冻，海军倒巡南洋)，丁汝昌以事离船。依例提督外出，则下提督旗而升总兵旗。总兵刘步蟾令照办，琅威理争之，以为丁去我固在也。何得遽升总兵旗？不决，则电质于北洋大臣，复电以刘为是，琅遂拂然告去。或谓闽籍将校恶琅督操甚严，而刘(闽人)与琅有违言，不相能，乃以计逐之。琅去，海军纪律大弛。自左右翼总兵以下争挈眷陆居，军士去船以嬉，每巡南洋则相率淫赌于上海、香港。

然琅去职后，对北洋海军始终保持良好之印象。高升事件之后，黄海之战以前，琅尝著论刊于英报，曰："中国海军实有不能轻视者，其操阵也甚精，其演炮也极准，营规亦殊严肃，士卒亦皆用命。倘与日本海军较，中国未尝或逊。……至中国考试海军之道，较诸英国，则似稍滥。所尤惜者，文官每藐视海军将弁……世禄之家，不屑隶名军籍；日本则视武员为甚重，尝有亲王子弟，宗室近支投入水陆军营，愿效微力者。以此相较，中国信有不及日本之处。虽然，中国海军之力，四年前已称充足，时予正握大权，曾于深夜，与其中军官猝鸣警号以试之，诸将无不披衣而起，各司所事，从容不迫，镇静无哗。而华人聪颖异常，海军虽练习未久，然于运用炮位，施放水雷等事，无不异常纯熟。即如日前英国兵舰操时不幸域多利亚铁甲座船偶被他船误触，遂至沉溺。中国海军操演极熟，断不致有此意外之忧。……其沿海各炮台，亦均精整。前听鄙人筹划，在威海卫炮台安置克虏伯巨炮三十六门，其炮架皆用活机，便于升降，鄙意此处堪称金城之固，日舰断不能敢于此一逞其能也。"证以后来之事实，琅氏之印象，盖非夸诞。然孰使其善意之寓言，终于不验哉?

自琅氏去职后，先后加入舰队之洋员至少有六人：在定远旗舰者为英国退伍水兵尼格路士(Nicholls，其后死于黄海之战)，德国工程师亚尔伯利希特(Albrecht)，在镇远者有德国炮术家赫克曼(Heckman)，及美国航术教师麦吉芬(Philo M. Gifhn)，在致远者有英国工程师普菲士(Purvis，大东海之战与邓世昌同沉)，在济远者有德国工程师哈富门(Hoffmann)，皆位望甚低，不预机要。其后战时加入之洋员中，有德国陆军工程师汉纳根(Von Hanecken)及英国海军后备少尉泰乐尔(W. P. Tylers)，位望较崇，然亦无实权，只备顾问。丁提督自知于海军技术为门外汉，遇事㧑谦，然既不能完全信任洋员，复与之有言语隔阂，大权遂尽落于其部下最高官佐，英国海军留学生(出身马尾水师学堂)，右翼总兵，旗舰管带刘步蟾手。凡战略之决定，号令之发施，皆彼主之。此事实上之提督，北洋海军之存亡所系者，不幸如后来历史所展现，乃一变态之懦夫也。

(本节参考书：W. P. Tylers, *Pulling Strings in China*；《李文忠公尺牍》第二册；《海军大事记》；《东方兵事纪略》；林乐知、蔡尔康《中东战纪本末》卷七)

七、甲午战前之大阅

今于本文终结之前，当略述甲午海军大战之序幕，即是年四月北洋海军大阅之壮观而与甲午战前之大阅遥遥相对者。此本循例之举，盖先是十二年丙戌醇亲王等巡阅归后奏定，继此每四年巡阅一次也。然是时东学党之乱已起，日本将侵朝鲜之流言已兴，备战之需要，朝鲜盖多感觉之矣。大阅起初三迄二十一，绵亘十九日。李鸿章以年逾七十之老叟，久犯风波，可云健者。惜乎关于是役之报告，吾人所得，惟官样文章，只记外表。而李鸿章之出巡，亦只能奉行故事，其所得而阅见者，亦只外表而已。兹参据李公奏报及蔡尔康所辑日记(见《中东战纪本末》卷一)，略表一时之感。

初三日：傅相自天津节署出，首冠凉帽，缀以头品顶戴，身穿黄马褂，乘紫缰舆，至紫竹林招商局，集诸随员，共登海晏轮船。旋鼓轮起行，各营站队两旁，炮声隆隆。

初六日：海晏自大沽口出海。诸兵舰左右随行，帅节巍坐船头而远眺之。随船海军员弁，日间以旗帜为讯号，夜间以灯光为号。各舰均站桅班，掌军乐，炮声隆隆。

初七日：入旅顺口，接见守将宋庆。李所信任洋员天津税务司德璀琳(Detring)亦乘官艇来谒。抵码头，会海军帮办定安，旋答拜。

初十日：帅节乘小舢板出海口，先看演放水雷，次看炮台营打靶，旋往视水师学堂。是日，英兵船两艘，日兵船一艘，来观操。

十一日：看海军演阵。凡演一阵，各舰放炮三次。演至掎角攻敌阵炮声不绝。是日，美兵船两艘，日兵船一艘同到。

十三日：帅节在大连湾。申正赴美国兵船，拜会其舰长。入夜众舰悉张电灯，而诸铁甲舰悬灯桅顶，其光旋转，四面可射三十里许。鱼雷六艇演偷营法，黑暗中驶入重地，各兵舰疾开枪炮拒敌，山颠炮台，亦张电灯，其光更巨。

十四日：上午定、镇等七大舰演放鱼雷，均能命中。午后各舰次演习打靶，于驶行之际，击笃远之靶，发速而中多。经远一船发十六炮，中十五，广东三船，中的亦在七成以上。是晨，日、法、俄海军官来谒，款以茶点。

十七日：帅节在威海卫。挑选各舰水兵枪队二十名，打靶，每名三出均能全中。夜间合操水帅全军，万炮齐发，起止如一。英法俄日海军官来观者，皆称为节制精严。

十九至二十一日：帅节经青岛、烟台、山海关以返天津，到处检阅炮台及防营。

鸿章于巡视结果，深为满意，至少在其奏报中，对北洋军，只有褒誉之词，绝无指摘之点。然鸿章却忽略一命运所关之事。彼曷不一查问各舰中子弹之储备？最可异者，当时军械局长张士珩，及以俾斯麦自命之德璀林均在左右，竟无提醒之者。盖定远及镇远之十吋口炮，为本军最巨之炮，而日舰各炮所莫敌者，其战时所用之开花巨弹通共只有三枚，定远旗舰存一枚而镇远则存一双也。即其练习用之小弹亦奇绌。其后开仗时，欲求添补，竟已无及，是为黄海大败之一主因。此事自1929年泰乐尔之自传发表后，世始得知其详。据云，前此一年鸿章已从汉纳根之议，令制巨弹，备二主力舰用，为军械局总办所尼，未得实行。此时汉纳根已不在场，然鸿章奚竟忘之？

原载《大公报·史地周刊》第1、2期，1934年9月21日、28日。

甲午中国海军战迹考

一、丰岛之战

丰岛之战发生于甲午(1894)旧历六月廿三日，实中日正式宣战前七日也。据日人之报告，此战实以我方为戎首，[①] 而我方之报告则反是。不幸第三者之见证阙如，欲判此公案，请略察事前两方在朝鲜之布置。

日本之大举增兵朝鲜，实在东学党乱息之后。依《天津条约》，此时两方均宜退兵。于是我驻韩商务督办袁世凯与日驻韩公使大鸟圭介定议，各阻续来兵。李鸿章得袁电即按兵不发，并令华军之在汉城(朝鲜京城)者调回牙山，其甫至牙山者止勿进；同时整饬归装，订期内渡，以便派船往迓。然日人一方饰词推宕，一方加速济师。袁世凯以“日人前言俱食，后言何(置)信”，力请益兵，我驻日公使汪凤藻亦以为请。李鸿章曰：“日兵分驻汉(城)、仁(川)，

① 《清日战争实记》(桥本海关，由日文译汉，不著原撰人)，第一三三页。

已占我先着，我兵逼处易生事，远扎则兵多少等耳。……我再多调，日亦必添调，将作何收场耶?”此五月廿日李复军机处之言也。“远扎兵多少等”，盖是遁词，而鸿章力避战衅之苦心，则既昭然若揭。①

日人顿兵韩境之口实为监督韩人改革内政，而堂皇然邀中国赞襄其事。中国自不能从，惟责其遵约撤兵。五月十九日，日外务大臣陆奥宗光照会汪使，谓“帝国政府之不遽行撤兵……系遵守《天津条约》之精神(!)……假令贵国政府所见相异，帝国政府亦断不能发令撤去现驻朝鲜之军队”。② 日人在韩之企图至是乃图穷匕见。其后陆奥于所著《蹇蹇录》中言：“余自始对于朝鲜内政之改革，并不特别注重。……余假此好题目，非欲调和已破裂之中日关系，乃欲促其破裂之机，一变阴天，使降暴雨，或得快晴耳。”六月廿一日大鸟率之“逼宫”，天之变阴也；越二日丰岛之战，高升之沉，暴雨之始降也。

直至宣战时，我国方面，当外交之冲者为总理衙门，负军事之责者为直隶总督李鸿章，而二者不相统属，又无联络。总理衙门对日不轻退让，李对日不轻言兵，遂使和既不成，战亦无备。迁延至六月中旬，俄、英之调停，先后绝望，朝廷密谕鸿章速筹战备。李乃一方面派总兵卫汝贵统盛军六千余人进平壤，提督马玉昆统毅军二千进义州；一方面在津抽调精兵二千余援牙山叶志超军。先是我军在韩者仅牙山一支，为数仅二千五百人，而日军之在韩者，早已

---

① 《清季外交史料》卷九一，第七页、十四页；《李文忠(鸿章)公全书》，《奏稿》卷一五，第四十页。

② 王芸生：《六十年来中国与日本》，卷二，第二八、二九页。

数倍之矣。鸿章虽被迫进兵朝鲜，犹冀和议万一有转圜之望。故于六月十八日犹电叶志超云：“日虽竭力备战守，我不先与开仗，彼谅不动手。此万国公例：谁先开战即谁理绌。”[①]夫主帅既力持慎重，而在丰岛遇敌之海军二将方伯谦与林国祥，如后事所示，又绝非急于进取之狂者。谓我方启衅谁能信之？

且也，终丰岛之战，我海军在朝鲜海面者仅济远、广乙二舰。济远重仅二千吨，速率仅十五海里，炮止十二门，在我舰队中居第三等；而广乙则尤下，重仅千吨。如是薄弱之力，安足为进犯之师？又况所遇者为日本海军之精英，吉野（重四千二百余吨，速率廿三海里，炮三十四门），浪速（重三千七百余吨，速率十八海里，炮二十门），秋津洲（重三千余吨，速率十九海里，炮十九门）；任取其一，亦足以敌我二舰而有余。[②] 方伯谦等苟非乐死恶生，何致擅自撄敌？

以此二故，吾人于华方挑战之说不能不加否认。

然尔时济远、广乙二舰，以何因缘，而伶仃出现于丰岛附近？李鸿章援牙山之军，租英国商轮爱仁、飞鲸、高升等载送，而操江运船载辎重随行。诸船之发也，鸿章命北洋海军提督丁汝昌酌率能战之舰，往朝鲜海面游弋，以策应之。据《冤海述闻》[③]，丁派济远、威远、广乙先行，而约定己即率大队接应至。六月廿二日下午三时，大队在威海已升火起锚矣。丁电李鸿章告行期。总兵刘步蟾

---

① 《李文忠公全书》，《电稿》卷十六，第二五页。

② Vladimir（pseud.）*China-Japan War*，p. 119（原印本）.

③ 此文不著撰人，亦未见单行本，惟全载于《普天忠愤集》（亦不著撰人）卷五。又节录于《中东战纪本末》（林乐知、蔡尔康辑）卷四，第八一至八六页。

惮行，揣李方主和，必避衅端，乃于电内私增“遇倭必战”四字。李果为所悚，复电令缓行。其后李致丁电有“吾用汝不着，候日俄启衅，令汝观战，以长胆识”等语，盖旋觉其怯，而讽之也。丁不知刘私添电文，接此乃不解其何意云云。然今检《李文忠公电稿》，中存甲午战时与诸将之电文甚多，却无此二电，岂编者故为缺略欤？

济远等三船，以二十一日，即大鸟逼宫之日，抵牙山。翌日寅刻，威远赍电报往仁川拍发，午刻赍恶消息返，汉城变起，电线已断。威远管带在仁川又晤英舰长，闻日大队兵舰将至。是日爱仁、飞鲸先后抵达。济远管带方伯谦饬船弁，督催水手，速完起运。又令威远木船乘夜先归。次晨四时，济远、广乙，鱼贯出口，七时半，将离汉江之际，与日舰队遇。[①]

继此即为中日决裂开端之丰岛海战。关于此一句钟余之小小交绥，不独中日两方之报告互有出入，即我国之记录，亦多抵牾。除极抽象之轮廓外，旧史所承认之细节，由今观之，几于无一不成问题。乃知严格考信之需要与艰难，于近世史初非例外。为明此义，今以推论之历程著于篇。

第一，涉及开战之情形者，除日人诬我方肇衅之说，今不采外，我方至少有三报告。其一谓济远等当出口时，尚不虞有战事，故一切无备，及见日舰开火，始仓皇应付，比及还炮，已阅半小时。此济远工程师德人哈富门目击之记述也。[②] 另一报告，则谓济远管带方伯谦先一夜已为迎战之布置，是晨出口本“预备御敌”，及见日舰队“取势而来，知其有异，遂令广乙严奋备战。（两方）驶近

① 《冤海述闻》。

② 《中倭战守始末记》（不著撰人），卷一，第十八页。

一万码左右，忽听倭督船先发号炮一声，倭三船并起，均向济远轰发。济远亦将前后大炮，左右哈乞开司炮，即时均捣倭督船”。此《冤海述闻》之说也。是书不著撰人，乃为方伯谦鸣冤而作，盖出其朋僚身预战役者手。内中实录与诳语杂糅，吾人宜分别观之。就此处所涉及之点而论，吾人毋宁信哈富门之说，而疑《述闻》。盖后者志在为方氏洗刷，言有备则显方氏之功，若言无备则增方氏之罪。哈富门无为方氏遮瞒之必要，而亦无嫌于方氏，其关于丰岛及黄海两役之报告，大体上毋宁有利于方氏也。又据广乙管带林国祥之报告，济远等抵牙山之次日，即六月廿二日，“忽见一倭铁甲舰在白石浦外游弋，既而济远管驾方伯谦即扯号旗，令我等速起火开船回华，半途（若）遇见高升等载兵商轮，可令其速回威海卫或天津。……但是时广乙所带小火轮已（拖运船）进白石浦江……（致广乙）未能即时开船；延至二十三日四点钟，天微明时，方得起碇与济远同时出口西回，其威远兵轮因货早已卸尽，于是日二点钟乘夜驶回矣”。[①] 此言济远等之出口，乃起程归国，而非为作战计，与哈富门说契合，盖信谳也。而《述闻》则绝不吐露此消息。

第二，涉及广乙之遭值者。《冤海述闻》载广乙逃回水手头目蔡福等之报告，谓“初开战时，倭船均向济远攻击，后分一船击我船（广乙）。船主令开放鱼雷，放不出口。船主曰，事坏矣，即下龙旗。倭船亦去，合击济远。我船虽中数炮，均非要害，行驶如常。直驶至山边浅水，大副与三副说，外边有倭船来，即令舢板放下，移舵傍山。福未听船主口号……后被鱼雷舱二等水手裘仲三赶去，

① 《中倭战守始末记》（不著撰人），卷一，第十二页。

舵亦被接去。驶傍山(隈)，船主并船上人等皆下舢板。船被火焚。到山时近九点钟”。然广乙管带林国祥等生还至仁川时，对外国访员自述经历之谈话，则与上文大相违异。计针锋相对之点有三：(1)则谓敌舰首先攻击之对象，非济远而为广乙。盖济远先过日舰队之侧，日方并未扯旗请战。及广乙行至一日舰对面，该舰即开一炮击之。济远见状，并不回轮助战，惟添煤足汽，逃遁回华云。(2)则谓广乙曾经久战，而非匆遽离阵。盖济远逃后，林国祥犹率部下百十余人鏖战达二时半之久，乃将广乙驶近日舰，以便使用水雷。不幸水雷洞适为敌炮击毁，惟水雷幸未触炸云。(3)则谓广乙实受重伤，其搁浅见弃，实不得已。盖广乙舱面为一开花弹所炸后，复应战久之，敌见其损毁已甚，行将沉没，舍之而去。林国祥勉强驶近一海岛搁浅，乃毁炮焚船，而率残卒登岸云。[①]

以上之异说，吾人究当何所去从?《冤海述闻》及林氏自白均非无所图之记载。《述闻》为方氏辩护，利在铺张济远之战绩而将广乙之责任加重。林氏为己辩护，利在铺张广乙之战绩，而将济远之责任加重。然方氏全舰而归，其诿卸责任之需要小；林氏丧舰降敌，其诿卸责任之需要大。此为吾人特别致疑于林氏自述之理由。然毕竟林氏自述虚诳至何程度，吾人今日尚无充分证据，以作确定之判断也。

第三，涉及济远等初遇日舰之时刻者。据哈富门，此时“将近(上午)九点钟”；[②] 据《述闻》，此事在“七点半”钟。然据其后出现

---

① 《中倭战守始末记》(不著撰人)卷一，第十二至十三页。

② 《中倭战守始末记》(不著撰人)，卷一，第十七页。

于战场之高升船之大副Templin 氏自述，[①] 彼是日守更自上午四时至八时，约七时半察见济远悬白旗驶来，则济远等之遇敌似当在七时半以前矣。哈富门之说似当见摈，因高升之与济远、吉野等相遇，乃在两方开战之后，其时据各方不谋而合之记录，已是九点钟左右[②]。而广乙败逃搁浅，其船员相率登陆，亦已在九点钟许。则济远等之遇敌当在其前也。且 Templin 为守更之人，其对时刻之观察当最正确，其报告作于事后仅数日，而此处又绝无作伪之理由，其言宜为吾人所信赖。而据中日各方报告，济远在逃遁前至少曾经一小时以上之鏖战。吾人若采 Templin 之说，则须将开战时刻移至六时半以前也。

第四，涉及济远管带方伯谦在此战中之地位者。当时流言，谓方于敌开炮时，匿入舱内。时仅大副、二副立吊桥上；彼等请令还炮，方迟不发。[③] 旋树白旗而遁，日舰追之；继树日旗，日舰追如故。有水手某睹状大愤，自动开炮；敌舰大创，乃始退却云。此说大致上为传统记载所采用。然《冤海述闻》则谓方氏始终在外督战；当敌炮中济远望台，大副沈寿昌阵亡时，“方管带与并肩立，血尚沾衣也”。其后济远之发尾炮退敌，《述闻》谓实出方氏号令。

《述闻》自为左袒方氏者之作。然与上述不利于方氏之传说，其来源又如何？据《述闻》，是说乃出于天津人穆晋书。穆为济远鱼雷大副，在丰岛之战中，放鱼雷不出，后为方氏所黜者。[④]《述闻》布

---

① *China-Japan War*, appendix C. 第三报告。

② *China-Japan War*, pp. 350、351、354.

③ 《中东战纪本末续编》卷三，第二页。

④ 日方报告，谓济远被追时曾放鱼雷而未命中，与此合，参看 *China-Japan War*, p. 96。

于甲午乙未间，此事在当时似不能诬。今姑不论前说之来源若何，试从他方面判断其可靠之程度。

甲午我方参战之海军将校中，方氏在国内蒙谤最甚。黄海战后，方氏且在临阵先逃之罪名下，正法军前。至今本国史教科书尚有方氏为懦夫之榜样。然可异者，丰岛之战中，日方主帅伊东祐享所得之印象则殊不尔。其后当威海卫之围，我海军将校程璧光赍降书诣伊东时，伊东问曰："牙山之役(即本文所称丰岛之战，丰岛近牙山也)，方伯谦甚谙海战，何故杀之?"程答曰："上命也。丁公(汝昌)殊不愿。"[①]以此观之，方氏当时决非仓皇逃遁，毫无指挥，而侥幸苟免者。《述闻》谓"是役倭人犹有以济远能战之图散卖市上"，其言殆非子虚。又据济远德工程师哈富门之报告，方在丰岛及黄海两役中均可称尽职。[②] 又池仲祐者，"弱冠从事海军……(甲)申、(甲)午两役死绥将士多与……有情愫"。[③] 其作《海军实纪·述战篇》，叙方氏在丰岛、黄海两役之经历，多与《述闻》合；其作《海军大事记》，于方氏之死，亦云"军中冤之"。[④] 可知方氏当日所予同袍之印象为何如也。

准是以谈，避匿之事，于方氏为不类。夫汉城之变，敌舰之来，方氏先一日已有所闻。孤军拒敌，上令未颁，果亟偷生，曷勿舍广乙宵遁?既遇敌舰，战力倍蓰于己，苟其畏死，亦何难如厥后操江之所择，立即纳降?此皆不为，而托庇于济远之铁甲，已非吾

① 《中东战纪本末》卷四，第四八页。
② 《中倭战守始末记》，第十八页。
③ 《海军实纪·作者附识》。
④ 《海军大事记》，第十一页。

人所能想象。且方氏避匿之事，若有实据，丁汝昌、刘步蟾辈何以不加纠弹?《述闻》谓彼等与方氏平素有隙，借曰一面之辞。然其后黄海之役济远与广甲同先离阵，而方氏独被罗织以丧其元，则彼等之非有爱于方氏亦可概见。将谓方氏销灭证据耶?则当时生还之士卒为数尚多，讵能除与方氏有隙之穆晋书外，尽被掩口?《述闻》谓李鸿章派洋员汉纳根质证此案，至将济远管旂头目勒禁拷问，久不诬服，案乃寝息，殆是事实。方氏既无避匿，则水手愤而自动发炮退敌之说殊不可信。

济远逃时，曾树白旗，高升乘客目击者多人，其报告不谋而合，决不能诳。[1] 今待问者，方氏之出此，果真欲降耶?抑如其后来所云，以“诈敌”[2]耶?于此吾人似不妨放胆一信方氏之言。彼诚立意投降，则毋须逃遁；及敌舰迫近，更不容发炮击之。

吉野追济远，中道引还，日方之报告谓由于吉野舰长疑定远要候于仁川附近；我方之报告则咸谓由于吉野受伤。[3] 后说之可靠性似为较大。吉野此时若力足以覆济远，则当不因惧定远出现而舍弃之。盖吉野速率每小时二十三海里，极易逃避速率十七八海里之定远也。然若谓吉野舰长疑我海军主力，并鱼雷艇等埋伏于后，惧为所袭，则非不可能者。

比较中日两方之记录，并参以上文考证之结果，则丰岛一战之经过大略如下：方伯谦等率济远、广乙、威远三舰，以六月廿一日抵牙山。次日，闻汉城变起，敌舰队将至，方乃令诸舰准备回华。

---

① *China-Japan War*, Appendix C.

② 《李文忠公全书》,《电稿》卷十六，第三五页。

③ 《清日战争实记》，第一三三页;《海军实纪·述战篇下》，第四页。

因广乙所属小火轮拖运在口内，未能即归，方乃令最弱小之威远先行，而济远、广乙延至廿三日黎明时始起碇。将出汉江，与日舰吉野、浪速、秋津洲等相遇。两方互相猜疑，未交礼号。相近万码许，吉野旗舰忽响一号炮，于是日方三舰炮火齐发。两方鏖战互一时许。广乙受殊伤而放鱼雷不出，遂先逃至朝鲜十八岛附近搁浅，日舰未之追。管带林国祥率船员下舢板登陆，而遗火广乙之火药库焚之。林等登英舰亚细亚号回国，将发，日兵遮之，胁署降服状，乃纵之归。济远拒战甚力，其望台中炮，大副沈寿昌裂脑死，方管带初与并肩立，脑浆与血沾其衣。前炮台继中炮，二副柯建章为之洞胸，学生黄承勋为之断臂。方见力不支，乃悬白旗于樯头而遁，日诸舰追之，途中在舒潭岛附近与载兵赴牙山之操江、高升遇。日诸舰乃暂置济远，继乃以秋津洲截高升，以浪速截操江，而以吉野续追济远。吉野迫近时，济远后炮猝发，中其望台后，吉野旋退还。或曰，吉野之退，虑后伏也。①

操江先与济远值，得闻战讯，立即反轮，至下午四时终为浪速追及。管带王某不知所为。时有丹麦电信技师穆伦斯德 Muhlensteth 受雇赴韩，适乘是船，因劝王降，而将重要文件付诸炉火，王氏从之。又劝投所携饷银二十万于海，未及行而日兵至。降众为日人押归日本，颇受凌虐。或云，日兵未至时，有队长某坚欲开炮，为王氏捆投海中，溺焉。②

---

① 姚锡光：《东方兵事纪略》卷四，第六页；《海军实纪·述战篇下》，第四页。

② 《清日战争实记》，页一三三；《中倭战守始末记》，卷一，第五页；《东方兵事纪略》卷四，第七页；*China-Japan War*, pp. 98、355、385；《光绪朝中日交涉史料》卷十七，第九页。

秋津洲先值高升，即传旗下碇。继反轮向前进之吉野、浪速，三舰似以旗语互商者。无何秋津洲复趋高升，炮管咸露，直指向之。至相距四分之一里许，乃止不进。一小舟自舰下，向高升而来。舰中军官言于同行之洋员汉纳根(李鸿章顾问)请告船主，彼等宁死不降。众复鼓噪应之，秩序大乱，汉纳根力为劝抚，众乃少安。日艇载二军官至，其一迳造船主 Galsworthy 室，验其一切凭证，并问高升能否随秋津洲行，船主抗议之后，表示惟有遵命。日艇去后，汉纳根译布交涉结果，一时怒声沸腾。将士挥剑拟枪，言若敢起锚，则尽杀船中西人。又派数兵监视船主。秋津洲“立即起行”之令复至，汉纳根乃言于船主，请以旗语约日艇再来。至则汉纳根亲至船腰道口与日官议，惧其上船遭害也。日官立于梯口，手握剑柄以言。汉纳根告以船中景状，求许其驶回天津，以出发时两国尚未开战也。日官允反告而退。顷之日舰旗信出，曰“立即离船”，为船中西人而发也。时船中各口已为华兵截守。复信曰“未被容许”，继以“请派一艇来”。日舰答曰“救生艇不能来”，而令即离船之号旗尚飘扬也。瞬间秋津洲鼓轮转徙，直对船腰，同时汽笛长号，惊人心魄。俄而红旗上升于前桅，继之，鱼雷射出，未得命中。而秋津洲六炮齐发，其桅顶之机关枪复应之。高升煤舱立中炮。一时黑氛煤屑，弥漫海天。船之末部先沉，逾半时始全没，时一点三十分钟也。桅顶尚露，其上攀援呼救者累累然。船没前，华兵一部分投海中，一部分据船还枪。其凫水逃者，一方面为日人放艇搜射，一方面复为船中同伴轰击。高升载兵一千二百人，炮十二尊，得还者，通船员实仅百七十余人耳。李鸿章之奏报，却谓高升“载兵勇九百五十人”，“先后救回二百五十一人”。汉纳根凫水至一小岛，得庆生还。船主及大副为日人所救。右之叙述乃参据此三人之报告[①]，其为我国史家利用，此尚是第一次也。

使李鸿章、丁汝昌深知战略，宜不止定远、镇远等之行。李下此着棋之唯一理由，不外“我不先开仗，日谅不动手”之信赖耳，而不知日人竟动手也。是役也，日人既在海上夺我先声，后损我陆军精锐，而绝牙山之援，使陆路第一次交绥中我方之败益惨，其影响于后来战局非少也。其后在天津捕获日本奸细一人，供称曾预先采得操江、高升等之行期，电闻本国。此奸细被发现于军械局总办张士珩所用某书办家。[②] 张士珩者，李鸿章之外甥也。时人颇以此诟李鸿章。

二、黄海之战

国人于中日战事之乐观，至平壤、黄海连日之大战后，乃始失据。丰岛之败，高升之沉，犹是以少御多，且无戒备，未足示弱也。汉域变后，牙山叶军已不能与本国通电信。丰岛战后，北洋海军力避远出，叶军海道之联络复断。于是李鸿章之于叶军只能雇英船往探其消息而已。七月初一日，即宣战之日，船回，报言“六月廿五六日叶军屡胜，倭死二千多人，叶兵死二百人”。先二日华商自仁川逃回者亦云：“廿三，叶与倭开仗，倭兵三千，死一千余，我伤亡百余。倭兵已往北退。”牙山叶军，益以爱仁、飞鲸所运，不

---

① *China-Japan War*, Appendix C。汉纳根之报告及高升船中水手之供词，曾译登当时华报，汇载于《中倭战守始末记》卷一，第五至六页，惟译文不全，亦不甚正确。

② 《光绪朝中日交涉史料》，卷十六，第三五页。

过三千余人，而杀敌已同此数，是诚足以自壮之事！迨初五日唐绍仪自汉城归，始得牙山败讯，犹以为胜后少挫耳。此后即不知叶军下落。至廿二日左宝贵等自平壤电述叶氏报告，始知彼军已退至平康，将达平壤。朝廷以其孤军援绝，败固预期，而不知其败状如何，又深信先入之捷报，竟以为叶氏知兵，盛加赉赏。是时华兵先后集平壤者有马玉昆、丰升阿、左宝贵、卫汝贵四军，都万四千余人，而无主帅。廿五日，朝旨遂以“叶志超战功夙著，坚忍耐劳，着派为(诸军)总统”。马、左、卫、叶四军皆李鸿章旧部，练习西式枪炮多年。除日人外，众皆谓其堪当一战。初不料日人八月十四日来攻，平壤大军于十七日即瓦解也。其翌日北洋海军复大败于黄海。[①]

今于详叙此海上大战之前，请一回溯丰岛战后五十余日间北洋海军之所历。李鸿章、丁汝昌等原定之海军策略为一方面固守自大同江口(朝鲜境)至威海卫间之海岸，以舰队巡弋于其间，而弃牙山之叶军不顾；一方面添购外舰，扩充实力。

购舰事，洋员泰乐尔(F. W. Tyler)主之最力。泰乐尔者，英国海军后备少尉，原任我海关巡缉舰长，因欲为此世界第一次新式海军大战作报告而投效于北洋海军者也。其后来追述购舰事之始末云：“予与德璀琳(Detring，德人，服务天津海关，兼为李鸿章顾问)及汉纳根讨论战略时所贡献之意见如下。电购智利国某新巡洋舰(予忆其名为‘五月十五’)，为世界最捷之舰者，开来中国。无论所索何价，即照付之，毋与龂论，毋稍稽延。此舰付予指挥。其

---

① 《光绪朝中日交涉史料》卷十五、十六。

中原有士官之一部分当愿投效，余则予自能召募补充之。炮手、炉夫、水手等可用华人。予将以此舰扰乱敌人之后方海陆。倘能使我方海军之出动延至予舰出发后，则万事皆妥。盖如此则彼等之首务将在捕捉予舰。彼等将留吉野及其他快舰防诸煤港。如此则我方舰队之利也。……使予舰奏功，彼等将悔开战之孟浪耳。与议者言，类此之策亦曾思及而予意适与符同。总督亦韪此策。数日后闻购舰事已办妥，予为之手舞足蹈，心中充满用人储煤之计划，而为海军界作报告之事已成为次要矣。两星期后忽来一大打击：智利方面所拟价并未包括军械，或保留原有军械（二者孰是，今已不忆），议遂寝。如是历史乃造成。日人于此事间接或直接有影响乎？盖不独疑似而已。"[①]予按军机处《到电报档》存有七月廿二日到之李鸿章一电，内云："智（利）二轮，雷（水雷）炮军装全可，由智（利）走直线，约十六日到吕顺（吕宋）。克锡（作者按：当为经手人）约二十（日）画押并定议各费（及）行期。"[②]又军机处《电寄档》存有七月二十六日寄英使龚照瑗一电云："奉旨前议购智利两轮，龚照瑗廿四日电称智利忽毁议。究因何故翻悔，电语殊不明晰，着即详细覆奏。"[③]据此，则当时议购者实不只一舰，而购买之不成似由于智利方面立意退缩，而非由我方吝付军械代价矣。中国虽贫，当时何致惜此区区。然龚氏之详细复奏，如其有之，吾人已不可得见。购买失败之真相，殆已为时间所淹埋矣。

李鸿章等所定海军退守策略，颇不为清帝所谅。七月初三朝旨

---

① W. F. Tyler, *Pulling Strings in China*, pp. 38、39.

② 《光绪朝中日交涉史料》卷十八，第二十页下。

③ 同上书，卷十九，第十一页下。

问李："叶军后路久断接济，由于海军护运不能得力。……威海卫僻处东境，并非敌锋所指。究竟(丁)在该处有何措置？抑借此为藏身之图？"[①]李覆以我军无侦探快舰，而敌于汉江各口布置已久，深入恐坠其计；且我方力薄，不敢轻于一掷。清帝无以难之[②]，原策乃维持不变。丰岛战后，二十日间，丁汝昌曾三次率主力诸舰出巡大同江口(第一次六月二十五日往，廿七日返；第二次七月初一或初二往，初八日返；第三次初九日往，十三日返)。末一次出发后之翌(即七月初十日)晨，日联合舰队司令官伊东祐亨忽率主力舰并运船廿余艘出现于威海卫港外，与港口诸炮台略一交炮即退，夜深复至旅顺，与城头山炮台交炮十数出乃去。此飘忽而似无效果之侵扰，目的何在？当时猜拟纷纭，或谓日军欲伺隙登陆，或谓其欲诱北洋舰队出战。然一月之后，其真意乃显，盖欲使我海军还顾后方，而络绎于朝鲜海面之日本运船，乃得绝对之安全耳。我方果中其计。李鸿章闻警后，立电召丁汝昌率军西还，而将防守范围缩为从旅大至威海。此后月余我海军不敢出北洋一步。[③]

初，七月五日，朝旨已谓近日奏劾丁汝昌巽懦规避，偷生纵寇者几于异口同声。至是北洋海军伏匿不出，言官益交谪汝昌。廿六日，清帝以彼避敌误机，畏葸无能，着即行革职，仍责令戴罪自效。又谕李鸿章，着于诸将中遴选堪任海军提督者，酌保数员，候旨简放。[④] 于是李鸿章乃不得不为汝昌作最后之辩护。其复奏中历

---

① 《光绪朝中日交涉史料》，卷十六，第六页下。

② 同上书，第七页上。

③ 同上书，卷十五、十六；又 *China-Japan War*, Part Ⅲ, Chap. 1。

④ 《光绪朝中日交涉史料》，卷十六，第六页；又卷十八，第十一页。

述北洋海军如何劣钝，日本海军如何优越，从前丁汝昌如何力求扩充，如何受部议沮格。末谓："今日海军力量，以之攻人则不足，以之自守则有余。用兵之道贵于知己知彼，舍短用长。此臣所以兢兢焉以保船制敌为要，不敢轻于一掷，以求谅于局外者也。至论海军功罪，应以各口能否防护，有无疏失为断。似不应以不量力而轻进，转相苛责。从前丁汝昌剿办粤捻，曾经大敌，迭著战功；留直后，即令统带水师。屡至西洋，借资阅历。……目前海军将才，尚无出其右者。"奏上，奉旨："丁汝昌着暂免议处，由李鸿章严行戒饬。"①

丁汝昌部下左右翼两总兵林泰曾与刘步蟾亦难逃谤。然据予所知，以弹章加之者，惟一张百熙而已。八月初一日，百熙奏云："林泰曾、刘步蟾两员，尤为庸懦无耻。调遣赴援之始，该总兵即战慄无人色。开轮后，匿伏舱内不出。丁汝昌为所牵制，不得自由，以致恇怯退缩，为天下诟詈。相应请旨将……(该)两员一并革职。"奏上不报。②

八月中，平壤告急。援兵之路以海运至鸭绿江口之大东沟登陆为最捷。海军掩护，责无可卸。于是海军固守北洋海口之策略乃不能不稍变。十七日丑刻，丁提督统帅北洋舰队，偕铭军八营所乘之运船若干艘，发自大连。午间全军抵目的地。提督即派镇中、镇南两小炮船，另四鱼雷艇卫运船入口。平远、广丙两舰在口外下碇。定远、镇远、致远、靖远、经远、来远、济远、超勇、广甲、扬威等十舰在口外十二海里下碇。运船起卸，至夜不休。近岸凉荒，渔

---

① 《李文忠公全书》，《奏稿》，卷七八，第五二至五四页。

② 《光绪朝中日交涉史料》，卷十九，第二页。

舍寥落。登陆兵士，沿海扎营。渔火帐灯，荧荧相接，蜿蜒里余。在惨白夜色中，来往憧憧人影。稍远，则巍然巨舰之轮廓，矗立苍茫。是乃中秋后二夕，而黄海血战之前夕也。[1]

先是，日海军自威海卫示威归后，驻碇于仁川。尝数发侦船，不遇我舰。会日陆军进迫平壤，海军亦拟进至大同江口，以相接应，而占渔隐洞为根据。八月十五夜伊东祐享遂帅第一游击队、本队，及赤城、西京丸行。第一游击队，包含吉野、浪速、高千穗、秋津洲四舰。本队包含松岛、桥立、严岛、扶桑、千代田、比睿六舰。赤城为一小炮船。西京丸本商船，临时施以军装，海军军令部长桦山资纪乘之，以观战焉。此十二舰即黄海大战中日方实力之全部。战之日，日大军自渔隐洞出巡，似不虞遽与北洋舰队遇，故鱼雷艇无一艘偕行。战后或有讥日方不知用鱼雷者。[2]

于此，吾人试一比较两方之战斗力。就物质上言，其间宜大轩轾也。日舰之敏捷为我所不及。而我方定、镇二舰铁甲之坚厚，体量之庞大，则为日方所无。炮，我方以口阔弹巨胜，日方以发射迅速胜。（先是定、镇两舰请购配克虏伯十生特快炮十二尊，部议以孝钦后六十祝嘏需款，力不逮而止。）日方未携雷艇，我方雷艇初亦滞留于后。舰数两方皆为十二；我方平远、广丙后至，而日方赤城、西京丸之战斗力亦可忽略也。然我之最大弱点，第一在十吋口炮（我方最大之炮）子弹之缺乏，第二在多数高级将官之怯懦。先是，汉纳根与泰乐尔至旅顺查看军械清单，已发现两十吋口炮共只

① Allen, *Under the Dragon Flag*（费青、费孝通译登《再生杂志》，题《中日战争目击记》）；《海军实记·述战篇下》，第七页。

② 《清日战争实记》，第二四七至二四九页。

有大弹三枚，因电李鸿章请督军械局总办从速制备。旋据总办复函，此种大弹本国不能制，而外购已不及，惟以小弹充数而已。至于将士之战德，据泰乐尔之观察，船面及机械室人员皆极优良；士兵皆活泼勇敢，技术精熟；下级将校大体尚善；惟上级者，除少数外，盖远逊焉；彼等大抵染官僚气习，萎靡不振。据美国炮术师麦吉芬之观察，“将官之怯者，无过福州人。……自兵端初起，以讫末次之战，凡丁汝昌之欲左者，若辈即共右之，欲右者即共左之。……（彼等）视军令为儿戏，恒架虚词。……有时为丁提督所觉察，顿足怒詈，终无如之何。福州人之外类多一身足胆……战时颇借其力”。①

八月十八日晨，天气豁朗，旭日映海，波成黄金。七时许，我方运船载来之军队及辎重上岸已毕。旗舰（定远）上水兵咸露欣豫之色。诸将校，御长筒布靴，服饱胀之袴，及上施龙徽彩钮之半西式外衣者，亦有凭眺之暇。然彼等不若水兵之自得，以熟知己方之所绌，及遇敌之危也。然使彼等释念者，丁提督以九时许下令全军，准备午间启行，殆将遄返旅顺或威海卫。②

旗舰中钟已八敲，午餐之号已奏，烤白鸽之嘉肴已陈案上，而敌舰之影迹犹未现，总兵刘步蟾至少可安心饱饫此一顿饭矣。然彼之口福终薄，俄而南方地平线上袅出薄烟，渐升成柱，日舰竟至矣！然尚非不容许草草终食之时间。午餐之号复鸣，将弁之自舱内惊登甲板上观望者复注入甲板下。旗尉则忙于指挥信旗，而烟囱则

---

① 《东方兵事纪略》，卷四，页九；《海军大事记》，第十页；*Pulling Strings in China*, pp. 40、46、47；《中东战纪本末》卷七，第四二页。

② *Under the Dragon Flag*；*Pulling Strings in China*, p. 46.

始喷唐山煤之浓烟。顷之锚亦起，舰协机声而搏跃。半小时后，远烟所从出之日舰一串亦可辨识。[1]

日军进至相距约八千码时，定远旗舰首先响炮。此开场炮之发却大有来历。初丁提督开军事会议，决定战时诸舰分段纵列，每段二姊妹舰骈比而稍欹，以定远、镇远居首，是为犄角鱼贯之阵。舰队驻碇时即作此排列。将战，刘步蟾指挥信旗，却令诸舰骈列作一字雁行阵，而以最大之定、镇居中，以小弱之扬威、济远居两翼极端。此战略上之擅改，其惟一可能之理由，即刘步蟾欲使己身处于最安全之地位。盖如是布阵，则敌人避坚击瑕，必先及其两翼，而炮火当至最后始集中于旗舰也。此至多数十分钟之延宕，似尚非其问题之完满解决，然彼力所能为者已尽于此矣。是时丁提督与汉纳根立于吊桥之前方，似尚未察觉方总兵之狡计。泰乐尔在瞭望塔上睹状，念此意外之纷挠已起舰队之纷乱，若复更改，乱当益甚，不若保持现状，为害较轻。因跃下，以此意言于丁等，咸韪之。然一字式之排列，未见完全。盖两翼弱舰，觉其地位之危，逗留于后，故阵成半月状。既而日军愈近，相距约一万码。观其进行，似欲横越我阵前，而攻其最弱之翼，即右翼。泰乐尔思之，此时我方所需之号令显然为全军向右略移，如此则我方主力舰或可首与敌接。因再至吊桥，献其策于丁等，立见采纳。汉纳根至舰尾指挥旗尉，留与俱。信旗上出，众舰应之。定远旗帜乃下降，示将移转也。泰乐尔至瞭望塔口，候舵之转，而久不见其动。总兵在塔下，泰乐尔语之曰："总兵，改道之令已下，公若不左转舵，则舰队纷乱愈甚。"

---

① *Pulling Strings in China*, p. 47.

总兵乃令曰“舵左转”，旋复低声曰“慢，慢”。其结果舰止不动。泰乐尔大恚，加以诅语，自塔跳下，奔赴吊桥，然初不思丁提督此时身旁无人，而彼不谙华语，丁亦不谙英语也。吊桥非坚固之结构，其前部阁于相交之两十吋口炮上，一炮开火，则桥将毁碎。泰乐尔甫至桥上，刘总兵即下令发十吋口炮。泰乐尔与丁提督俱被掷入空中，堕甲板上。丁伤其腰，尚能观战。(《东方兵事记略》卷四，十二页上谓“汝昌先立望楼，旋受弹伤腰，倒地”，盖非事实，今流行之《中日战史》多因之。)泰乐尔知觉全失，久之始苏。然刘步蟾之急智已售。①

战事以一时开始。如顷所述，我军横列成半月形而进，定远、镇远居中。定远之左以次为经远、致远、广甲、济远，镇远之右以次为来远、靖远、超勇、扬威。日军从我左方斜进，以游击队当先，而吉野冠焉。初时日军似迫我中央者；稍进，游击队忽转向我右翼，同时增加速度。于是我军向右略移。本队循原方向进行片时，亦转而随游击队之后。日方初时似欲以全军圈绕我阵而行。然游击队过我右翼时，见平远、广丙率诸雷艇自北至，转往追之。于是本队单独圈绕我军。后游击队复从相反之方向，作同式之进行，会合本队，向我军取夹攻之势，是为战事最烈之阶段。本队、游击队相过后，复返轮作第二次之夹击，是为战事之最后阶段。至五时半许，日方忽收队休战。②

敌本队绕至背后时，我军阵形始乱，此后不复能整。我舰旗仅

① 《中东战纪本末》卷七，第四五至四七页。

② 此下记黄海战事，凡未另注出处者皆据 *China-Japan War*, Part Ⅲ, Chap. 1；《清日战争实纪》，页二四九至二七三；《东方兵事纪略》，卷四，第九至十一页。

于开仗时升一旗令，此后遂无号令，因最初半小时炮火之丛集，已悉毁舰上樯桅及绳索，信旗无从悬出。即帅旗亦被击落，以后遂不复升。惟敌方始终信号相通，秩序井井，如在操演中。

是役也，我方计失五舰，曰扬威，曰超勇，曰致远，曰经远，曰广甲。日方未失一舰，惟有数舰因受重伤，中途离阵。

敌游击队拂我右翼时，扬威首当其冲，中弹起火，旋驶出战线外，至海洋岛附近，陷焉。管带林履中蹈海死，船员为左一雷艇救生者六十五人。次朝，日舰入渤海搜击，无所遇，归见扬威，以水雷破其腹。超勇本在扬威之左，敌本队压我右翼时，扬威已逃，超勇乃当其冲，亦着火。本队绕至我阵后时，后与之遇，遂在炮火丛集下沉没。时二时二十三分也。船员沉溺时之呼号，在炮声洪隆中犹可听闻。管带黄建勋落水，或抛长绳援之，不就，以死。

本队攻我右翼时，比睿行缓落后，我军迫之，比睿亟归本队。为避免越我全舰队过而遍受其轰射，乃冒险穿定远、来远间而逸；出围时，身已着火。赤城本在战线外，急往救之。我军群集此二舰。赤城为来远所迫，舰长坂本毙炮下。其蒸汽管复毁，前炮台子弹之供给断，乃转轮以尾炮应战。已而大樯摧折，则移军旗于前樯，更植旗竿于大樯头，以壮军容。旋汽管修复，前台速射炮中来远后部甲板，火之。我舰往救，赤城乃脱险。来远火及军储库，子弹四射。机舱为浓烟充塞，诸管轮俱眩，或致瞽目。三管轮张斌元覆身舱底避烟，得免昏眯，闻令钟响，强起，扪得机关，捩轮进退。大副张哲荣、炮官谢葆璋，策励兵士，将火扑灭。兵弁死者十余人。是役我方未沉诸舰中来远伤最重。舰尾分裂，内舱全毁，铁梁亦烧曲云。

伊东见比睿、赤城危急，传令游击队赴援。既至，将致、济、经三舰划出阵外。致远接战久之，受伤欹侧，而子弹垂尽。管带邓世昌，念己舰既不能全，亦当与敌共碎，乃鼓轮向吉野猛冲。未至，过定远前，适撞敌方射攻定远之鱼雷，锅炉迸裂，船左倾，顷刻沉没。于时三点三十分也。兵弁殉者二百五十人，生还者七人而已。始致远前冲时，舰中噪乱，世昌大呼曰：我辈从公卫国，早置生命于度外，今日有死而已，奚纷纷为！舰沉，其仆刘忠随入海，持浮水艇奉公，却之。公所爱犬浮涌波间，衔其臂不令溺。公斥去之，复衔其发。公望海浩叹，搵犬竟逝，时年四十六也。其从弟世坤亦同死难。或云闽人素忌世昌，致远战酣，闽人相视不救。世昌痛愤，遂决志死敌。世昌，广东番禺人，状貌魁岸。少毕业于福州船政学堂，即为沈葆桢所器重。尝奉派往英帮带新舰来华，而未留学。就资格论，视刘步蟾辈瞠乎后矣。生平治事精勤，若其素癖。持身尤介，殁时家无余财。治军之暇，即以学自娱，藏名书画甚夥，尤好黄山谷书法。在军激扬风义，甄拔士卒。遇忠烈事，极口表扬，慷慨使人零涕。殁后，鲁人慕公忠义，为建祠于成山之巅，岁时祭祀焉。①

致远沉后，经远遂成为敌游击队之标的。吉野之六吋速射炮屡击中之。管带林永升阵亡。舰中火起，至四时四十分许沉没。船员殉者二百七十二人，得救者十六人。

济远、广甲之战迹，传说大异其辞。李鸿章之奏报，谓“济远

① 《海军实纪·邓壮节公事略》；又罗惇曧《中日兵事本末》(《中国近百年史资料》上册，第三七三页)。

先被敌船截在阵外，及见致远沉没，首先驶逃。广甲继退”。[1] 传统记载多因之。而《冤海述闻》则谓广甲实先济远而逃。二说孰是，今无确证。关于济远逃时之情形，泰乐尔谓：“战后予奉委查验诸舰，及报告毁损情形。……济远各炮为巨锤击坏，以作临阵先逃之借口。”[2]然据济远中洋员哈富门之报告，则谓该舰诸炮，因继续放射过久受损，其机械不能运动，方管带始命退出。[3]《冤海述闻》亦谓：“济远……炮座因放炮不停，炮针及螺钉俱震动溃裂，致炮不能旋转。前大炮放至数十出，炮盘熔化，钢饼钢环坏不堪用。全船各处通语管亦被击坏。初敌分四船(按当即游击队)截击经远、济远。迨经远沉，遂并力击济远。船中炮械全坏，无可战。只得保船西驶”。《述闻》固可谓一面之辞，惟哈富门殊不见有为方伯谦完谎之必要。然则吾人何以处泰乐尔之报告？将谓彼与方氏有深隙，故为诬陷之辞耶？此于泰乐尔为不类。然若谓泰乐尔素不慊于方氏，成见在心，谤言先入，因之查验时遂不暇辨别战时过度运用所生之损坏，与战后锤击之损坏，此说较为可能。然若谓济远本因力竭而逃，其后谤责纷起，舰员更加诸炮以人工之毁损，冀图免咎，则亦非不可能之事。是故吾人于此又只有存疑，而待新证据之判定。又李之奏报似以为济远之逃，甫在致远沉后。惟《述闻》则谓济远退驶乃在经远沉后。此说与 *China-Japan War* 所采日方海战阵势图(第六图)合，宜为吾人所从。

李之奏报必以刘步蟾之陈述为根据。(战后丁汝昌因伤请假，

---

① 《李文忠公奏稿》，卷七九，第七页。

② Tyler, *Pullings Strings in China* p. 253.

③ 《中倭战守始末记》，卷一，第十七页。

由刘步蟾代任提督。）刘之有意陷害方氏，殆无可疑。是役也，扬威实最先离阵，而奏报讳言之，因欲成方氏“首先驶逃”之罪也。奏报又谓扬威为济远触坏后，“驶出，至浅水而沉”。一若济远退时，扬威尚在战场中者。实则即使如奏报所言，济远逃在致远甫沉之后，时已三时三十分，距开战已两小时半。而扬威之退，实在开战之初，此时安得与济远在阵地相撞？然根据李之奏报，方伯谦遂于战后一星期，奉旨正法矣。

济远安然驶归旅顺。广甲以夜深驶至大连湾附近之三山岛外，迫近丛石。船弁佥云近滩，不宜再进。管带吴敬荣不听，致舰触石穿底，不能驶出。洋员马克禄（Mc Clure）奉派往验，据云此外无伤，惟溷房有一小孔，或是炮弹穿过者。战后之二日济远奉命往出之，猛拖不起，而日舰数艘至。济远退入大连湾内，广甲船员纵火而逸。日舰炮击广甲，碎之。吴敬荣所受之惩罚，为革职留营。[①]

平远、广丙自为日游击队逐出阵外后，至二时四五十分许，复率二雷艇来参战。时西京丸方以游击队往援比睿，失其掩护，驶避我军；忽见平远等迫迩，乃转向比睿、赤城而进，却与我方追比睿，赤城诸舰遇，大受惩创，几濒于危，会游击队来救乃免。然其连舵机之锅炉，为定远炮毁，方缓驶待装手轮以代汽机，而平远等追至。一艇正对西京丸，发水雷射之。西京丸方拟左转，见状急回轮迎水雷进。其舷头激水成澜，水雷为所迴荡，不能直前，相距咫尺间，从舷右逸去。俄而第二水雷向左舷而来，西京丸欲转避已无及。桦山资纪以下诸将校方聚吊桥上，唯闭目待尽。然时移舰进，

① 《冤海述闻》。

竟泰然无事。水雷越过舰底，出现于右舷水面。

日军始避我定、镇二巨舰，而注意于我两翼。至三时许始向定、镇夹攻。无何，定远中弹起火，其炮亦辍声。幸镇远来助，长依其侧，得以不毁。定远之火旋为汉纳根等督众救息。方镇远掩蔽定远时，松岛（日主帅所在）近之，为其十吋口炮之开花巨弹（舰中仅有二枚）所轰。松岛甲板上子弹堆积，触火爆发，声如百雷。于是赤焰扬空，白烟蔽海。尸体纷飞，或沉海底，或掷还舰中。甲板上骨肉狼藉。计死伤八十余人。已而火移舱内，烟焰益腾。伊东督众奋力救火，仅乃息之。舰中炮手死伤殆尽，伊东至令军乐队补充之，而炮已毁不可用，遂退出阵外。伟哉镇远一弹之力，称其功者洋员赫克曼也。[①]（李鸿章之奏报，以此弹为定远所发，其误据刘步蟾冒功之报告无疑也。）然松岛竟不沉。镇远中弹亦甚夥，船面械具，被扫一空，且屡起火，惟皆随灭，未成大灾。弁兵死者计十五人。

靖远在定、镇之掩护下似未有特殊之战绩。其可得而纪者，不过中弹数十处，前后三次起火，幸力救扑灭；死者弁二人，兵三人。然至战事将终之际，靖远却放一异彩。是时我方诸舰星散，而旗舰桅折，莫能宣令整队。靖远在其旁，管带叶祖珪乃代升收队旗。（或云此举出刘冠雄建议。）于是我军始集，而日军亦退，遂回归旅顺。[②]

八月廿一日，日皇诏嘉伊东祐享以下诸将士之殊勋；越日，祭松岛舰上战死者于佐世保港。

---

① *Pullings Strings in China*, p. 51.

② 《冤海述闻》。

九月廿三日，李鸿章遵旨酌保定远、镇远两舰海战人员，首以“头品顶戴、右翼总兵、强勇巴图鲁刘步蟾号令指挥，胆识兼裕，拟请旨以提督记名简放，并赏换清字勇号”。其他将校议叙有差。越二日，奉旨，“刘步蟾着以提督记名简放，并赏换洪额巴图鲁名号”。其他将校奖叙有差。①

三、威海卫之守御

北洋海军港以旅顺为第一，而威海卫次之。盖旅顺有干坞及大规模之船械厂，皆威海所无也。然以威海港面积之较大及入口之较广，用于训练及行政，视旅顺为利便。故海军之用此港，视用旅顺为多。港外刘公岛横亘，分港为东西两口。海军大营，即设于岛上，内包提督衙门、医院、水师学堂，及小规模之修理厂。此外并有道台及将军衙门。岛上居民数百家，成一小市镇。中有一德人商店，又一外国俱乐部，以应岛上二十余西人之需。②

港之两翼皆山，而岛居其中，如二龙抱珠，形势奇险。光绪中营威海港，于岛上设炮台二。其一在西端接连之黄岛上，曰黄岛炮台。此与隔岸之北帮炮台(包括北山嘴、黄泥沟、祭祀台三炮台)相掎角，以扼港之西口。其二在岛之东端，曰东风扫滩炮台，与隔岸南帮炮台(包括赵北嘴、鹿角嘴、龙庙嘴三台)遥相掎角，以扼港之东口。岛旁有一小屿，曰日岛，当东口之中央，其上亦建炮台。诸台之炮，口径自二十八至二十一二生特不等。惟日岛有十二生特快

① 《李文忠公全书》，《奏稿》卷七九，第二十页；《中东战纪本末》卷二，第七页。

② *Pullings Strings in China*, p. 63.

炮二。诸台皆由德人汉纳根设计并监造，其炮械什九购自德国克虏伯炮厂。南北两帮炮台只顾防海，其向陆方面，并无保障，敌人可从此来攻。后守将戴宗骞于两处后路添建数台，惟其炮力远逊。两帮炮台下皆附设水雷营，惟后来威海卫之守御毫未得其助力。东西两口备有横档，以铁索连巨木为之，战时可以闭港。①

黄海战后，我方残余诸舰入旅顺船坞修理，月余始粗略毕工。丁汝昌即率定、镇等六舰赴威海，驻焉。盖已决计放弃旅顺矣。就军事形势言，旅顺与威海卫至少有同等重要。就物质设备言，旅顺以北洋唯一大船坞及船械厂所在，尤为海军之命根。顾何以弃之而守威海？此其理由，丁汝昌已明白点破："旅顺后路警急，各船在口内，水道狭隘，不能转动为力，有损无益。"②盖是时日军以长驱之势入辽东半岛。旅顺炮台之失只旦夕间事。海军若守此港，瞬息即有受水陆夹攻之危。惟山东半岛尚无敌踪，为暂时保全实力或生命计，威海卫实为较佳之栖避所。至水道之广狭，犹次要之事耳。然为满足舆论之要求，在旅顺失陷前，丁提督亦曾两度率舰队至其处一巡，皆未住宿而返。

然当时从海道运兵援旅顺之议，尚为海军一难题。十月十三日，李鸿章不得不电饬汝昌带六舰来沽，听候调用。是日李与胡燏芬(直隶臬司，为李心腹)、汉纳根密议战事。汉纳根曰："敌既据金州湾，其快船雷艇必聚大连湾海澳，时在旅口游弋。我舰挟运船往旅，必有大战。以寡敌众，定、镇难保，运船必毁。定、镇若失，(海军)后难复振。不如仍回威海与炮台依护为妥。"于是海军

① 《东方兵事纪略》卷三，第一五至一七页。

② 《光绪朝中日交涉史料》卷二四，第三七页。

并护运之责亦放弃。然立即躲回威海，在当时舆论空气下，为不可能之事。次日丁率六舰赴旅顺作最后一次之巡游，声言“遇敌即击，相机进退”。然幸未遇敌。六日后旅顺陷。[①]（《东方兵事纪略》卷四页十二下载：“汝昌知旅顺堕则北洋门户失，大局震惊，罪且不测，自赴天津，请以海军全力援旅顺，决死战。鸿章詈之，谓‘汝善在威海卫守汝数只船勿失，余非汝事也’。”此似与事实不符。）

守威海之海军实力，有定远、镇远、济远、来远、平远、威远、广丙、康济诸舰，及小炮船六，大鱼雷艇七，小鱼雷艇六。然来远修理之工仅得一半。其后镇远复触礁重伤（管带林泰曾以此事自杀于十月十九日），以无船坞修理，勉强掩补，每时仅能行七海里，又畏风涛，不敢驶离口岸七海里外。其战斗力已什分去七。[②]

黄海战后，汉纳根不肯复入海军。李鸿章改延英人麦格禄（Mc Clure）为丁汝昌之副。麦乃一已过中年之酒徒，旧为航行我国沿海之金龙船主。彼于战阵之事，实无所知，亦莫能助。然不知缘谁推荐，遂充此悲剧中之一丑角也。泰乐尔于旅顺失陷前二日重归旗舰（定远），据其所见，“旗舰情形（较前）益劣。最使人失望者，船员多不应手。彼等愿战，此无可疑者。惟彼等与将官之间，嫌隙甚深。彼等于命令，择其非服从则全舰之事不举者则服从之。叛变之事绝无。船上警察颇有效力，惟受奇异之限制；因有若干命令船员全体故意置之不理。此种情形除在中国船外，不能有也”。[③]

泰乐尔又记战前防御布置中之一一趣事：“美国人浩威（Howe）

---

① 《光绪朝中日交涉史料》卷二四，第三八页。

② *China-Japan War*, p. 276；《光绪朝中日交涉史料》卷二七，第三三页。

③ *Pullings Strings in China*, pp. 58、64、91.

与另一美国人某君同至威海卫。某君思得一毁坏敌舰之法。其法以一炮艇，状如浇水车者，载某种化学品，洒于海面。乃诱敌至既洒之区域。化学品触舰则炸毁之。此策所需之化学品焚于烟台，其为日人所指使无疑也。”[①]按此所谓某君即宴汝德(原名待考)。我国关于此事之文献，以作者所知，有李鸿章之电报三通，见于《清光绪朝交涉史料》。[②] 据所电告，宴汝德与浩威自美国挟奇技来投效，过日被扣，旋见省释，潜行至烟台，求试用。其所献策共有十事：(1)用药水装管埋于口门，以沉鱼雷；(2)用药水装管镶配船后，用机喷出发烟，使敌气闷而退，我得登岸；(3)用药水毁沉敌船；(4)捕捉敌船不使受伤；(5)用药水发烟，舰过敌炮台时，敌看不见；(6)经过敌设水雷处无险；(7)使雷艇近敌艇时敌不能见；(8)改制商船(配上药水管)使成得力战舰；(9)四十八小时内能将口岸炮台布置严密而不用水雷；(10)用药水毁近水炮台。宴汝德等献策时提出条件之一：如试验有效，我国采用其策，须酬以美金万元。李鸿章末一电(发于十一月廿八)云：“按其所言情形，是必精于化学者。……无论其办法有无把握，不妨姑试验。留之必有用处。昨奉(上)谕准其(将契约)画押，已饬遵。”以后《光绪朝中日交涉史料》中即无关于此事之下文。泰乐尔所记坏敌舰法，即上说十事中之第三事。不知在烟台所焚之化学品为备试验者，抑为备实用者。此事失败后，浩威乞留，尽其所能以相助，而不受酬。

日人延至十二月廿五日(时海城、盖平已失，张荫桓已奉赴日求和之命)始来攻山东半岛，以海军护运船渡兵，从威海卫东南之

① 《光绪朝中日交涉史料》卷二七，第六八页。

② 同上书，卷二六，第十、十五、十七页。

荣成湾登陆。腊尽之日，伊东托英舰 Severn 号赍劝降书至威海付丁提督，丁置不报。（原书用英文，见拉得米尔之《中日战争史》二七三页以下；汉译有二本，一见《中东战纪本末》卷五，三九页；一见中译有贺长雄之《日清战役中之国际法论》一一八、一一九页。）

乙未正月初五日上午，日陆军从后路大举攻南帮炮台，海军二十一舰复在东口夹击。其海军扼于刘公岛炮台不得逞。惟陆军以下午一时安步入占南帮三台，先是我守兵已安步退出。初丁提督等虑南台不守，炮将资敌，以为海军患，议毁之，格于守将戴宗骞，不果。乃预筹待守兵撤退时遣敢死队往毁。至时敢死队往，几为守兵所杀，及彼等退尽，则台中原备毁炮用之电池已破碎，其电线亦被割断，盖汉奸之所为也。因日兵进迫，拆毁之工作，未得完全。日人据龙庙嘴台，以二炮击我舰，定远等还击之，继续至二小时许。敌方一炮被碎，余一炮亦停火。惟后来有四炮被修复。是夕，日雷艇图越东口横档袭击我舰，岸上日军疑为我方雷艇，发铳击之，退还。[①]

初七日，飓风昼夜不息，日军停止活动。丁提督乘隙率弁兵一队，乘小汽船至北帮炮台卸各炮要件，焚子药库。此诸台距刘公岛及我舰泊处尤近，倘资敌，海军之灭益速也。丁提督又尽焚港内民舟，而载戴宗骞归刘公岛。翌日日人安步入占威海卫城及北帮炮台。于是我海军凭孤岛以守，与内陆隔绝。港口为日舰密封，不可

---

① 此下记威海卫战争，未另注出处者据 *Pulling Strings in China*, pp. 63、68；*China-Japan War*, part Ⅲ, Chap Ⅵ；《东方兵事纪略》卷四，第十三至十七页；《清日战争实记》，第三八八至四二一页；罗惇曧《威海熸师记》（见《中国近百年史资料》上册，第三八七至三八九页）。

出。然刘公岛向海一面危崖壁立，不可登，岛上炮台严固，非日舰所能轰毁。我方对鱼雷之防备，又有锁港之横档，及夜间之炮舰巡哨。苟善守之，刘公岛非至粮尽莫能陷也。

日人之战略为尽量利用鱼雷。初九夜，其雷艇谋断东口横档，未果。惟将其一端与内陆间之罅隙广辟。次夜日雷艇分三队来袭，以一队守口外，二队从横档缺口处入。我方在日岛附近之哨艇觉之，急发警烽。定远等旋即开炮，惟不知标的所在。敌一雷艇杂我二雷艇中，驶近定远。定远轰其锅炉，同时为其鱼雷所中。是役日失二艇，其一即定远所击者，管驾员死四人，余为别艇救去。其一胶于刘公岛东岸，为炮台击毁，管驾员或投水冻毙，或逃匿岛上，翌夜为日艇救出。定远被击后，丁提督犹未知其受伤程度，令前进卫东港口，泰乐尔查察后，知舰不能久浮，请提督速搁之于岛岸适当处，使其炮可为我用，提督从之。诘朝潮退，舰深陷泥中，水渐入，至下午，炉火灭。先是提督移旗于镇远。惟弁卒尚留舰中。夜半月落后，日雷艇五艘复入袭。来远、威远及小炮艇宝筏覆焉。日人无一死伤。然其来也，鉴于前夜之事，固期在必死。司令饼原少佐悉移艇中文件，并戒从者，于手灯外，毋携他物，曰“吾艇与身皆敌所有也”。是夜来远管带邱宝仁、威远管带林颖启登岸，逐声伎未归，得免于难。

十二日，留定远舰中之兵士水手哗噪欲变。盖先一夜温度在冰点下多度，风又厉。彼等用物复尽漂去，凄苦甚。然无小艇不能登岸。至是遂不能耐。下行八时泰乐尔返舰，众汹汹欲杀之。泰诡言已与提督商妥，待运炮毕，即送彼等上岸，众忿稍平。麦克禄与泰乐尔同艇来，未登，转往告变于提督，提督至，实泰乐尔言，变乃寝。是日[①]，敌从水陆夹攻。日岛之炮台及子药库皆被南岸之炮击毁，兵士伤亡甚多，无法再守，丁提督乃命将余兵撤回。

十三日黎明，我方雷艇十艘，及小汽船二艘，私自逃遁，以全速从西口出，时日舰方聚东口攻击日岛及刘公岛炮台。逃艇等同时受我方各舰、岸上敌兵及口外敌舰轰击。一艘图急遁，跨触横档而碎。余沿汀西窜，日舰追之。诸逃亡或弃艇登岸，或随舰搁浅，为敌所虏。鱼雷艇统带王登云逃至烟台，诡报丁提督曾令全军冲出西口。

是日刘公岛兵士水手聚党躁出，鸣枪过市，声言向提督觅生路。岛上大扰，入夜尤甚。水手弃舰上陆，陆兵挤至岸边，或登艇，或登镇远，求载之离岛。洋员瑞乃尔（Schnell，德国炮师）、泰乐尔、克尔克（Kirk，海军医院长）等睹状，同谒营务处道员牛炳昶，商办法。结果瑞乃尔与泰乐尔以深夜二时往见丁提督，劝其纳降。丁初力言此事不可行。后言当自杀以成之，以全众人生命。彼非畏死者，日来我舰攻敌炮台时，彼恒挺身外立，冀阵亡也。次晨，丁提督出示抚众，言援兵将至，扰攘亦止。唯哨兵已不在岗位，弁卒多离营垒。此外一切如常。守垒兵士欣然发炮。此最后一星期内炮台应乱最猛，受损亦最巨。

十五日，敌复从水陆夹攻，靖远中弹，自水线贯铁甲入，沉焉。管带叶祖珪先已离船在陆。是日总兵刘步蟾服鸦片死。总兵尝凄然夸语于人，虽习西学，犹重古训，决守舰亡与亡之义。定远既毁，其僚属予彼一二日宽限，以料理后事，并请彼就义前通知，俾

---

① 《中东战纪本末》卷三，第二三页。

往致最后之敬礼。故此可怜虫实被迫而吞鸦片。然吞后立使人至医院，召克尔克来救，如是者屡。先是泰乐尔离定远后，以医院需人，入为助手，因院中我国医士看护等多于战前离去，自谓文员不属提督，依法不必留云。总兵末次使至，克尔克方为一伤兵割治，问泰乐尔能代毕其事否，泰乐尔谢不敏。于是克尔克至已晚，而刘步蟾之苦难毕矣。（此据泰乐尔自述。《东方兵事纪略》卷四页十六上，谓“刘步蟾以手枪自击死”，不确。）

十六日兵士拥刘公岛守将张文宣至镇远，合水手围丁汝昌所，请降。牛炳昶并各舰管带踵至，相对泣。乃召诸洋员计事。瑞乃尔能作华语，出抚众，无效，乃入告汝昌，言兵心已变。计不如沉船毁台，徒手降敌。汝昌许之，而诸将不肯沉船，恐取怒日人也。

十七日，敌复从水陆夹攻。丁提督得烟台密信，知山东巡抚李秉衡已走莱州，援兵绝望，而岛上药弹亦将尽。是夜提督召诸将议，欲率余舰突围出，诸将不允，散去。提督入舱仰药，张文宣继之，四更许先后卒。于是麦克禄、浩威及我国将弁数人登陆，晤牛炳昶，瑞乃尔亦至，相与议降。浩威假丁提督名用英文作降书，而属闽管带某译为华文曰：“革职留任北洋海军提督军门统领全军丁为照会事。照得本军门前接佐世保提督来函，只因两国交争，未便具覆。本军门始意决战至船没人尽而后已。今因欲保全生灵，愿停战事，将在岛现有之船，及刘公岛，并炮台军械献与贵国。只求勿伤害水陆中西官员兵勇人民等命，并许其出岛归乡。是所切望。如彼此允许可行，则请英国水师提督作证。为此具文咨会贵军门，请烦查照，即日见复施行。须至咨者。右咨伊东海军提督军门，光绪二十一年正月十八日。”①

翌日黎明，广西管带程璧光乘镇边炮艇，悬白旗，赍降书至日旗舰乞降。伊东急会诸将商议，并遣四舰扼西港口，防我舰逸出。旋接见程氏，以英语相问答。其问答之辞曾摘译发表于当时报纸如下：伊问，丁提督安否？答，有病。问，刘总兵安否？答，安。问，食足否？答，米与萝卜胶菜俱有。问，牙山之役，方伯谦甚谙海战，何故杀之？答，上命也，丁公殊不愿。问，威海卫何易失也？答，陆军与水师不相顾也。又无战律。再战徒伤生命，无济于事。问，刘公岛近况如何？答，官眷及有财者皆去。穷民不能去，受贵军轰炸，其苦实深。②

话毕，伊东畀程以复书及香槟等物，程许以再送书来而别。伊东复书用英文，大意谓接纳降议，将于次日点收战舰及其他军用物，而英人担保为不需。

翌晨，程璧光乘镇边，下半旗，赍伪托丁汝昌之覆书赴日舰，且报丁氏之丧。其书大旨请将点收战利品之期展至正月廿二日。伊东以丁既死，请我方另派一本国军官来议降约，我军以牛炳昶应。

降约以廿二日签订。廿五日，伊东遣康济舰送丁汝昌、刘步蟾等之灵柩赴烟台，日舰下半旗，鸣哀炮送之。九阅月以来，刘公岛上所闻，惟此次之炮与李鸿章大阅时之炮为不伤人者。

威海卫之役距今才三十九年，读者若一游其地，犹历历可见当时遗迹。刘公岛上，海军衙门之建筑尚存，惟已被英人改为皇家海军酒肆。门外左右壁各画守阍神二。门前陈大炮二尊，巨弹二枚，

① 《中东战纪本末》卷五，第四十页。
② 同上书，卷四，第四八页。

据云庚子年英人之战利品也。门内大堂三进，皆昔时丁提督治事处，今已成为酒座及运动场。一堂内陈巨酒坛甚多，排成行伍。遇休息日英人辄三五结队，来此酗饮。东偏有剧台一座，为丁提督所建。台甫成而战事起，主人未及享用一次，今为英人电影院。出提督衙门，循刘公路西行，过龙王庙，可至一英人俱乐部，即丁氏故宅。内部结构精雅。正房门前有一鱼池。临池之南有小山。池东西各翼以亭。旧以一亭畜鹿，一亭畜鹤，今鹿与鹤皆杳矣。①

原载《清华学报》第10卷第1期，1935年1月。

---

① 郭岚生：《烟台威海游记》，第四四、四五页。

跋《水窗春呓》(记曾国藩之真相)

甲戌冬，予游杭州，于故书肆购得《水窗春呓》二卷，不著撰人。中颇记咸同间人物与事故。作者与曾文正甚接近，而观察亦别具眼光，不随流俗。所记曾事，虽寥寥数则，实为曾传之最佳而最重要资料。自曾氏之殁，为之谱传者不一，而皆出其门生故吏手，推崇拜之心，尽褒扬之力，曾氏面目遂在儒家圣贤理想之笼罩下而日晦。昔陈怀冲(已故)撰《中国近百年史》(中华书局版)，谓曾始办团练，杀戮甚夥，时人有“曾剃头”之号。予尝读而疑之，心念《论语》中“子为政，焉用杀?”之语，意谓文正岂有读《论语》不熟者? 今览此书乃无惑也。中记副将李金旸者，年未三十，勇悍绝伦，尝战败陷贼中，旋逃归。所属营长某控其通贼。二人并解至东流大营。文正力辩李冤，谓营官诬告统领上司，判即正法。是日李来谒，盛称中堂明见万里，感激至于泣下。文正旋忽传令：李金旸虽非通贼，既打败仗，亦有应得之罪，着以军法从事，即派亲兵营哨官绑至东门处斩。闻者无不骇愕。文正手段之辣，有如此者。

作者有一巧妙之观察曰：“文正一生每三变：书字(1)初学柳诚悬；(2)中年学黄山谷；(3)晚年学李北海而参刘石庵，故挺健之中，愈饶妩媚。其学问(1)初为翰林词赋；(2)既与唐镜海太常游，究心儒先语录；(3)后又为六书之学，博览乾嘉训诂诸书，而不以宋人注经为然。又(1)在京时以程朱为依归；(2)至出办团练军务，又变而为申韩。尝自称欲著《挺经》，言其刚也。(3)咸丰七年在江西军中丁外艰，闻讣奏报后即奔丧回籍，朝议颇不谓然。左恪靖(宗棠)在骆文忠(秉璋)幕中，肆口诋毁，一时哗然和之。……(文正)出山后一以柔道行之，以至成此巨功，毫无沾沾自喜之色。尝戏谓予曰，他日有为吾作墓志者，铭文吾已撰：'不信书，信运气。公之言，告万世。'……文正尝言，吾学以禹墨为体，庄老为用。可知其所趋向矣。"

文正之以老庄为用，书中有一佳证。"辛酉祈门军中贼氛日逼，势甚急。时李肃毅(鸿章)已回江西寓所，幕府仅一程尚斋，奄奄无生气，时对予曰：'死在一堆何如?'众委员亦将行李置舟中为逃避计。文正一日忽传令曰：'贼势如此，有欲暂归者，支给三月薪水，事平仍来营，吾不介意。'众闻之，感且愧，人心遂固。"此非老氏所谓"将欲取之，必固与之"之一绝例乎？文正之以禹、墨为体，吾于书中亦得一旁证："文正夫人……在安庆署中，每夜姑妇两人纺绵纱，以四两为率，二鼓后即歇。一夜不觉(已)至三更，劼刚(曾纪泽)世子已就寝矣。夫人曰：今为尔说一笑话，以醒睡魔可乎？有率其妇纺至夜深者，子怒詈，谓纺车声聒耳，不得眠，欲击碎之。父在房中应声曰，吾儿，可将尔母纺车一并击碎为妙。翌日早餐，文正为笑述之，坐中无不喷饭。"富贵易改常度，观妇可以知夫，吾故以此为旁证。呜呼，今之从政者何如?

上引文正"一生三变"条中，谓文正自称欲著《挺经》。《挺经》

者何？此非曾读《庚子西狩丛谈》者不知。《丛谈》乃曾纪泽婿吴永所述，而刘焜为之笔记者也。吴永曾居李鸿章幕府。鸿章为之述文正旧事有云："我老师（文正）的秘传心法，有十九条《挺经》。这真是精通造化、守身用世的宝诀。我试讲一条与你听。一家子，有老翁请了贵客，要留他在家午餐。早间就吩咐儿子前往市上备办肴蔬果品。日已过巳，尚未还家。老翁心慌意急，亲至村口看望。见离家不远，儿子挑着菜担，在水塍上与一个京货担子对着。彼此不肯让，就钉住不得过。老翁赶上前婉语曰：老哥，我家中有客，待此具餐，请你往水田里稍避一步，待他过来，你老哥也可过去，岂不两便么？其人曰：你教我下水，怎么他下不得呢？老翁曰：他身子矮小，水田里恐怕担子浸着湿，坏了食物，你老哥身子高长些，可以不致沾水。因为这个理由，所以请你避让的。其人曰：你这担内，不过是菜蔬果品，就是浸湿，也还可以将就用的，我担中都是京广贵货，万一着水，便一文不值。这担子身分不同，安能教我让避！老翁见抵说不过，乃挺身就近曰：来，来，然则如此办理，待我老头儿下了水田，你老哥将货担交付给我，我顶在头上，请你空身从我儿旁边岔过，再将担子奉还，何如？当即俯身解袜脱履，其人见老翁如此，作意不过，曰：既老丈为此费事，我就下了水田让尔担过去。当即下田避让。他只挺了一挺，一场竞争，就此消解，这便是《挺经》中开宗明义的第一条。"吴氏续述云，鸿章语"至此而止，竟不复语，予俟之良久，不得已始请示第二条。公含笑挥手曰：这此一条，够了，够了，我不说了"。惜哉，此十九条秘传心法，文正一生之处世哲学，竟只传一条，然亦足耐吾人玩味矣。

从上所记，已略可窥见文正之为人，于肃穆之中，实兼富于今人之所谓幽默。《丛谈》又述李鸿章言：“在营中时，我老师总要等我辈大家一同吃饭。饭罢后，即围坐谈论。他老人家又最爱讲笑话，讲得大家肚子都笑疼了，个个东歪西倒的。他自家偏一些不笑，以五个指头作把，只管捋须，穆然端坐，若无其事。”此又文正性格一个重要方面，在正式传记中寻不出者也。

文正自言以庄老为用，盖有所指而发。实则其所为用，乃老庄而兼申韩，又济以知人之明，识虑之远，处事之敏者也。予尝谓李鸿章得文正之“用”，而无其体，故于晚清之世运，只能为补苴罅漏之工作，而不能有所转移，顾何以文正于李备致推重，以为代己之唯一人？今读《水窗春呓》所记，乃悉文正于李之所短，未尝不灼知。顾知之而不能不付以天下之重，则甚矣才难不其然也！记云：文正“在东流，欲保一苏抚，而难其人。予（作者）谓李广（指鸿章）才气无双，堪胜此任。文正叹曰，此君难与共患难耳！……卒之幕府中无出肃毅右者，用其朝气遂克苏城。迨至捻匪肃清，淮勇之名遂与湘勇相埒，而文正处功名之际，志存退让，自以年力就衰，诸事推与肃毅。其用意殆欲作退步计耳。乃自收复金陵以后，竟不休官林下，亦不陈请补制。以文正之尘视轩冕，讵犹有所恋恋者，岂其身受殊恩，有不敢言退……者乎？”此言可谓察隐。

《水窗春呓》既供给吾人以如是重要之史料，则其作者为谁，宜为吾人所亟欲知。惜原书不著撰人。予尝属同学友人李鼎芳先生考之。据其结论，作者乃湘潭欧阳兆熊，道光丁酉举人，为文正老友，尝出入其军幕中。则书中所记文正事正是第一手史料，宜为吾人所宝重也。李先生之考证，精确不移，兹附录于后，并志谢之。

附：

《水窗春呓》作者考

李鼎芳

日者承张荫麟先生借阅《水窗春呓》一书。张先生云："此书购自杭州，余尚未尽阅，其作者犹未悉为谁。阅后倘能考得之，希以语我。"予乃尽两黄昏，毕读斯书。中论洋务，论盐法，及记曾、左、江、罗诸人轶事，均颇有见地，足补史阙。作者盖有心人也。爰为考之如左。

（一）作者姓欧阳，籍湘潭

本书上"夫人俭朴"条云："曾文正夫人为衡阳宗人慕云茂才之妹。"按文正夫人为欧阳氏（《曾文正年谱》卷一），则作者为欧阳氏之宗人，即姓欧阳也。又本书卷上"癸巳县试"条记试场闹事，作者"将结状裂之，拂袖而出"。继述县令语云："昨见裂结状之殴（必为欧之讹）阳生，视瞻非常。闹事者必此人所使也。"此又作者姓欧阳之明证。

予观书中多记曾、左事，猜作者为其同乡。又因上引一条中言及主试县令有"道光癸巳，灵颖生大令莅潭"之语，猜作者为湘潭人。又考书中"赈灾良法"条有"道光二十九年水灾，请于邑侯李寅庵……作三等赈法"，及"同治元年……邑侯罗子鸿大令以予为办赈熟手"等语。检《湖南通志》卷一三《职官志》，湘潭知县目下有：

灵秀　蒙古镶黄旗，进士，道光十二年（壬辰）任。

李春暄　四川内江，进士，道光二十八年任。

罗才衔　江西建昌人，同治元年任。

则作者为湘潭人无疑。既知作者之姓名及籍贯，则其名字及事迹不难考得矣。

（二）作者为欧阳兆熊

本书卷上“左相少年事”条云：“左恪靖少余五岁，其中乡榜却先余四科。”查《湖南通志·选举志》，左宗棠中道光十二年壬辰科举人，下数第四科为十七年丁酉科。是科湖南有姓欧阳者两人领乡荐：一欧阳人骥，一欧阳兆熊。但前者籍隶仁安县，而后者适为湘潭人，则后者必为本书之撰人也。又本书“新宁陈某”条云：“道光丁酉，予为新宁教官。”而吴敏树《欧阳府君墓表》云：府君“世居湘潭……子兆熊，以廪贡生援例得校官，署新宁教谕，道光丁酉科举人”。（《拌湖文集》）此又本书作者为欧阳兆熊之一确证也。

本书作者既为欧阳兆熊无疑，兹录《湖南通志》本传于下，以为读者知人论世之资：

“欧阳兆熊，字小岑，道光丁酉举人，负才略，工诗文，豪爽喜任事。邑中公务，多仰其成。尤好客，门墙杂进，不主故常。曾国藩会试下第时，道病势甚危。兆熊知医，为留逆旅月余，诊治之。初不相识，后遂为布衣交。及国藩督师，招之入营不赴。偶客军中，去留听自便。固要之，则为司榷税及淮盐局事皆办。江南克复，累保员外郎，寻加四品衔，以其不乐外吏也。生平好急人之难，至老豪气不除。年近七十卒。”

原载《国闻周报》第12卷第10期，1935年3月18日。

曾国藩与其幕府人物

不管一些人对于曾国藩怎样痛恶，按他的时代的标准去衡量，他可算得一个并世无两的伟大领袖。凡伟大领袖所必具的美德之一是能够鉴识、培植并且善用人才。就这点而论，曾国藩的特长是很显著的。他的弟子薛福成说他“知人之誉超轶今古，或邂逅于风尘之中，一见以为伟器；或物色于形迹之表，确然许为异才。尝谓天下至大，事变至殷，决非一手一足之所能维持，故其振拔幽滞，宏奖人杰，尤属不遗余力”。曾以西学干谒曾国藩的容闳也说：“当时各处军官聚于文正之大营者不下二百人。……总督府幕中亦可百人左右。幕府之外，更有候补官员。怀才之士，凡法律、算学、天文、机器等专门家，无不毕集，几于全国人才之精华汇聚焉。”他识拔并且培植人才的主要地方自然是他的幕府。晚清同光间比较重要的人物很少不是从他的幕府出来的。我们试将他自治军长沙以来二十多年间幕府里的宾僚作一统计，看他们怎样被他吸引来，怎样受他的影响，怎样影响他，怎样被他提拔，则我们对曾国藩的伟大可以得到更深切的认识。而想转移风气，甚至转移运会的人也知所取法了。昔薛福成有《叙曾文正幕府宾僚》一文，所举自李鸿章以下凡八十余人，但仅系以爵秩和籍贯而已。本文的作者之一(李鼎芳)曾根据这个名单，稍加增补，参以此诸宾僚的碑传和著作、曾氏的全集和其他载籍，详考诸人和曾氏的关系。兹撮其要如下。

曾经供职在曾国藩幕府，或者往来其中的，据现在我们所知，有九十来人，其中最著的，在军政方面有左宗棠、李鸿章、李瀚章、彭玉麟、刘蓉、李元度、郭嵩焘、薛福成等；在学术方面有俞樾、莫友芝、吴敏树、汪士铎、张文虎、华蘅芳、李善兰、徐寿、张裕钊、王闿运、吴汝纶、戴望、黎庶昌等。这许多人中，固然有的是国藩早年的朋友，有的是他学生，也有建策献图，自己投效的(如李元度、薛福成、屈蟠、林长春)，好些是曾国藩寄书请来的。不过他们所能够受到曾国藩的知遇，也不是凭空的，好多人在入曾国藩幕府以前是建过功的。

在未入曾国藩幕府以前，这些人所做的事，大概可分两方面。

一是办团练或参加战事的。如李鸿章本来是跟着吕贤基在安徽办团防的。周开锡是在湖南益阳办团练的，吴嘉宾也因办团练有功赏内阁中书加侍读衔。高心夔到曾国藩幕府来，也是自己从江西湖口带了五营团练来的。又如萧世本在四川办保甲，坚壁清野，太平军不敢相犯。程鸿诏在黟城也以办团练著义声。梅启照在南昌也曾用团练和太平军战过不少次。其他像李兴锐、吴坤修都是打过仗的，而最有名的要算彭玉麟在湖南耒阳的战绩。后来曾国藩就是因此而请他入幕。当时对于办团练最热心的要算罗汝怀。他曾作过一篇《团防刍说》。他的重要的主张是："当舍目前而谋后日，当置小补而思永图，当舍成法而求更张。若现募之兵果精，则当汰额兵而以新兵充任。而额兵之积弊，不在兵而在将，及绿营循例操演之法。不能选将而新筹操法，弊何由除?”(《绿漪草堂文集》卷五页二)这主张于曾国藩很有影响的。国藩在长沙办团练，事事更始，用儒生来做将领，另筹操练的法则，当是采纳罗氏的主张。二是参赞他人的幕府的。曾国藩幕中的人，很有从别人幕府来的。最著名如左宗棠，本来在张亮基(湖南巡抚)幕府的。张亮基一切都委托宗棠，所以宗棠便专管湖南的军事。当时湖南援兵回兵，宗棠尤尽力于策应曾国藩的军队。湖南的厘金征收、地方军事善后等，大都是左宗棠主持的。又如郭嵩焘，本来在江忠源幕府，助江忠源创办水师，是后来湘军水师的先驱。嵩焘的弟弟昆焘，起先也和左宗棠同在张亮基幕府，管理文檄函牍，调发兵食等事。他如汪士铎、莫友芝、李鸿裔、洪奎、周开锡等，都是参与过胡林翼的幕府。胡林翼死后，才都到曾国藩的门下。胡林翼的《读史兵略》，是汪士铎和莫友芝等替他编辑的。从这里我们可以知道曾国藩幕府来的人，多半先立了小小的功名，或者积了丰富的经验的。他们的出身，大半是举人、进士或者拔贡。他们在幕府中所做事业大体上可以从下几方面说:

1. 帮国藩鉴拔人才。国藩初出治兵，苦乏人才。当时邓辅纶在他幕中，早著才名。一时湖南的宿儒硕彦，都与交流。他更保荐给曾国藩许多英能强干的人。又有陈士杰，是国藩初起时入幕的。国藩在招请他的信中，便说他“于御众之道，得古人之遗意”。所以后来在幕中，“唯以人才为大计”。国藩所部文武吏士初来时，必先令与士杰会面，阴使相其能否，然后决定分别任用。

2. 设计。从许多曾氏幕僚的传中，可以看到参与机要的记载。举其著者，薛福成初入幕时，便上了养人才、广垦田、兴屯政、治捻寇、澄吏治、厚民生、筹海防、挽时变等八策。后来国藩克服南京后，这些计划差不多都实行了的。国藩规南京，先清后路，使脚根稳固，再进兵大攻(《曾文正奏稿》卷十五，三四页)，这是汪士铎策划的(《汪梅村先生集》卷十五页)。克南京后，与彭玉麟设立长江水师，也是汪氏的计划(《汪梅村先生集》卷十七页)。国藩要裁遣湘勇，吴敏树曾寄书信献议，兵士就地垦荒。这事后来恐怕也做到的，因为现在江浙地方有好些湖南人是垦荒致富的。

3. 治理军饷。曾国藩初出治军，规模狭小，并没有计及别省的事，更不料湘军将来会成全国的军队。所以起初一切都是自己请地方绅士和幕僚管理。就是军饷，也没有请朝廷派人来经理粮台。从咸丰三年初办团练到咸丰七年(1857)十二月，粮台都是派幕僚经理的。始终其事的是李瀚章和甘晋。咸丰七年以后，虽然把粮台撤毁，归并江西省局由司道办理，筹饷的还是李瀚章他们。此外如郭嵩焘、昆焘兄弟，杨象济、李兴锐等，或是替他办捐输，或是替他收集厘金。尤其是厘金，到咸同之际，因为战争持续了好多年，各省糜烂，它便成了惟一的饷源，经理厘金局的都是幕中的宾僚。所以在这一方面，曾国藩受他们的帮助要算最大了。

4. 带领军队。从战争方面而言，曾国藩幕府的人，亲自将兵出战的很多。最著名如左宗棠、李鸿章、彭玉麟、吴坤修、李元度、唐训方，或领陆军，或领水师。而曾国藩改变了清末的兵制，这是一例。不过左宗棠从咸丰十一年以后，专任了浙江的军事。李鸿章从同治元年以后也专任了江苏的军事，便都脱离了幕府，独当一面去了。李鸿章仿湘军的营规、营制成立淮军，更成了另一集团，这是后话。惟有彭玉麟在曾国藩幕中差不多二十年，专以带领水师为事，所以他在军事方面对曾国藩的贡献是最大不过的。此外从幕府出而将兵的，有李榕、李鹤章、林长春、左楷、屈蟠等。

5. 治文书章奏。虽然黎庶昌在《曾文正公年谱》里说文正公一生的书牍奏疏，都是亲自属笔，从不假手他人，但是我从别的记载中，知道曾国藩在这方面借重于他人的正多。幕府中人实以文士居多，而他们所最能做的事还是在笔墨上头。曾在曾国藩幕府里治理文书章奏的人，举几个重要的，有许振祎、刘蓉、李鸿章、吴汝纶、李元度、程鸿诏、向伯常、柯钺、钱应溥、罗萱、冯焌光等。他们不但都是文章的能手，而且有胆识很大的。譬如曾国藩在咸丰四年战败靖港，朝廷革他的职，照例革职人员不能专疏上奏的，李元度却代草奏疏，请出湖南境后，仍许专奏，以速戎机。曾国藩倒迟疑不敢决，李元度竭力坚持，后来朝廷竟许国藩单衔专奏。其中笔翰敏捷的，如许振祎曾经在一个晚上做过八十通官书。曾国藩眼病，自己不能作书，便嘴里说，要罗萱起草。萱随手写下来，往往不必修改。其他如刘蓉、程鸿诏、钱应溥，写文章都有捷如夙构之称。吴汝纶的文章，更是受曾文正的奇赏，常常把他比作汉朝弥衡的。他后来到了李鸿章的幕府，在这方面，李鸿章依赖他的地方很多很多。

上面我们所举出的五点，差不多完全是在军幕方面而言。曾国藩在军事上的成功，受到他幕府的帮助可见是很大的。自从太平天国覆亡后，曾国藩总督两江，便专心注重文事和吏治。他荐方宗诚来做枣强知县，是他用儒术来润色吏治的表征。在金陵，在安庆，都创办书局，校刊古书，恢复遭兵燹蹂躏的各地的文化事业。幕府中的文士如刘毓崧、汪士铎、洪汝奎、唐仁寿、张文虎、莫友芝、倪文蔚、李善兰、成镜蓉、戴望等，都到书局经理，分任校刊。江南学术，乃蒸蒸复盛矣。

国藩在一生事业的几个严重关头里，曾大受他的幕友的影响。

其一，他出来治军，是经郭嵩焘和吴敏树、罗汝怀劝驾的。咸丰二年，曾国藩放江西学政，丁母忧归家守制。这时太平军已经到了湖南，朝廷便命他帮办团练，他坚持守制，不肯出。郭嵩焘到他家里，劝他出来保卫桑梓，同时吴敏树也写了一封信给他，申明“衰绖从戎”的道理(《拌湖文集》卷六十九页)，国藩才奉朝命，赴长沙。这是他初出时的事。到了咸丰七年，他又丁了父忧，又要坚请守制。这时太平天国的声势正盛，所以许多地方官都攻讦他畏难而退。他没法，和吴敏树商量。吴敏树又作了一篇《为曾侍郎论金革无辟》的文章(《拌湖文存》卷一十五页)。同时罗汝怀也写信来劝他重新出山。国藩才不坚持终制，第二年便出来了。此二事关系曾国藩的事业甚大。曾国藩倘使起初就坚持不出，朝廷一定会准许的，因为当时他并没有以军功著名。到咸丰七年，太平天国定都甫四年，曾国藩功还未立，他真要不干也可能的。

其二，咸丰四年，曾国藩初率兵从衡阳北上，到岳州便打了败仗。那时候王鑫带了他自己的九百兵死守岳州空城，曾国藩和他意见不合，不愿救他，经陈士杰再三的劝告，才派了水师赴救。王鑫的兵后来归左宗棠，平定浙江定新疆的将领多半是这次遇救的。岳州败了以后，曾国藩自己带了水师，守湘川中流，听天由命。王闿运和陈士杰便商议劝告，要他援救湘潭，图根本立足之地。国藩才飞檄塔齐布救湘潭，大胜，湘军才有再图进取的根据。按这两次战争，是湘军初出时的主要战役，国藩只知感情用事，不审利害。要是没有陈士杰等的劝告，王鑫陷死在岳州城，自在意中。国藩若困守湘川中流，靖港和湘潭的太平军上下都是半天可到，他又何尝不是自处绝域呢？这两次战争，一胜一败，和湘军后来的进展是很有关系的。

其三，国藩初出治军的时候，严刑峻法，手段非常的辣，他和地方官吏又往往不合。但是到咸丰八年再起时，便完全改变了态度。他的老友欧阳兆熊在《水窗春呓》（卷上十页）里说："先是文正与胡文忠书，言恪靖（左宗棠）遇事掣肘，哆口谩骂，有欲效王小二过年永不说话之语。至八年再起援浙，甫到省，集'敬胜怠，义胜欲，知其雄，守其雌'十二字属恪靖书篆联以见意，交欢如初，不念旧恶。此次出山后一以柔道行之，以至成巨功，毫无沾沾自喜之色。"国藩亦自言，"自八年夏间再起视师，痛改前此客气用事（谓激于一时之意气，非养之有素者）之弊"。（《求阙斋弟子记》二十）这重大的改变似乎与罗汝怀的劝告有关。他第二[次]守制时，罗给他一封十分谅直的信，责他"追寻怨怼，苦索瘢疣，不用雅驯之辞，惟抒愤懑之气，亦何弗游心广大之域。是殆德性学问中或有窒□之未辟，渣滓之未融已"。归结，劝他虚己下人，"使官无怨"为第一要务。这封信是不能不使国藩感动的。盖国藩的幕僚多是他的故友，故遇事敢言，非如后世的枭雄，刚愎自大，所日与处的无非只能说"是"的人，无望其变化气质，改易途径，袁世凯其例也。

以上叙曾国藩所受他的幕僚的帮助和影响，下文将记国藩直接对他的幕僚的影响，同时也就是间接对全国学术和政治的影响。国藩论学，以义理、经济、词章、考据并重而相成，于以调和汉宋之争，故奉国藩为师的学者（多半曾居其幕府的）绝无汉宋门户之见，而多半以调和汉宋自任。这是道光末至光绪初年间我国学术界的风气，经曾氏光大的。国藩论文虽崇姚鼐，然实和他有别。“循姚氏之说，屏弃六朝骈丽之习，以求所谓神理、气味、格律、声色；法愈严而体愈尊。循曾氏之说，将尽取儒者之多识格物，博办训诂一内诸雄奇万变之中，以矫桐城末流虚疏之饰。”(黎庶昌《续古文辞类纂·序》)这是湘乡派文章的特色，而与后来维新派(谭嗣同、梁启超等)文体的解放是有渊源关系的。其实湘乡派可以说是对于桐城派的第一度解放和改进，维新派可以说是对于桐城派的第二度解放和改进。传曾氏文派的著名作者如张裕钊、黎庶昌、薛福成、吴汝纶等，都是他的幕府中人。

曾氏理学家的修养法很自然地会影响他的幕僚。他一生操行的宗旨可以“诚敬”二字包括。诚是不欺己欺人，敬是勤慎有恒。“居敬”“存诚”原是孔门修养论的总原则。敬是礼的原则，诚是仁的原则。礼是外的，仁是内的。仁是礼之本，礼是仁之用。宋儒的贡献，从行理的观点看来，是将这两原则深刻化、具体化、理论化。曾氏从宋儒得到这两原则的深切认识，而一生咬实牙龈地坚守力行之，并且得到儒家所希求的理想机会，在政治上发展他的人格。故此我们可以说曾国藩是儒家最典型的人物。他所认定的修养宗旨，他永远不惮烦地拿来向下属或后辈提诲，这是可以从他的书札里看出的。他的幕僚所受的影响我们可以举李鸿章为例。薛福成记：“傅相(李)入居幕中，文正每日黎明必召幕僚会食。而江南风气与湖南不同，日食稍晏。傅相欲遂不往，一日以头痛辞。顷之差弁陆续而至，顷之巡捕又来，曰‘必待幕僚到齐乃食’。傅相披衣踉跄而往。文正终无言，食毕，舍箸，正色谓傅相曰，‘少荃，既入我幕，此处所尚惟一诚字而已’，遂无他言而散。傅相为之悚然。”但鸿章始终没有把他的诚字传授到家，而只传授得他的敬字。国藩的生活秩序甚严整。我们看手书的日记，每日某时起，某时理公牍，某时见客，某时围棋，某时看书，几如刻板。李鸿章亦然。吴永在《庚子西狩丛谈》里记他“每日起居均有常度。早间六句钟起，稍进餐点，即检点公事，或随意看《通鉴》数页，临《圣歌序》一纸。……（午饭后）脱去长袍，短衣负手出廊下散步，晚间稍看书作信，随即就寝，凡历数十百日，皆无一更改”。

其他像薛福成的凝重，黎庶昌的勤黾，吴汝纶的忠实，都是受曾国藩的教导和生活上的习染的结果。在出处辞受之际，国藩的宋学的精神，影响于他的宾僚尤其深刻。

从政治方面说，清末采用西“艺”的风气，也是曾国藩开其端，而后来做的幕府旧僚继续发扬的。李鸿章所倡办的新政除开矿、建铁路及关于商业的外，皆秉曾国藩之志而行的。国藩在咸丰四年的时候，便设炮局，仿造西洋水雷，虽然没有什么效果，却是一种创试。到了同治初年，他便派了容闳到美国购买机器，创立江南制造局，自造机器和轮船。不久他便提议派学生到美国去留学，清廷许之，同治十一年才有第一批留学生派赴美国。不过在同治二年，总理衙门有委李泰国购买炮船助攻南京一事。李泰国和阿思本定合同，允许阿思本做总司令，总理衙门严厉驳斥，重订合同。结果阿思本不愿，所以炮船买了来又出卖了。这次购船的事曾国藩是反对的。推测他反对的原因似乎在：（1）根本反对洋人助战；（2）南京势在必下，不愿他人分曾国荃等的功勋；（3）畏惧外人索重酬（咸丰十年俄人已经给了一个教训了）。有人说（例如陈恭禄），曾国藩反对雇佣外国海军人员是见识短小，是不对的。总理衙门向外国买炮船没有成功这一年(同治二年，1863)，便是曾国藩派容闳到外国去买机器那一年。

讲到晚清的外交，近人多知道称许李鸿章，而不知李鸿章在外交上的根本策略是受自曾国藩的。《庚子西狩丛谈》里保存着晚清外交史的一段重要材料，值得我们全录于下：

> 公(李鸿章)又曰，别人都晓得我前半部功名事业是老师(曾国藩)提挈的，似乎讲到洋务，老师还不如我内行，不知我办一辈子外交，没有闹出乱子，都是老师一言指示之力。从前我老师从北洋调到南洋，我来接替北洋，当然要先去拜谒请教的。老师见面之后，不待开口，就先向我问话道："少荃，你现在到了此地，是外交第一冲要关键。我今国势消弱，外人方协以谋我。我小有错误，即贻害大局。你与洋人交涉，打算作何主意呢?"我道："门生只是为此，特来求教。"老师道："你既来此，当然必有主意，且先说与我听。"我道："门生也没有打什么主意，我想与洋人交涉，不管什么，我与同他打屁子腔(皖中土语，即油腔滑调之意)。"
>
> 老师乃以五指捋须，良久不语，徐徐启口曰："呵！屁子腔！屁子腔！我不懂得如何打法，你试打与我听听。"
>
> 我想不对，这话老师一定不以为然。急忙改口曰："门生信口胡说错了，还求老师指教。"他又捋须不已。久久始以目视我曰："依我看来，还是用一诚字。诚能动物，我想洋人亦同此人情。圣人言忠信可行于蛮貊，这断不会有错的。我现在既

没有实在力量，尽你如何虚强造作，他是看得明明白白，都是不中用的，不如老老实实，推诚相见，与他平情说理，虽不能占到便宜，也或不至过于吃亏。无论如何，我的信用身份，总是占得住的。脚踏实地，蹉跌亦不至过远，想来比屁子腔总靠得住一点。……”我老师的话实在有理，是颠扑不破的。我心中顿然有了把握，急忙应声曰：“是，门生准奉老师训示办理。”后来办理交涉，不论英、俄、德、法，我只捧着这个锦囊，用一个诚字同他相对，果然没有差错，且有很收大效的时候。古人谓一言可以终身奉行，真有此理。”

这番话至今还值得我国办外交的人倾听。

以上述曾国藩对他的幕府人物的影响竟。最后让我们看看曾氏关于人才的见解和用人的态度。他在早年的《原才篇》□便□定风俗的厚薄，系于在上一二人之心之所向，而国家所需要的人才，可由处高明之地位的人，依己之所□，陶铸而成。咸丰即位之初，他应诏陈言，即谓当日所须讲求的唯在官吏得人。他又说过，“为政之道在得人，得人不外四事：曰广收、慎用、勤教、严绳”。(《求阙斋弟子记》卷二)关于广收者，薛福成记他在籍办团练时所用诸人“或聘自诸生，或拔自陇亩，或招自营伍，均以至诚相与，俾获尽所长”。(《庸庵文编》卷一)关于慎用者，国藩有云，“将帅之浮滑者，一遇危险之际，其精神之飞动足以摇惑军心，其言语之圆滑足以淆乱是非，故楚军历不喜用善说话之将”。(《书札》卷十八)李元度赴安徽时，他与约不用好大言的文人，又云“大抵人才约有两种：一种官气较多，一种乡气较多。官气多者，好讲资格，问样子。办事无警世骇俗之象，语言无此防彼碍之弊。其失也奄奄无生气。……不能苦下身段去事上体察一番。乡气多者好逞才能，好出新样，行事则知己不知人，语言则顾前不顾后。其失也，一事未成物议先腾。……吾欲以劳苦忍辱教人，故且戒官气；而始用乡气之人，必取遇事体察，身到，心到，口到眼到者。赵广汉好用新进少年，刘晏好用士人理财，窃愿师之”。(《弟子记》卷二七)关于“教”与“绳”者，国藩有云：“大抵人才约有二种。高明者好顾体面，耻居人后，奖之以忠则勉而为忠，许之以廉则勉而为廉，即薪水稍优，夸许稍过，冀有人才出乎其间，不妨略示假□。卑琐者本无远志，但计锱铢，驭之以严则生惮，防之稍宽则日肆。务使循循乎规矩之中方好。”(仝上)

国藩待对下属的态度亦不外“诚”。将吏来谒见的没有不立时接见，殷勤训诲。或有难办的事件，难言的苦衷，必博访周知，代为筹划。别后常通信告诫，像师长督课学生，父兄期望子弟一般。见人有好处，必极口称赞，大而李鸿章虹桥之战，小而钱警石、衎石兄弟的家书，皆引愧不如，而乐为称道。胡林翼以臬司统兵隶他部下时，他奏称其才胜己十倍，胡遂受不次的擢用。这些还是表面的。李元度曾两次被国藩参劾，因此终身不得志。但国藩殁后，元度哭以诗云：

记入元戎幕，
吴西又皖东。
追随忧患日，
生死笑谈中。

末路时多故，
前期我负公。
雷霆与雨露，
一例是春风。

我们于此可以想象曾国藩对僚属的魔力。

李鼎芳与张荫麟合著，原载《大公报·史地周刊》第36期，1935年5月24日。

严几道(1854—1921)

(一)

1866年(清同治五年)冬，福州造船厂尚在经营中，它附属的海军学校“求是堂艺局”已开始招选“少年聪颖子弟”。当时的智力测验是国文一篇，由船政大臣沈葆桢亲自命题，亲自阅卷；题目是“大孝终身慕父母论”。投考者当中有一位十四岁的童子严宗光。他的父亲刚死了不久，他的母亲正忍着穷苦抚孤守节。这个题目恰好触动他的哀思，他特别言之有物；加以他出自书香人家，曾从宿儒受学，文字的根柢是不比寻常的。果然沈葆桢看中了他的卷子，取置第一。次年春初，他便离别了寡母，并且离别了他去年丁艰前新娶的小伴侣，来到福州城南一所古老的定光寺——艺局的临时校舍，和百多个陌生的少年一同开始学习“旁行书算”。

但有可以使他宽怀的，校中供他饭食，并且每月给他四两银养家。

艺局后来分两部，一教造船的，名前学堂；一教驶船的，名后学堂。当时造船术首推法国，航术首推英国，故此前学堂授法文，后学堂授英文。严宗光入的是后学堂，在马江口。校中的课程除英文外，有数学(自算术至微积分)、物理、化学、地质、天文、航术等，都是用英文教的，教员也都是外国人；还有严宗光特长的“策论”，还有《孝经》和《圣谕广训》——当时的党义。校中西文的功课定规：“每三个月考试一次……考列一等者赏银十元，二等者无赏无罚，三等者记惰一次，两次连考三等者戒责，三次连考三等者斥出，其三次连考一等者，(于每次赏十元外)……另赏衣料。”(《船政奏议》)这学堂星期日没假放，暑期自然也没有，只有端午和中秋各放假三日，新年放假若干日。

宗光在后学堂读了五年，以同治十年毕业，名列最优等。此后五年，他在军舰上实习，中间他曾“北逾辽渤，东环日本，南暨马来、息叨、吕宋”(严复《海军大事记·弁言》)。同治十三年日人侵台湾，沈葆桢奉诏赴该地筹防。他命宗光随往，测绘背旗、莱苏澳等海口，月余毕功。这是他第一次，也是最后一次应用所学，为国宣力。

福州船厂所雇的洋人陆续约满归国，厂中只能维持现状，不能发展。经过台湾一役之后，沈葆桢越感觉本国海军人才的需要，于是提议选派大批前、后学堂的毕业生，分赴法国、英国留学。因为经费困难，他的计划迟至光绪三年二月才得实现。严宗光就是这次被遣派的留学生之一。同行的学生中有刘步蟾、林泰曾、方伯谦、萨镇冰等，都是后来甲午海战中我方的主要角色。护送的办事员中有《马氏文通》的作者马建忠。

宗光留欧仅两年零两三个月。关于这时期他的正式学业，我们只得到这样的报告：他“先往（英国）抱士穆德（Portsmouth）肄业，随入格林尼次（Greenwich）官学，考课屡列优等，又赴法游历，后回该官学考究数理、算学、气化学及格致、驾驶、镕炼、枪炮、营垒诸学”。（《船政奏议》）他专门学的虽然是海军驾驶，但不像他的同伴，在留学期中，他始终没有到军舰实习过。他对于海军似乎没有很大的兴趣。他虽然屡次考过优等，但在功课上并不算得怎样杰出。他在“后学堂”毕业时虽列最优等，但当时校中认最为优秀的学生，没有他在内。据沈葆桢的奏报，“其驾驶心细胆大者则粤童张成、吕瀚为之冠；其精于算法量天尺之学者则闽童刘步蟾、林泰曾、蒋超英为之冠”。（《船政奏议》）宗光对海军兴味的平常使他的注意转而及于西洋的政理和哲学。

第一个真正赏识严宗光的不是沈葆桢，而是郭嵩焘。严留英时，郭正做出使英国大臣。他们不知道怎样结识的。总之，郭引严为忘年交，严每逢假日便到使馆里和郭谈论中西学术、政治的异同。这本来是郭特别关心的题目。他有一次归国，想“推求古今事宜，辨其异同得失……条具其（西洋）所以致富之实，其发明，其同心，而后中国所以自处处人者可以知其节要。谋勒为一书上之总署。……及至京师，折于众口，噤不得发”。（《与李鸿章书》）此时在海外忽遇一个“可与之言”的人，自然高兴到了不得。他们谈论的内容，现在无从得知。但我们试将郭所以蒙谤的见解，和严后来初次发表的政论比较，便知他们是“英雄所见略同”的，他们都以为西洋之胜过中国的地方，不仅在器械，而并在政教风俗，他们都不赞成“中学为体，西学为用”的办法。据云郭曾写信给一位达官，说“出使兹邦，惟严君能胜其任。如某者，不识西文，不知世界大势，何足以当此?”(严璩《严先生年谱》，下省《年谱》)郭自身是不得志的人，自然不能给严以有效的提拔。严归国后和郭不断的有书札往还。可惜郭给严氏的信，在庚子乱时都丢掉了。后来郭死(光绪十九年癸巳)，严挽道：“平生蒙国士之知，而今鹤翅氋氃，激赏深惭羊叔子；惟公负独醒之累，在昔蛾眉谣诼，离忧岂独屈灵君。”

(二)

光绪五年，宗光被母校召回，充任教习。这时李鸿章任直隶总督，方经营北洋海军，他似乎已听到宗光的声名，次年设立北洋水师学堂于天津，即调宗光来当总教习(教务长)。宗光在这里一直住了二十年。在光绪十五年由总教习升为会办，次年又升为总办。到庚子乱起，他才离开天津，逃难到上海，而水师学堂也跟着停办，李鸿章也跟着去世了。

宗光在天津时，有信(家藏未刊)给他的堂弟某说，“兄自来津以后，诸事虽无不佳，亦无甚好处。公事仍是有人掣肘，不得自在施行。至于上司，当今做官，须得内有门马，外有交游，又须钱钞应酬，广通声气，兄则三者无一焉，又何怪仕宦之不达乎？置之不足道也”。最使他抑郁的，李鸿章虽调他来在身边，却没有重用他。皋比虚拥，十年才一迁转。后来他的朋友陈宝琛说，“法越事变(光绪十一年)文忠为德璀琳(Detring，德国顾问)所绐，皇遽定约，惎言者摘发，疑忌及君，君亦愤而自疏。及文忠大治海军，以君总办学堂，不预机要，奉职而已”。(陈撰严君墓志铭)这也许是真的。但宗光也有不自疏的时候。他升任总办后给他堂弟的信里说，“用吾弟言，多见此老(鸿章)，果然即有好处，大奇，大奇”。这信里有附笔说，“兄吃烟事，中堂亦知之，云汝如此人才，吃烟岂不可惜。此后当仰体吾意，想出法子革去。中堂真可感也”。他开始吃烟，不知在那一年，要当在归国来津之后。他的信里虽然托堂弟找戒烟丸，但他的烟癖似乎未曾戒去。(据说他吸烟的法子却与众不同，像吃饭一般，干干脆脆地吸了几口，便马上起床读书做事。)他于本业，并非杰出，而又有恶习，鸿章用他长海军学堂已是过分，何况于负更大责任的职位？至于别方面实行的才干，他未尝有以自见，又怎能怪鸿章不大用他？或者有人会问，李鸿章既知道他是一个人才，何不置之幕府？但严氏所长在西学。当时李所主持的新事业(最重要的如海军)已大受阻挠，没有发展的希望。何况于更根本的改革？李鸿章实在没有用得着严氏的地方。(严虽不见用于李，对李始终无恶感，李死，严挽道：“使生平用尽其谋，其成功或不止此；设晚节无以自见，则士论又当如何?”)他最适宜的活动，还是他后来所采用的，以言论开风气。

但他始终不甘心做一个仅仅坐言的人。海军的路是走不通的，而且他不相信海军是有根本的重要，因此他想借科举的阶梯，走上政治的路。从乙酉(光绪十一年)到癸巳八年间，他曾两应福建乡试(乙酉、癸巳)，两应顺天乡试(戊子、己丑)，但都失败了。我们从他后来答友人郑孝胥的解嘲诗中的话，可以知道他这时期的野心和失意：

……少日贱子贱，身世随所迁。与官充水手，自审非其脚。不祥固金性，时时冶中跃。每逢高轩过，气欲偃溟渤。慑然为之下，肩耸足自躩。窃问客何操，乃尔势旁魄。咸云科目人，转瞬即台阁。不者亦清流，师友动寥廓。忽尔大动心，男儿宜此若。私携比皇坟，背人事钻灼。更买国子生，秋场期有获。谁知不量分，铅刀无一割。当时利市者，自有干与莫。茕冥短檠镫，凄惨长屈蠖。……

他本来想等“博一第入都，以与当轴周旋，既已入其彀中，或者其言较易动听，风气渐可转移”。(《年谱》)所以直至此时，他还没有正式发表过什么政论。第四次秋闱罢后，他觉得科举的路又绝望，不再去试了。跟着就是甲午战争，跟着就是乙未和约。这次的奇耻大辱掀动全国士大夫的情感。他觉得再不能等待，再不能缄默了，就在乙未年，当合议告成后不久，他开始在天津《直报》发表文章，他开始翻译有名的《天演论》。次年梁启超主办《时务报》于上海，严在《直报》发表的文章全被转载了。次年夏，他自己又和夏曾佑等创办《国闻周刊》于天津。这时他已经改名复，字几道。他的译著都署新名，宗光一名遂不为世人所知。但又陵的别字却是与宗光相副的。

他乙未年在《直报》发表的文章有《论世变之亟》《原强》《救亡决论》《辟韩》等篇。它们的大旨如下。西洋人者所长，不仅在“擅会稽”“擅机巧”，他们的“德、慧、术、知”皆“为吾民所远不及”。西洋文明的“命脉之所在”，“苟握要而谈，不外乎学术则黜伪而崇真，于刑政则屈己以为公可已”(这就是后来提倡新文化的人所谓赛恩斯和德谟克拉西两位小姐)。我们想救亡，要效法西洋，想效法西洋，要从这两方面效法。当时“中国本位”的学问，在他看来，是完全要不得的。“中土之学必求古训。古人之非既不能明，即古人之是亦不知其所以是。记诵词章既已误，训诂注疏又甚拘。江河日下，以至于今之经义、八股(为党义之名者其知道乎！不然，何其与经义之名遥相伉俪也！)则适足以破坏人才耳。”只有西学才真是学。“夫西洋之于学，自明以前，与中土亦相埒耳。至于晚近言学，则先物理而后文词，重达用而薄藻饰。且其教子弟也，尤必使自竭其耳目，自致其心思，贵自得而贱因，善喜疑而慎信。故其名数诸学，则借以教致思穷理之术；其力质诸学，则皆以导观物察变之方，而其本事，则筌蹄之于鱼兔而已矣。”(今之主持教育的人们有几个懂得此理)。至于政治方面，为实现“屈己以为公”的原则，严氏以为必须“设议院于京师，而令天下郡县各公举其守宰”。在《辟韩》一文里，他借韩昌黎的《原道》做筏子，发挥极左派的民约论。他反问，“韩子何不云，民者出粟米麻丝作器皿，通货财以相为生养者也。其有相欺，相夺，而不能自治也，故出什一之赋而置之君，使之作为刑政甲兵，以锄其强梗，备其患害；然而君不能独治也，于是为之臣，使之行其令，事其事；是故民不出什一之赋则莫能为之君，君不能锄其强梗防其患害则废，臣不能行其锄强梗防患害之令则诛乎?”这简直是预替后来的革命党张目了。无怪此文转载《时务报》后，张之洞看见，大为皱眉。据说他本来想给作者一些过不去，经旁人劝解，结果在《时务报》上登出“屠梅君侍御”奉命写成的《辨〈辟韩〉书》了事。在甲午左右，严氏给他堂弟的信里还说，“兄北洋当差，味同嚼蜡，张香帅于兄颇有知己之言。近想舍北就南，冀或乘时建树耳”。此时他才知道张香帅之所以为张香帅！严氏晚年与其弟子熊纯如的书札里说，“当《时务报》之初出也，复尝寓书戒之（梁启超），劝其无易由言，致成他日之悔。闻当日得书，颇为意动，而转念乃云，吾将凭随时之良知行之，由是所言皆偏宕之谈、惊奇之论”。其实梁氏在《时务报》的言论还没有他的“辟韩论”这样偏宕、惊奇。难道此文广布后，他旋自恼悔，抑或他晚年的追想不尽可靠？

蔡孑民说，“严复译《天演论》的时候，本来算激烈派，听说他常常说‘尊民叛君，尊今叛古’八个字的主义”。（《五十年来中国之哲学》）他的思想解放程度可以一事为例。乙未殉职的海军提督丁汝昌遗有一个很美的夫人。此时严复已丧偶，不以寡妇为嫌，想设法娶她，并且写了一封托人转交她的求婚信。也许他的朋友不以此事为然，没有代转此信，其事遂罢。（闻此信今存谢冰心女士家。）

《天演论》（赫胥黎《演化与伦理》论集中头两篇的译本）是严复在乙未年译成的（他在水师学堂里曾用此书做教本），后来大约经过修改，但一直到戊戌年才刊行。我们在这里没工夫去谈及原书的大旨、译法的讲求和译笔的优美。现在只引胡适之先生把这部小书的影响形容得最尽致的一段话：“《天演论》出版不久，不上几年，便风行到全国，竟做了中学生的读物了。……在中国屡次战败之后，在庚子、辛丑大耻辱之后，这个‘优胜劣败，适者生存’的公式确是一种当头棒喝，给了无数人绝大的刺激。几年之中，这种思想像野火一般，延烧着许多少年人的心和血。天演、物竞、淘汰、天择等等术语都渐渐成了报纸文章的熟语，渐渐成了一班爱国志士的口头禅。还有许多人爱用这种名词做自己或儿女的名字。陈炯明不是号竞存么？我有两个同学，一个叫做孙竞存，一个叫做杨天择。我自己的名字也是这样风气底下的纪念品。”（《四十自述》）

这部极得意的书却是严氏极失意的时候写的。忠厚地说，他是一个热心的人；刻薄地说，他是一个热中的人。不管怎样，甲午前后的时局一方面煽动他的“热”，一方面没有给他一个发泄的处所。和他“风谊兼师友”的吴汝纶劝慰他道：“执事博涉，兼能文笔，学问淹有东西四万里之长；子云笔札之工，充国四夷之学……钟于一手。求之往古，殆邈焉罕俦。窃以为国家长此因循不用贤则已耳。如翻然求贤而登进之，舍执事其将谁属？……一时之交疏用寡，不足以芥蒂于怀，而屈贾诸公不得志之文，虞卿魏公子伤心之事，举不得援以自证。”像这类的话，对他只是画饼。到了戊戌年，就是《天演论》初刊行的一年，康梁等所造成的维新局面像要给他一个扬眉的机会了。他被人荐给光绪帝了，他被光绪帝召见了，光绪帝命他把近作《拟上今皇帝万言书》抄呈了。但这篇大文未及抄好而政变忽起，而西太后垂帘听政，而六君子就义，连累得他才办了一年的《国闻周报》也不幸短命死矣。此后两年间，他在天津匿迹销声，收拾闲心来译他的《原富》（即亚当·斯密的《国富的性质和原因探究》）和《若干己权界论》（即穆勒的《自由论》），并且续他八年久断的“弦”。（他的元配王夫人在光绪十八年死后，他只纳一妾。）

（三）

从庚子变乱到辛亥革命约莫十一年间，他的生活的流转和以前二十年间生活的固定恰成一对照。庚子五月，他仓皇避难，抛却藏书，偕着新妻，跑到上海。上海的名流开政治大会，讨论东南互保的事，举他为副会长，容闳为正会长。闰八月，他参加一个中西人合组的慈善团体，来京津救济，十月底返上海(陆树德《救济日记》)。次年他被招赴天津，主持开平矿务局事。次年京师大学堂开办，吴汝纶被聘做总教习，他被聘做大学堂的编译局总办。这时他的《原富》(此书上半在庚子离津前译成)已陆续出版，梁启超在是年的《新民丛报》第一期里大为此书吹嘘，并且昌言“严氏于西学、中学，皆为我国第一流人物”。后来大学堂礼聘吴、严，他又在《丛报》里说，“回銮后所办新政，惟京师大学堂差强人意，自管学以下诸职司皆称得人……今日足系中外之望者只此一局，吾深望两君(吴、严)深自贬抑，翩然出山，以副多士之望也”。但严氏对此新职并不怎样看重，做了两年无所建白，他也觉得无味，索性辞了。他出都时，一班闽籍的名士在陶然亭给他饯行。林纾为作《江亭饯别图并记》。他也有一留别诗，内中一段说道：“乾坤整顿会有时，报国孤忠天鉴之。但恐河清不相待，法轮欲转嗟吾衰。自惭厚糈豢非才，手版抽将归去来。颇拟廛岑结精舍，倘容桐濑登钓台。长向江河狎鸥鸟，梦魂夜夜觚棱绕。”这时他已五十二岁了。次年，开平矿务局在英国打官司，他被请到伦敦做帮手，旋顺道游法兰西、瑞士、罗马，至日内瓦乘德国邮船归。据说他到伦敦时，孙中山特去访问。谈论之间，“他说，‘以中国民品之劣，民智之卑，即有改革，害之除于甲者将见于乙，泯于丙者将发之于丁。为今之计，惟急从教育上着手，庶几逐渐更新也’。中山曰，‘俟河之清，人寿几何？君为思想家，鄙人乃执行家也’。”(《年谱》)次年，严复既归国，安徽巡抚恩铭聘他为安庆师范学堂监督。这时他不独名满国中，而且内外达官渐加青眼了。次年，他应直隶总督杨士骧的聘请赴天津，旋又应荣禄的聘请，任学部附设的审定名词馆总纂。次年，宣统改元，海军部立，他被授协都统的头衔。不一会，朝廷又赐他文科进士出身。同时，度支部和宪政编查馆都要礼聘他。次年，资政院成立，他又以硕学通儒被征为议员。这时他颇有扶摇直上的希望了。但转眼间，革命军起，共和成立。他新得的荣宠遂随旧潮的煊赫一同消逝。剩下名词馆总纂的职位，他还留恋什么呢？

在从庚子到辛亥的一时期中，严复在智识界的表现除继续他的翻译工作，成《原富》、《群己权界论》、《群学肄言》（即斯宾塞尔的《社会学研究》）、《社会通诠》（即甄克思的《政治史》）、《法意》（孟德斯鸠）、穆勒《名学》（穆勒的《逻辑系统》上半部）等外，在言论上，他一方面反对张之洞一派的“中学为体，西学为用”论，一方面反对革命。关于后者，他的根本理由在和孙中山的谈话里已举及。他又认为，当时自强自救的急务在实行军国主义，而民族革命足为当时军国主义发展的障碍。关于张之洞派的思想，他在壬寅年有一篇很痛快的驳议，大意说：“言主中学而以西学辅所不足者，骤而聆之，若中正之说矣。措之于事，为不然也。往者中国有武备而无火器，尝取火器以辅所不足矣；有城市而无警察，亦将取警察以辅所不足矣。顾使由今之道无变今之俗，是辅所不足者，果得之而遂足乎？……一国之政教学术，其如具官之物体欤？有其元首脊腹，而后有其公府四支；有其质干根荄，而后有其支叶华实。使所取以辅者与所主者绝不相同，将无异取骥之四蹄，以附牛之项领。……”他积极的主张，以为“今吾国之所最患者非愚乎？非弱乎？则径而言之，凡事之可以愈此愚，疗此贫，起此弱者……将竭力尽气，皲手茧足以求之。惟求之为得，不暇问其若中若西若新若旧也”。他以“中”“旧”与“西”“新”对举，是表明他不赞成“尽去吾国之旧以谋西人之新”。这时他的思想可以说是已由“尊民叛君，尊今叛古”变为“忧民而不叛君，师今而不叛古”了。他以为“变法之难，在去其旧染矣，而能别择其故作善矣者，保而存之。方其汹汹，往往俱去。不知是乃经百王所垂创，累叶所淘汰，设其去之，则其民之特色亡，而所谓新者从以不固。独别择之功，非暧昧囿习者之所能任耳。必将阔视远想，统新故而视其通，苞中外而计其全，而后得之”。这简直是预先替现今的“中国本位文化建设论”者说话了。但毕竟谁能任这别择之功呢？别择的结果的具体细节是怎样的呢？关于这些严复和他后来的同调者都不能作什么答复。但严复的智慧和忠实，使他不致如后世浅学妄人之所为，拿一个空题目来大吹大擂，以逢迎思想界的恶势力。

民国改元时，严复已交六十之年了。但他的身体比他的年纪更老，而他的思想也和他的身体一起衰老。他要提倡“保持吾国四五千载圣贤相付之纲纪、彝伦、道德、文章于不堕”了。他“又悟向所谓合一炉而治之者徒属虚言”了。他作《民约平议》(民国三年甲寅)，攻打自己“辟韩论”的嘴巴，“并且为筹安会导乎先路”了。经过欧战以后他于辜鸿铭之“极恨西学，以为专言功利，致人类涂炭”，也深以为然了。他死于民国十年，正当新文化运动极热烈的时候。他晚年不大看新书报，在这个运动中他只看见学生干政和胡、陈辈提倡白话文。此时他的精力已不容许他去做反对的文章，他只能在给弟子的书札中发发牢骚而已。对于当时奔走呐喊的学生，他只有冷笑：“咄咄学子！救国良苦。顾中国之可救与否不可知，而他日决非此种学生所能济事，则可决也。”(与熊纯如书札)当日的学生领袖现在不少腾达的了，严复的预言不能说没有应验。

关于白话文，他说，“就令以此教育易于普及，而遗弃周鼎（文言），宝此康匏，正无为退化何耳！须知此事，全属天演。革命时代，学说万千，然而施之人间，优者自存，劣者自败。虽千陈独秀、万胡适钱玄同，岂能劫其柄，则亦如春鸟秋虫，听其自鸣自止可耳。林琴南辈与之较论亦可笑也”。这种懒人的理论使他没有成为“新青年”们攻击的目标。自从洪宪帝制失败以后，他已经被智识界忘却了。

（四）

严复和袁世凯发生关系远在民国前。当庚子以后，袁氏声势最煊赫的时期中，袁氏曾几次邀聘他，他没肯就。但后来当袁氏罢政，谤者四起时，他却极力替袁辩护。袁氏自然感激他，及做了大总统，马上聘他任京师大学堂监督。但不知因为什么原故，他做了一年，就站不住。袁于是聘他做总统府外交、法律顾问，并指定选他做约法会议议员。袁氏总算他的晚年知己。但他对于袁氏还有时不甚恭维。民国四年，当筹安会未起时，他说：“大总统固为一时之杰。然极其能事不过旧日帝制时一有才督抚耳。欲望与列强相抗衡，则太乏科哲智识，太无世界眼光，又过欲以人从己，不欲以己从人。……望其移转风俗，奠固邦基，呜呼，非其选耳。”（与熊书札，下同）在民国元年，严复已认为：“天下似须定于专制……旧清政府，去如刍狗，不足重陈，而应运之才，不知生于何地，以云隐忧，真可忧耳。”但不得已而思其次，只有袁氏。“顾居今之日，平情而论，于新旧两派之中，求当元首之任而胜项城者谁乎？”当高兴的时候，他也会说，“今大总统雄姿盖世，国人殆无其俦”。那么，袁氏应当称帝，似乎是很逻辑的结论。故此他认为“杨、孙之议，苟后世历史，悉绝感情，固未必厚非”。但有时他又不敢承认这结论。关于袁氏之应否称帝，他在理智的良心上似乎是犹豫的。至于冒天下的大不韪，附凤攀龙，猎取禄位，则绝对非他的道德良心所容许。但当他被邀请加入筹安会的时候，拒绝的决心他是没有的；当他被列作筹安会的发起人以后，抗议的勇气他是没有的。因此“莽大夫”的名字就不免加在他身上了。但他的被动却有个限度。据他的弟子侯毅(《洪宪旧闻》)所记，“会中人招其议事，辄称疾谢之。直至筹安会解散，未尝一莅石驸马街，望筹安之门。……未几，梁任公有痛斥项城称帝之文，流布海内。项城谓非侯官(严)无能为驳议，乃署四万金支券遣使持谕侯官，文成以是为寿。侯官却其币，语使者曰，吾苟能为，固分所应尔，殊不敢叨厚赐。容吾熟思之，然后报命。使者既去，侯官得要胁之书无虑二十函，或喻以利害，或吓以刺杀，或责其义不容辞，而诡称天下属望。侯官筹虑数日，乃诣前使者举所得诸函示之曰，梁氏之议吾诚有以驳之，惟吾思主座命为文，所祈在祛天下之惑，而有裨于事耳。闽中谚云，有当任妇言之时，有姑当自言之时。时势至今，正当任妇言之。吾虽不过列名顾问，要为政府中人。言出吾口，纵极粲花之能事，人方视之为姑所自言，非惟不足以祛天下之惑，或转于事有损。吾以是踌躇不轻落笔，非不肯为也。为之则有裨于事，吾宁不为哉？至于外间以生死相恫吓，殊非吾所介意。吾年逾六十，病患相迫，甘求解脱而不得。果能死我，我且百拜之矣。使者以白项城，项城知其意不可夺。驳任公之文乃改令孙毓筠为之”。

袁世凯死，严复有很悲壮的挽诗三首，录如下：“近代求才杰，如公亦大难。六州悲铸错，末路困筹安。四海犹多难，弥天戢一棺。人间存信史，好为别贤奸。(其一)霸气中原歇，吾生百六丁。党人争约法，舆论惜精灵。雨洒蛟龙匣，风微燕雀厅。苍然嵩室暮，极眼送云軿。(其二)夙承推奖分，及我未衰时。积毁惊销骨，遗荣屡拂衣。持颠终有负，垂老欲畴依？化鹤归来日，人民认是非。(其三)”

袁世凯死后五年，严复也悄悄地死在福州的郎官巷里。死前他书有遗嘱(家藏未刊)，节录如下：

> 民国十年，岁次辛酉，十月三日，愈懋老人，喻家人诸儿女知悉。吾自戊午年以来，肺疾日甚，虽复带病延年，而揆之人理，恐不能久。是以及今尚有精力，勉为身后传家遗嘱如左。非曰，无此，汝曹或致于争。但有此一纸亲笔书，他日有所率循而已。汝曹务知此意。吾毕生不贵苟得，故晚年积储，固亦无几。然尚不无可分，今为汝曹分俵……
>
> 嗟嗟，吾受生严氏，天秉至高。徒以中年悠忽，一误再误，致所成就不过如此。其负天地父母生成之德至矣。耳顺以后，生老病死，倏然相随而来。固本吾身阅历，赠言汝等，其谛听之。
>
> 一须知中国不灭，旧法可损益，必不可叛。
>
> 一须知人亦乐生，以身体康健，为第一要义。
>
> 一须勤于所业，知光阴时日机会之不复更来。
>
> 一须谨思，而加以条理。

一须学问，增益知能，知做人分量不易圆满。

一事遇群己对待之时，须念己轻群重，更切毋造孽。

审能如是，自能安平度世，即不富贵，亦当不贫贱。贫贱诚苦，吾亦不欲汝曹儆之也。余则前哲嘉言懿行，载在典策，可自择之，吾不能觋缕尔。

愈懋老人力疾书。

王栻和张荫麟合著，原载《大公报·史地周刊》第41期，1935年6月28日。

关于戊戌政变之新史料

左件乃戊戌政变后一年王照亡命日本时，对日人之笔谈稿。观篇末第二段按语，知曾刊于香港某报。惟刊本今已不可得，此从旧钞本移录。原本题作“在逃犯官王照笔谈一则”，殆是清廷侦探或驻日机关之司情报者所传也。末有湖南某君识语，不著姓名。本件及识语皆大有史料价值，爰为标点重布。识语中痛詈康梁之语，愿读者毋忘其为史料。素痴识。

照来此半年，承诸公厚待，得延残生，不敢言报，亦恐终身无力图报耳。自顾菲材，不能有补于世。今即对公强作空谈，亦何益于事？惟公兼容并包，将有图于东亚大局，则照所知敝国政变之故，不能不陈之左右也。敝国政策向在愚黔首为计，不特朝臣中无一通晓大计之人，而一千五百三十县之读书人，无非井蛙。有言洋务者，即以为匪人。有言外国政俗之善者，即指为奸细。敝国地大民众，断非三五人空谈所能变法。其虚张声势，以为已行新政多端者，诈言也。凡一政之行，必朝廷谋之，众士议之，穷上下之端委，辨各地之情势，于详细曲折，皆已虑及。于是政府发令，大吏应之，州县官实心行之，士庶应之，考校能详尽，而后一政可望实效。岂有一纸上谕，遂作为行一新政之理？照忧国亦二十年矣。然见敝国宦途士风，万无挽回之路。故近年照在乡在京，皆惟劝同志讲时务立学堂，以待机会备用。及丁酉冬，康有为入都，倡为不变于上而变于下之说。其所谓变于下者，即立会之谓也。照以为意主开风气，即是同志。俄而康被荐召对，即变其说，谓非尊君权不可。照亦深以为然。盖皇上既英明，自宜用君权也。及叩尊君权之道，则曰非去太后不可。并言太后与皇上种种为难之状。其时皇上决不言此，皆户部侍郎张荫桓对康所言也。照以为今国家危如累卵，岂容两宫又生罅隙？故劝康有为速出京他往，以待机会，而康不从。旋即上谕屡下，大有振作之象。照窃服康之作用。然是时朝议沸腾，一日数惊。皇上已派康往上海办报馆事，而康未行。照仍劝康速行，以免变生，而康反不悦。及七月初五，照应诏上书，求礼部六堂代递。书中言请皇上奉太后游日本，以知日本崛兴之由。然后将奉太后之意，以晓谕臣民，以变风气。煞尾云，夫而后以孝治天下，而天下臣民莫复有异议；所有变革之事皆太后开其端，皇上继其志。此照之主意，欲和两宫，以名誉归太后，庶消变萌。意非专主联贵国而已也。而堂官阻之。照请堂官自陈抗旨之罪，堂官乃劾照。皇上怒而去六堂官。于是康以为照为皇上信用之人，乃托照上请改衣冠之疏。照不从。旋康又托徐致靖劝照往芦台夺聂提督军以卫皇上。照力辩其不可，谓太后本顾名义，无废皇上之心；若如此举动，大不可也。康又托谭嗣同、徐仁镜与照言。照大呼曰，王小航能为狄仁杰，不能为范雎也。伊等默然。自是动兵之议不复令照知。时照自上书劾张荫桓纳贿滥保之罪。张亦南海人。两宫不和半系此人离间。太后于去岁二月遣步军统领抄其家。伊纳银二十万于中官免。至是劾之意，仍在和两宫。而皇上未悟，张竟不获罪。至七月二十八日，忽闻徐致靖请召袁世凯入都。照大惊，往问徐。答曰，我请召袁为御外侮也。照曰，虽如此，太后岂不惊？于是照急缮折，请皇上命袁驻河南归德府，以镇土匪，意在掩饰召袁入京之计，以免太后惊疑。二十九日午后，照方与徐致靖参酌折稿，而康来，面有喜色，告徐与照曰，谭复生请皇上开懋勤殿用顾问官十人，业已商定，须由外廷推荐，请汝二人分荐此十人。照曰，吾今欲上一要折，不暇及也。康曰，皇上业说已定，欲今夜见荐折，此折最要紧，汝另折暂搁一日，明日再上何妨。照不得已，乃与徐分缮荐(按此下脱折字)。照荐六人，首梁启超，徐荐四人，首康有为。夜上奏折，而皇上晨赴颐和园见太后，暂将所荐康梁十人交军机处记名。其言皇上已说定者伪也。照于七月三十日始往颐和园上请袁兵南去之折。八月初二日袁到京，太后已知之。皇上密谕章京谭嗣同等四人，谓朕位今将不保，尔等速为计划，保全朕躬，勿违太后之意云云。此皇上不欲抗太后以取祸之实在情形也。另谕康有为，只令其速往上海，以待他日再用，无令其举动之文也。而梁启超、谭嗣同于初三夜往见袁，劝其围太后，袁不允。袁之不允，非不忠于君也，力不足也。袁赴京之日，荣禄已调聂士成兵五千驻天津，以制袁之命。况八旗兵虽不精练，尚有数万，精枪快炮俱备，岂三千人可能抗哉？而梁、谭等书生不知兵事之难，反谓袁不忠。彼等令袁围太后之语，皇上亦不知，以致有八月初六日之变，天翻地覆。照闻变尚欲与皇上通消息，而事已不可为矣。今康刊刻露布之密诏，非皇上之真密诏，乃康所伪作者也。而太后与皇上之仇，遂终古不解。此实终古伤心之事。而贵邦诸友但见伊等刊布之伪语，不知此播弄之隐情。照依托康梁之末，以待偷生，真堪愧死。总之敝邦之政变，荣、刚及守旧党皆误国者也，康梁等亦庸医杀人者也。照今言及此，不复为贵邦诸公所容矣。今□兄在，此证康梁之为人，幸我公一详审之。以后近卫公赴北京，亦必真知皇上与太后之情，方可调和，勿专听一二人之私言为幸。然近卫信康、梁已深，若言之，或指照为诬，此照所不敢言者耳。

右录王君与木堂翁笔谈。王君又告予曰，原因保荐康、梁，故致此流离之祸，家败身亡，路人皆为叹息。乃康、梁等自同逃共居以来，陵侮压制，几令照无以度日。每朋友有信来，必先经康、梁目，始令照览。如照寄家书，亦必先经康、梁目，始得入封。且一言不敢妄发，步一不敢任行，几于监狱无异矣。予见王君，泪随声下，不禁忿火中烧。康、梁等真小人之尤，神人共愤，恨不令王君手戮之！

湖南□□□录竟附识。此件系由香港某君邮来，盖辗转抄传者，所言皆是实情，亟为印出，以备同志勘证之用。

素痴按：陈少白于《兴中会革命史要》中记戊戌年在日本与康有为会晤之经过有云："不久康有为果然出来了。同时厅内还有两个人，由梁启超介绍，一个是广东人梁铁君，一个是直隶人王照，同是来避难的。我们一共七个人围着一张大圆桌坐下，还没有讲到什么问题，王照——他是坐在我的左边——就对我说，'请你先生评评理，我们住在这里，言语举动，不能自由，甚至来往的信，也要由他们检查过，这种情形实在受不惯’。话还未了，康有为觉得不妙，就忿忿地对梁铁君说，‘你给我领他到外边去，不要在这里啰唣罢’。梁铁君起来强拉着王照出去，我们就彼此纵谈。”所记与右之识语若合符契，可见笔谈决非赝作。(笔谈系旧抄，《史要》系新刊，而王照与康之关系，别无记述，亦非习知之事也。)《史要》又云：“后来康有为因为和王照发生纠纷，闹了好几场，被日本当道知道，恐怕他们要闹出什么事来，就叫他离开日本。而在康有为此次东来的时候，却说是奉了光绪皇帝的衣带密诏，要他到外国请兵求救的。人问他要密诏看时，他又说，临出京时，因某事之必要，已经烧掉了。”此亦可与笔谈所记密诏事相证。

署名“素痴”，原载《大公报·史地周刊》第95期，1936年7月24日。

戴东原乩语选录乙编之一（为窃书案答辩）

乩（降坛诗）：

仙家鸡犬近来瘠，

金盘玉粒终何益？

更豢鹦鹉称能言，

啁晰声中闻霹雳！

本仙休宁戴震又来也。

素：久违了，东原大仙。为什么有两年多，屡次请大仙都请不动？

乩：“邦无道，其默足以容。”

素：上半句似乎要斟酌。

乩：我所谓道，原非常道。历史上有一等时代，在其中，不忍对被压迫者下井落石的人，只合缄默。

素：不过近来至少有一件事，大仙不容缄默。

乩：什么事？

素：涉及大仙飞升以前的事。

乩：到底什么事？

素：大仙窃书的事。近来孟心史先生又把这场公案提出，而且似乎两罪俱发。

乩：何来两罪？

素：分开来说罢。第一，大仙得承认窃赵校《水经注》的旧罪。

乩：碍难承认。

素：那么，大仙承认见过赵校《水经注》么？

乩：我原没说没见过，或暗示没见过呀！四库中关于《水经注》部分由我戴某一手包办是时人所共知的。赵诚夫的《水经注释》四十卷、《刊误》十二卷著录于四库，即由我署名校上，并撰提要。我在这提要中还夸他"考据订补，亦极精核。……旁引博征，倾为淹贯，订疑辨伪，是正良多。自官校宋本(素痴按，东原以大典本为出于宋本)以外，外间诸刻，固不能不以是为首矣"。我在《直隶河渠书·唐河》卷一中也说过："杭人赵一清，补注《水经》，于地理学甚核。"我对于诚夫和他的校释水经注，一再推重。人家却说我装作没看见赵校《水经注》，公理何在？假如我有意盗窃诚夫的书，何不把他屏于四库之外，连目也不存？

素：可是大仙校定的四库本《水经注》，内中好些地方说是依据《永乐大典》的，今人覆按，却不同于大典本，而同于赵校本，这又何说？

乩：你自然不知道我们当日的一段苦衷。捧大典即所以归美于中秘的意思。归美于中秘乃是当日识时务的馆臣一致的态度。纪晓岚先生头一个就要这样办。说我因为归美于中秘，不择手段，我诚无辞。若说我存心要掠夺人家一点校勘的功劳，那么我戴某虽不肖，何至要靠一部书的校勘来争学术界或学术史上的地位？

素：为什么要归美于中秘？

乩：归美于中秘乃所以归美于君。你读《水经注》提要，可曾注意到这些话？“今以《永乐大典》所引，各案水名，逐条参校。……神明焕然顿还旧观。三四百年之疑窦，一旦旷若发蒙。是皆我皇上稽古右文，经籍道盛，琅嬛宛委之秘，响然并臻，遂使前代遗编，幸逢昌运，发其光于蠹简之中，若有神物？呵，以待圣朝而出者。是亦旷世之一遇矣。”假如我据实直书，这些颂圣的话从何说起？

素：为什么要说这些肉麻的话？

乩：一言难尽。要解答这个问题，请细读阳世当今的杂志和报纸。

素：赵诚夫的美，大仙以归于中秘，那么大仙本身亦有美么？

乩：有的，有的，就在厘别经注的义例。

素：大仙还提那些义例哩！其中第二例，“水道所过，经云经，注则云径”：孟先生指出，赵诚夫在本书的附录的按语里已经说过。

乩：官书例不著所出。而且我立了三例，此不过其一。

素：孟先生说，“戴君之第一例，所谓注文毓。一水内必详其注入之小水，以间厕其间。是以主水之名，屡举不厌。虽注入之小水，有所携带者相间，亦屡举小水之名，云云。东潜于此携带之小水，指明其为注文之生枝发叶，歧中有歧，特推广注中注之例，用小一等之字书之，以别于直接注入主水之小水。使学者随文辨认，一目了然。较之空设一例，仍使浅学按例寻求，不易立判者，用意疏密何如”。

乩：我根本不赞成注中有注之说，理由详赵书提要。库本已经把经注分开，何待“浅学按例寻求”？以涉及小水之文属注，这是赵君与我所同的。但我更进一步以为此等枝叶只能属注，不能属经，而立为判别经注之一法。赵君只注意个别的事实，而我则归纳成一条公例。这其间是有一大差别的。

素：孟先生又说，“若夫第三例谓县与故县之别，经时之县，注时已成故县，此可为辨认经注之一法，东潜视此，似以为当然之事，不在郑重定例之中”。

乩：诚夫是否“以(此)为当然之事”，我无从得知。孟先生又乌从而知之？“似”之云者，已是“遁辞知其所穷”了。诚夫没有“郑重定例”，而我“郑重定例”，这便是我的一点小贡献。不自觉的肯断和自觉的“立法”，这其间也是有一大差别的。

素：刚才说“两罪俱发”。大仙还有一个罪案，那就是偷赵诚夫的《直隶河渠水利书》。

乩：那真是滑天下之大稽！《直隶河渠书》是官修的书，我不过把诚夫的初稿删定之后，录一副本，藏之于家。我何尝在上面署有自己的名字？我生时既没有当为自己的著作而发刻，死时也没当为自己的遗稿而托人刊行。至于后人认为我的遗书，那是他们的错误。他们又不相信扶乩，否则我可以把他们纠正。

素：那么，大仙简直是被冤枉了？

乩：就《水经注》而论，也不尽然。当年为讨乾隆皇帝的喜欢，不惜扭歪事实；现在想来，是可耻的。不过那个时代的士大夫没有“得君”的需要呢！为着“得君”，谁还顾得真理呢？我为着“得君”而抹煞了的只不过一个人校书的功劳；有些人为着“得君”而抹煞了的却是血写的历史！（乩停）

署名“素痴”，原载《大公报·图书副刊》第169期，1937年2月18日。

王　鎏

——道光间建议管理货币及白银国有政策者

《续清经世文编·钱币门》载有王鎏之《钞币议》，乃一管理货币及白银国有之详细方案也。如下文所考，王鎏乃道光间人，而此议乃倡于鸦片战争之前，此时此议，不独在我国，即在世界，亦为创见。其议固未尝有任何实际影响，然此经济学史上重要无伦之文件，见于极习见之书中，而近廿余年来治我国学术史者竟未尝注意及之，滋可异也。今先述其建议之大要，次考王鎏之时代及事绩。

（一）王鎏之货币制度建议要略

①货币限用钞票及铜钱两种，其发行权皆由政府专之。“钞分七等：曰五千贯，曰千贯，曰五百贯，为大钞；曰百贯，曰五十贯，为中钞；曰十贯，曰二贯，为小钞，二贯以下无钞，更铸当百、当十大钱，以便民用。钱分三等。”“或曰：何不银钞兼用？答曰：苟欲两利而俱存之，则银与钞必互相低昂，而其价不能划一也。明之已事可征矣。明初禁银不用而钞行，其后弛禁而钞渐不行，故必废银不用而钞重也。”“或曰：何不并钱废之？答曰：既用钞则用钱之自少；若必并钱废之，则钞必琐屑而不可行也。”

②由政府以钞币及大钱换收民间之银，并“下令二年之后，钞法通行，禁民间不得以银为币，和以银交易者没入其银与物，以其半赏告者，惟为器皿不禁”。或曰：国家何不径自行钞，而必易民间之银乎？答曰：“以钞易银者，非贪天下之银也。盖径自用钞则银归无用，而富家之藏银者受其害，惟以钞易银，则民之贫富，通如其故，富者自不怨矣。”收银之办法如下：

> (甲)以大钞、中钞发与各银号，即禁其不得私出会票。……半年之后，覆其换银若干，如已用完，则收其银，……以一分之利与银号。
>
> (乙)以小钞及当百、当十大钱发与钱庄，即禁其私出钱票(按当时钱庄多私出钱票，故云)，民以银易钱即小钞易之。如银数不满二贯，或有零者则以大钱与之。半年之后，覆其所入银数，而收其十之九，以一分之利与钱庄。
>
> (丙)民以银(直接向政府)易钞，在下令半年之内，准加一分之利与之；一年之内，加五厘之利与之；一年之后照时价不加。
>
> (丁)民以钞纳钱粮及关税者，二贯之钞准折二贯二百文。(后此当是限于下令后二年之内。)

③政府对收得之白银之处置如下：“禁银之后，募商人领银开设管局，挞造银器，以减半之价售于民间……(是时)民以银易钞者亦作半价。”

④铜亦收归国有。“设立收铜之局，民间有卖铜器者，官重价

收之，以供鼓铸。禁绝挞造铜器之铺，惟销钮乐器不禁。其余铜器不准民间买卖，胥吏不得向民间搜刮旧铜器，以致骚扰。”

⑤关于国际贸易之办法如下：“商人与外洋交易，准以钞向沿海地方官局易银去；及还，准以银易钞，出入口价如一。银器不准载入外洋。”又“外蕃贡使入朝，欲市中国之货者，准以银易钞行用”。

⑥此新货币制度所予政府之财政上莫大便利，亦王瑬所见及。他主张此制实行后，政府既有充裕之财力，应举行下列诸惠政：

(甲)令学中(谓地方学官)稽察贫士，给钞周恤。

(乙)民有鳏寡孤独，及遇水火凶荒之灾，皆发钞赈给。

(丙)地方有水利当兴及荒土可耕者皆发钞修治。

(丁)关税、田赋、盐课，皆议减。

(二)王瑬事迹考

《续清经世文编》虽录王瑬之文却不著其里贯、年世，更无论其平生。流行之人名辞典中亦不见王瑬之名。予按《海外番夷录》有王瑬一短序，为《钞币议》而外，作者遗文之存于今者，且可借以考知关于作者之若干重要事实。兹全录于下：

近世多博闻强识之士，其著述每长于舆地。若予所识，沈君小宛、徐君星伯、沈君子敦，虽古曹耽、刘敞之徒，未之或先也。然其书往往详于中国，略于外洋。岂以耳目所不及，遂存而不欺欤？方今烽烟告警，有志者抱漆室忧葵之念，存中流击楫之思。外洋舆地，不可以弗考也。而前史所载綦略。即以《明史》考之，与今势有不同。独《海录》一书，近而可征。蕴香侄素爱奇书，乐以公之于人。得其本而梓之。附以他书言海事者，粲然可观。吾尝叹刻书者未能有益于世也。若蕴香之用心，其真切于时务者哉！道光壬寅孟秋，王鎏序。

据此序可知关于作者三事。

①作者之交游有徐星伯、沈小宛、沈子敦。二沈未详，俟续考。徐星伯即大兴徐松，为嘉道间第一流之学者。作者获与之交游，当亦一时博闻之士也。

②《序》作于道光壬寅，即道光二十二年，公元1842年，实《南京条约》订定之年也。是时作者已与当世名宿论交，年当在四十上下。以此推之，作者之一生，当占十九世纪之前六七十年。

③作者有侄为一收藏家，且能刊异书，则作者之家也似当是俗所谓“书香人家”。

《钞币议》之撰年不可确考。但其中涉及外人之来华互市只有“外番贡使入朝，欲市中国之货者，准以银易钞”云云。显已泄露时世背景，使此文撰于《南京条约》成立，五口通商实现之后，以作通达时务之人，当不作此等语也。

从《钞币议》本文中，可考知关于作者三事。

①作者于我国钞币史曾作深澈之探究。《钞币议》一文大部分为我国钞币史之分析。而其个人之建议则附于其后，故不易为读者所注意也。

②文末《附识》有云：“耕当问奴，织当问婢，钱币当问富商大

贾。故与精于会计者参酌事情，思其兴利防弊之法，略备于此。”（防弊法之细节，前段提要中从略）

以上二事明《钞币议》之渊源。

③《附识》又有云：“鎏尝拟《时务策》十数篇，观者颇不以为非。后阅诸书，则前人多先我而言者，特所论有详略耳，因不欲存。惟钞法一事，疑者十人而九，前人亦罕论及此者。陆中丞《均问斋文钞》、贺方伯《经世文论》，仅载铜钱之说，而为钱钞之利皆未其及。故详考诸书。反复思维，求其有利无害之方著为此论。”可知作者为清末最初谙时务者之一人，又可见其对《钞币议》之自负而并世知音之希也。

又梁章钜《浪迹丛谈》中《请行钞法条》有云：

> 近在江南，读王亮生学博所撰《钱币刍言》，至详至确。谢默卿郡丞又隐括为《钞贯说》，至简且明，皆可坐言而起行。成书具在，无庸赘述。

此王亮生当即王鎏。本训“垂玉，有莹亮之质”，故名“鎏”而字“亮生”。审尔则《钱币刍言》乃《钱币议》之本名。此小册初行于江南，则作者当是江南人。由“学博”之称可知作者为一生员，无怪其兴利之议首令“学中”赒恤贫士也。凡此事，若编检江南府县郡之《选举志》当可证实，惜撰此文时作者方避寇滇南，无缘得见此等志书也。

原载《益世报·史学副刊》（重庆版），1940 年 3 月 28 日、4 月 11 日。

附录：张荫麟译作两篇

甲午中日海战见闻记

泰莱[1]（W. F. Tyler）著

战史之最可宝贵而最难得之资料，莫如军事专家之报告。而作者预存作史之志，身当战阵之冲，以此标准衡量我国近世史料，予惟得泰莱氏甲午中日海战之记载。

甲午一役关系我国国运至巨，宜为治我国近世史者所注重。顾关于此役，从中国观点之第一手的记录至为窘乏。即间接之史料亦稀，此其故可得言焉。直接参预战事之主要人物，或殁于战阵，或失机而服上刑，或败而以身殉，其存在盖已无几。重以此役，师徒覆丧，朝野羞称。生还者于其经历，即非讳莫如深，亦鲜足以促其表暴真相之动力。政府方面不见有《方略》一类之书者，亦以此故。其后民国初海军部刊《海军实记》，实为关于此役之惟一官书，然简略已甚。其私人之专书

---

① 前译“泰乐尔”。

纪载，而有史料价值者，以予所知，惟丹徒姚锡光之《东方兵事纪略》，美人林乐知之《中东战争纪事本末》(用中文作，乃采辑当时报纸而成)及顺德罗惇曧之《中日兵事本末》而已。近时流行之通史外交史及近世史一类著作，其关于此役，则大抵直接或间接译自日人之普通著作，即上举各书亦罕见参及也。

予以泰莱氏之记载，与现存中国之记录较，不独许多重要事实，前此未记载，且颇有抵牾之处。因亟为译出，以供我国治近世史者之参考。泰莱氏之记载见于其1929年印行之 *Pulling Strings in China*(伦敦 Constable 书店出版，定价十五先令)一书中(三五至九八页)。原书为自传性质，故多涉及个人琐事及意见，无关于史者，予间为删汰。

泰莱氏在甲午中日战争中之地位已详译文中，兹不重述。彼出身英国海军，战前为中国海关巡船管带，战后仍入海关，尝以治黄河计划知名。又尝助袁世凯预帝制之谋。1920年5月归国。

一、北洋海军

清光绪中，李鸿章为直隶总督，在同时封疆大吏中，威权最盛。时中国海军分北洋、南洋及广东三支。南洋及广东舰队皆陈旧。惟鸿章所领北洋舰队最为时式——有具十吋口炮之战斗舰二，及诸装甲巡洋舰、轻捷巡洋舰、鱼雷艇等——并延英国海军军官甲必丹梁(Captain Lang)氏训练其将士。丁汝昌为海军提督，梁氏亦同其官级，惟以中国政制之混淆，谓梁氏为汝昌之副可，谓为顾问而领提督衔亦无不可。梁氏以前者自居，故当丁氏被召陛见时，声言代理其职。惟总兵刘步蟾以梁位不过顾问，提督当由彼代。北京政府右刘，梁遂去职。当时不知此事对全世界有重大之关系，实则然也。梁去而海军败坏；日本之敢借朝鲜事与中国宣战者以此，其后能获胜者亦以此。以日本占朝鲜，故有日俄之战；以俄国战败衰弱，故启德国席卷世界之心。

余等之与中国军舰同下碇于香港口外之九龙湾。(译者按：冬季北洋封冻，海军例巡南洋。)乃当梁氏去职后不久，时1891年也。(译者按：泰莱时为中国海关巡缉舰长。)予造中国旗舰观焉，始交旗尉(Flag—Lientenant)伍君、炮官曹君、司令李君，友谊至今如故。予于此战舰及彼等所示予一切，深感兴趣，归后羡慕中国海军不置。

1893年，李鸿章大阅海军于北洋，予适乘一海关巡船当其间。因得见梁氏去后弛懈数年之中国海军逞其所能；得见其舰队之动员，炮兵之习射，及岸上之演阵。凡此一切予皆感深切之兴趣，并作一报告上赫德爵士(Sir Robert Hart，时为中国海关税务司)。

当操演动员时，有一日本军舰出现，交致礼号，薄而观所为。数月以后，两国海军遂交战。

时已有日本将侵朝鲜之谣，予因默审两国之战斗力(视为一有趣之事而已)。胜负之决定，当在海上，此极显然。以予微狭之见闻，私念中国之运遇，亦殊不恶。

果也，战端竟启。其惹世界之注目，无殊于欧战时。盖中国一运船在朝鲜为日本海军所沉，而油遂着火矣。

请言此事对予之影响。予常思之，且为人言之。设吾人能有二生命，其一以冒险探奇(果尔，予将往作捕鲸之生涯)，其一以为国主或主义服役，岂不大佳？今也乃有一机会使予得兼二者。予忆及吴君、曹君，忆及彼等领予周览其军舰，使予羡慕彼等对于本业之详细知识。予殊不敢谓能于彼等有何裨益，惟予念及曩者关于中国海军之报告。予独不能尽一有用之职务，为我国海军界记载此必将发生之海军大战之经过乎？此乃促予投军之主因也。如此参战，其异乎为国服务之常道，自不待言。其一为责任，其一为冒险。岂唯冒险，直乃诡行。二者之主动力迥殊。以言冒险者，其用意或为援助一主义，或为侥幸以博私利，或为拼死以寻求变迁，以消遣生命。此三者予均见之；惟以予所觉，无一于予有所影响。此次争斗之曲直，予毫无所知，亦不欲深论。予之惟一意想，在作一专门之报告，固就余所知，当时未必有比予更胜任者在也。予之为此不无所牺牲，盖予明知此举有犯《外国兵役法》(*Foreign Enlistment Act*)，虽劳而无褒也，其后果然。然事势所趋，报告之作，仅占予事业中之第二位而已。

予决意投军，当前之问题为如何实行，将请求赫德爵士之允准欤？否，此不可行，恐加彼以非分之责任。予乃发一电曰："倘遇机会，予拟投军效力。"复电云："泰莱移天津。"余事在我自为矣。至天津接总税务司与予第一封私函，略谓："君意实获我心。惟勿忘君所冒之险，视寻常战争为巨。政府可科君以犯《外国兵役法》之罪，而加拘系。若为日人所捕，当有性命之忧，即君所为效力之国民，或将加君以杀害。"

在天津予与德狄灵(Detring)及封·汉纳根(von Hanneken)共事。汉纳根之任为海军副提督，盖欲使遇有横逆时，丁汝昌得保首领。盖依中国朝廷成例，败将必服上刑也。一陆军工程师而为海军副提督？此则非李鸿章所暇计及。彼丁氏固出身骑旅，而未尝以稍知航事自许也。若论汉纳根氏，则在当时情形之下，吾未见有其他任何人(设如一英国海军提督)能视彼更为称职也。更以补足此幕滑稽剧者，予以海军后备少尉，亦被任为汉纳根之海军顾问兼秘书。吾人所处之境地如此。

予与德狄灵及汉纳根讨论战略时所贡献之意见如下：电购智利某新巡洋舰(予忆此舰名五月十五，Fifteenth of May)，为世界最捷之舰者，开来中国海岸。无论彼等索何价，即照付之，毋与断论，毋稍稽延。此舰付予指挥。其中原有士官之一部分当愿投效，余则予自能召募补充之。炮手、炉夫、水手等用华人便可。予将以此舰扰乱敌人后方海陆。倘吾人能使舰队之动作，延至予舰已实行其任务时，则万事皆妥。盖如此则彼等之第一着将为设法捕捉予舰，彼等将留吉野浪速及其他轻捷巡舰以防守诸煤港，如此则我方舰队之利也。敌军在朝鲜必胜，而向中国边境侵袭，并在此方启乐观之前途。在此等情形之下，日人当不竭全神，聚全力于舰队动作。而事势所展将为我方之利。且使予舰而克奏功者，则彼等将悔开战之孟浪也。

与议者言，类此之策亦曾经思及，而此意适与符同。总督亦韪此策。数日后闻购舰事已办妥，予为之手舞足蹈。予心中充满关于用人及储煤之计划，而为海军界作报告已成次要之事矣。

两星期后来一大震击。智利所拟价并未包括军械，或保留原有军械(二者孰是，予不确忆)，议遂寝。如是历史乃造成。日人于此事直接或间接有影响乎？盖不独疑似而已。

汉纳根，乃普鲁士人，本为防御工程师。先是，旅顺及威海卫之炮台为彼所筑。彼为一好人，且具好性格，惟晚年稍有僻行。当高升运船为日人所沉，投水士卒为日人轰击时(此事在鸭绿江战前——译者注)，彼亦在其中。彼没(予畏言其没几里也)至一岛，得庆生还。彼视其生命盖如游戏。

彼与予同时加入舰队，出大沽口，向旅顺进发。在旅顺查看军械清单，始得知一可悲之事实：战舰中十吋口炮之大弹，只有三枚，其练习用之小弹亦奇绌。惟其他诸舰，弹储尚足。乃立电总督，谓中国之命运全赖兵工厂日夜赶制炮弹。事属如此之大机要，请彼万勿信托他人——即兵工厂总办亦不可托——必须亲往督察。此事当然不克行，数星期后一运船载来炮弹若干，并总办一函。大意谓，“径(calibre)四之弹不能制；径二又半之弹，兹给应若干。依例之补充，此已足数”，吾人所能期望于彼者已尽于是。

予等加入舰队后不久，予即被任为副司令，正司令则李鼎新也。予在日记中深怼职不副名——毫无实权，只备顾问——并怼李君；此实不允。予尚待博得众人信任，而李君对予恒恳笃也。在受任之前，予与一英国退伍水兵及一德国工程师共席而食。至是，李君自以其安适之居所，一坐室及一卧室让予。其后李君几经人生之浮沉，与予始终为友。李君缺坚强之性格，不能驾驭所部，惟此泰半由于总兵刘步蟾之不为彼助。予于是皇皇于其间，尽予力之所能，拟就信号之制度、舰队之组织及战舰内部之复杂布置。从事之初，此已足使予忙于应接。然予不过一战舰之巨大有机体内之一单位，试尽其职。闲时每念不知将有何事发生。

自尔日以来，予至今乃第一次展读予战时之日记，予所作报告及其他文件。以所纪之事实与予记忆中所存者比较，(于予)可得教益。予所行事之见于记录者，惟限于与战局有关之部分。个人之经历，无论如何剧烈，仅简单附及，或且全阙。诚然，予之日记盖极谦逊，因余已联结于极端复杂之有机体中。一大战舰及其动作已颇复杂矣。然予所谓复杂，并不指此。比较而言，此极简单耳。所谓复杂者，乃在端绪纷纭之殊异动机与理想。此时所最需者为统一之目标，而乃代以紊乱无纪之庞杂。此大机器——不独包括舰队，并包括一切与之有关者，自总督以至兵工厂总办——其诸组之轮，不依一共同之方向而旋转，乃各依其私独之方向而旋转。诸组或分或合，视乎需要而殊，予取予携，但求并行不悖。效率观点下之纪纲，此机器乃其反面；然此乃极有条理之纷乱，在无事时运行甚顺，绝无龉龁之声。盖膏之者有中饱之利，有亲族之援(此乃其先圣之至德所留之渣沫)也。

此机器运行之情形，请举一例以明之。两战斗舰之十吋口炮，其战时用弹为猛烈之四直径弹(four caliber shell)，其练习用弹为二半直径者。后者库藏尚丰，惟前者旗舰只有一枚，其姊妹舰则有一双。吾人可断言者，当战斗开始时，两舰之炮佐(彼等皆为好人)必甚关心此事而告之两总兵，彼等当告之丁提督，丁则求接济于兵工厂。然当无事时，则不闻陈诉之声矣。若以此事直陈于总督(彼之女婿张佩纶，即兵工厂总办，至少必向日人卖弄颦笑，惟当时无人知之耳)，则违反中国一切成规，则将全副机器推翻矣。此中之巨奸为三管带，林、刘及方；而提督丁氏不与焉。彼特为众承罪而已。

至于其余——司令、少尉、工程师等，则恰受啮掣于机器中；彼等罕或知此事实，盖习为故常也。此外水兵及炉夫等则大抵良善之辈，未受中国官僚之道德的恶疾所染。其间复有众弁目，品类不一。

凡此一切事务之头脑则为总督李鸿章，彼与太监李莲英乃慈禧太后之左右手。李为世界著名之外交家，其在本国，在战前则以伟大之海陆军组织者称；彼实非是，且不能为是。盖腐败、中饱及援结私亲诸症，使其手下各组织无复完肤者，其病源皆在鸿章自身，而彼之染此诸症，且视寻常中国官吏为甚。彼已受啮掣于顽钝之全国大机器中，且亦习为故常，即有为之指陈，彼亦瞢然不省。然即此，鸿章为一热烈之爱国者无疑。中国之谜，此其一例也。

然以予所见，此次战事中最大之谜却如下述：当 1893 年大阅海陆军时，战争之说已起。前此一年，鸿章已从汉纳根之议，令制巨弹，备战斗舰用；以张佩纶之阻尼，令实未行。然当战云弥漫而举行大阅之际，奚独无人以子弹之缺乏警李鸿章？纵丁提督不知为此，奚在场之德狄灵及汉纳根亦不之知乎？

战事之起原今不具述。简略言之，朝鲜事实上为中国及日本共管，日本决欲屏中国势力于朝鲜外而独占之。启嫌及开战皆由日本主动。李鸿章之应付，不过虚张声势，实不能谓之真正防御。彼手下之海陆军等，于凶狠之面具，中世纪东方军士戴以吓敌者而已。彼亦知若实际交绥，殊难幸胜。然声势既已虚张过度，不能收回，而慈禧太后复迫促之，战局之成，或反其本意。而日本早已“看穿”其实情矣。

李鸿章及西太后而下促成战争之动力或首推德狄灵。彼为德人，本海关驻天津委员，自为鸿章顾问，已半离赫德而独立，赫德之不悦可知也。德狄灵自以为貌似俾斯麦。此事于彼有甚大之影响无疑，盖吾人自以为貌似某人则每有模仿其人所为之趋向。然就此事论，德狄灵实为镜所误。彼采用一种俾斯麦式之举止，自负不凡。然于战争一类之事，彼显然缺乏判断及执行之初步技能，彼盖以战争为戏玩，犹幼童之粉红印度人耳。正当战氛四布之时，彼随李鸿章阅兵，以三尺童子处此，亦当立即思及军械及子弹，然此第一步之需要，竟未顾及。

今请转而论予之日记。予所勾勒之图画，予亦不自知。予实堕黑暗中。日记中屡述予所遭之困难，及未遂之愿望。然予大抵一切视为固然，亦实当如是。余为副司令，最初毫无实权；其后权渐增，其终且颇有效力。予自始即间为职外之创议；关于战斗及执行之事，能为此者，惟予一人而已。予且有数次冒险之事，此等事广据余之记忆；惟当其发生时，并未广据予心，亦未广据他人之心。予固非中心之人物也。诚然，予之日记颇为谦抑，然即此予因曾作一函，极力抨击《泰晤士报》通信员，以其举予所为归功于他人。

自梁氏去职后，舰队中有洋员五人。旗舰中有尼格路士(Nicholls)，为英国退伍水兵，一健者也；有亚尔伯利希特(Albrecht)，为德国工程师。在其姊妹舰镇远中则有赫克曼(Heckman)，为德国炮术专家，乃最富能力之人；有麦吉芬(Philo M'Giffin)，为美国航海术教师，其心盖不全在于所事。在别舰则有普菲士(Purvis)，为英国工程师，吾等无一喜之。

威海卫为吾等之大本营。在此间，洋人及中国管带常聚于俱乐部中，讨论舰队之布置及衔锋逼击等问题。又谈及出巡探敌(其事在予入海军前)，黑夜相遇，各自逃避之故事。或闻喁喁窃议，谓总兵(刘步蟾)惟恐遇敌。时有一少年管带，自计将如何动作，出言最多，其后鸭绿江之战开始便仓皇逃遁者，即此人也。

提督开战事会议，议决战时众舰前后分段纵列，成直线，每段大抵姊妹舰二，成“四度行列”（in quarter line）。予未被召赴此会，殊觉失望。然予固无期望被召之权位也，予时亟欲备一救生背心，顾不可得，惟得一注射器及吗啡一二管。

二、鸭绿江之战

（甲）战况

时为1894年9月17日。中国舰队驻碇于鸭绿江口外，口内运船泊焉。舰队之任务在掩护船中兵士登陆。距此不多哩外，在朝鲜海滨，中日军士方在战斗中。

当此9月清朗之晨，定远旗舰中，欣欣之气，最为充溢。此非谓前途之希望佳也，即吾辈中最抱乐观之人亦不能为此语。炮弹不奇绌乎？总兵刘步蟾之怯葸已素著，又安知其何所不为，何所不畏为？然无论如何，今可确知，大事发生在即。陆军已败，势必败也。海军之注，延待至今，当在必掷。中国之命运，视乎此注。然当时不知，此注所系，更有甚焉，即为欧战导火线之一串世界大事是也。

呈欣欣之色者，大率为水手。彼等举动活泼、机敏，以种种方式装饰其炮座，若不胜其爱护者。其向望之情盎然可觉。将弁则御布制长靴，饱涨之裤，半西式之外衣，其上龙条彩纽（纽以志等级者）。彼等不若水手之欢忭。彼等熟知己方之所绌，而使之委靡不振者，更有不可名状之“官僚”气习。然其中亦有真善之人。司令李鼎新，沉潜忠厚，是其一例。此外，旗尉吴君，美国留学生，绰号曰鹤，为一滑稽大家者。旗舰少尉沈君、郭君，镇远舰之将校曹君，致远舰之邓管带，及其他不忆姓名者多人，无论就何方面言，皆极优善之将校。然统观全体，就战德而论，船面士弁及机械室职员，皆极优良，委任将官大体尚善，简任将官，无论例外有若干多，盖远逊焉。致此战德上之差异者非他，“官僚”气习是也。

于是众所敬服之丁提督祷神祈胜，并祈彼之左右手刘步蟾不致败渠事；盖丁氏不谙航事，实际上为傀儡提督而已。

汉纳根步甲板上，面带忧思之色。彼预中国要事已久，以智勇著。因其地位之滑稽(以陆军士官而下海)，弥觉责任负担之重。

刘步蟾，总兵兼旗舰管带而为实际上之提督者(其人和蔼巧滑，曾留学英国海军中)，时正筹思，倘或遇敌，将何以自保其皮。

钟已八敲，船役已鸣号召午餐。予寂对食案，肴为烧白鸽。凡此今犹历历可忆。俄而一将校冲入，曰：“先生，日舰已出现。”船中将士，咸登甲板上，观望地平线上如柱之薄烟。提督、总兵及汉纳根皆聚飞桥上，予奔赴焉。共商量尚有若干预备之时间。午餐之号复鸣，众人复注入甲板下，旗尉则忙于挥指信旗，而烟囱则始喷唐山煤之浓烟。

予草草果餐。继之为一极忙碌之时间——于是炮、弹库、子弹等一切均就绪，仅待一巡览耳。在此半小时内，予未遑顾及其他事。至是予乃加入飞桥上之会集。时锚已起，船应机声而搏跃，旗帜飘舞，黑烟蜿蜒。南望不仅可见烟氛，且可见烟氛所从发出之战舰一串。时已至矣。然此际之新印象予无暇罣意。各事均已妥当否？予回环一览。在予下者为瞭望塔之圆顶，总兵立塔内之梯口，其旁为舵师，立于飞桥之前方(飞桥前方直达于前桅，其一部分阁于相交之两十吋炮上)者为提督及汉纳根。彼等不能在此久立，因桥非稳固之建筑，桥下之大炮开火时，桥将毁碎。此时他舰何如?彼等能敏捷将事否?予为之疑虑窒息。镇远本在后相傍，忽疾趋而前，若欲相比肩者。他舰之行动亦同此可异。时指挥舰队排布之信旗已发出。一望即证实予之疑惧。信旗所示，为诸舰相并横列(Line Aberast)，以主舰居中；而非如提督与诸管带所议决，分段纵列。

于是刘步蟾之急智已售。此为其深谋焦思之结果。彼所谋思者非他，当遇敌时，将何以善保其皮也。以战斗舰居中央，弱舰在两翼，则敌人之注意，必最先及于后者。此为暂时之延宕，一句钟左右之延宕。如此则不致敌方炮火自始即集中于彼所住舰，如前后纵列所当有之结果。诚然，此尚非其问题之完全的解决，然其力所能为者尽于此矣。

飞桥之前方，提督及汉纳根立焉。显然彼等尚未察觉此时之境地。予思欲献策。此奸诡之举，将纠正之欤，抑听之欤?予迅即决断。此出乎意外之信号已起舰队之纷乱，若复更改，纷乱当益甚。予惧其涣散而不可收拾也。两害相权，以保持现状为轻。无论此策当否，予秉之而行。予自瞭望塔跃下与诸上司会。为言曰：“总兵已发错误之信号，令相并横列，主舰居中，请观众舰。然若更改，纷乱转甚。”众韪其议。

然是时相并成直线之排列，未见完全。盖两翼弱舰，觉其位置之危，逗留于后。故我方舰队成半月形。(译者按：刘彦《中国近时外交史》三版二一〇页记云：“提督丁汝昌见敌舰至，命作翼梯阵——人字阵——决战”，盖大谬。)于是两方舰队接近。相离约略一万码。而日舰，观其进行，似欲横越吾等之前而攻最弱之翼，即右翼，此时我方所需之号令，显然为全队同时向右移转四度(four points to starboard)。此着能否使我方主舰最初与敌舰接触，殊不敢必，惟其效果趋于此方向而已。彼总兵必不献此策，而提督及汉纳根似未见及此，余人虽未知作何思想，然无一敢发此议者。予乃复会诸上司，献予策，复立见采纳。汉纳根至船后，指挥旗尉，留与俱。信旗上出，众舰应之。于是本舰之旗帜下降，示将移动也。

予立于瞭望塔之入口(总兵在塔下)候舵机之转，久不见其动。予乃言曰：“总兵，改道之旗已下，君若不左转舵，则舰队将纷乱愈甚。”总兵乃令曰：“舵左转。”然复低声曰：“慢，慢。”其结果舰止不动。予大恚，加以诅语，自塔跳下，奔赴丁提督所。予初不思及此时彼身旁无人，而予不谙华语，彼又不谙英语也。予达提督所，旋巨声轰发，予知觉全失。盖刘已令发十吋炮，而丁与余方立于飞桥，正在炮上之部分也。此桥之名甚佳，以其竟飞，而丁与予亦随之飞。鸭绿江之战以是开始。

两方舰队，实力非不相当。中国有大小共十舰，内有坚固之铁甲战斗舰二。日本有十二舰，视中国诸舰为较新式、较轻捷，惟无战斗舰(battleships)。六吋以上之炮，中国方面射弹较大；六吋以下之炮，则日本占优胜。

是故中国舰队，就枪炮及铁甲而论，至少与日本相埒。炮术甚佳，训练虽稍有遗憾，惟水兵可称善战。极严重之事因，厥为子弹之缺乏。此缺乏也，吾人有理由可信其咎非仅在疏忽，而在兵工厂总办之通敌卖国。子弹之短绌，日人盖知之无疑，且为其挑战之原因。其他严重之事因（前此世人仅知其一部分），则在总兵刘步蟾（提督所倚以决战略者）为一变态的懦夫。不独临危丧胆，且用尽机智，不惜任何牺牲以求免之。是故中国方面之不利，盖不待问。

战事以午刻开始。关于两方舰队之动作，予未有第一手之证据。于彼等之动作，欲得直接之印象殊不可能。且因彼开场敬炮之结果，是日予一目不能视。予对战事之观察，惟于日军炮弹所起之烟霾浪沫间，继续窥见一二敌舰而已。因前说之理由，中国舰队，自其开始交绥，即列成凌乱之半月形，而定远及镇远居其峰顶。最初半小时内，日方炮火之丛集，已将舰上信旗毁灭，使吾人无法改变阵势。敌人始终秩序井然，如在操演中。彼等似环绕我方，我方则循一内圈而行。彼循内圈之舰，以种种缘故，数目渐减。日方未失一舰，惟数舰因受重创，离开战线。（译者按：罗惇曧《中日兵事本末》谓定远击沉日舰西京丸一艘。）约五时半，日舰忽休战，驶向朝鲜海岸。残余之中国舰队乃向旅顺港进发。

日军辍战之故（时距日暮尚有一句钟），似未有正式宣布。一颇有理由之推测如下：日军之未能于四小时半期间内以丛集之炮火，摧破敌方二战斗舰，殆为其决意停战之主因。

我方十舰，只余其四。四者中，其一内部复毁于火。为敌炮所沉者三舰，其中有一为忠勇之邓君所统之致远舰。彼欲撞吉野浪速，与同尽，而不克，可怜普菲士亦与之同沉。开仗时先逃者二舰，余一舰之下落予不能评。

当余众转航离阵地时，予曾试划一策。敌人解围而去，必其舰已受损。彼方附近无船坞，其重伤之舰，当搁浅于朝鲜海岸，殆可断定。我方之二战斗舰，独不能转随其后，及晨而袭之乎？吾等之子弹尚足一小时之用。此为中国方面所余之唯一机会，且兵法不云乎，毋低算敌人之忧危。倘予依此意献策，其能见于实行否欤？是或能，因凡予等所请，丁氏无不允也。汉纳根何如？或当赞成，然予不知也。此策予藏于心，未以告人。此时乃大有为之机会。然予因目受撞击，挛搐剧烈，耳鼓复被震伤，楚痛不能自支，遂失此机会。时汉纳根伤股，丁提督则堕压创甚。更益以刘总兵之怯懦，故予等甘认败绩。

提督与予之立于十吋炮上飞桥，刘总兵不能不见，乃忽于此时命开炮，此事后来究如何解释？予绝不知之，亦绝不闻论及之。提督堕在何处，予亦不悉。彼折其腿，衰惫甚(译者按：《中日兵事本末》云："汝昌……督战中弹，伤腿仆地。")或欲舁入舱内，提督拒之；坐于船面之罩架(superstructure)内以观士兵作战，并使士兵得见之。

予为彼开场之敬炮掷过瞭望塔外三十余尺。比苏，但觉双目全眇。时炮战霹雳。予外衣已脱落，惟其袖反套予手。予遽然而觉余致祸之因，遽然而讶予当前将有何遭遇。旋惊一目复明之喜，却苦目挛搐之痛。创目似入巨刺，以指摸索不得。

予觉来身在船面之罩架内，盖同侣舁予委置其间，疑其已毙也。予痛楚且僵木，惟手足未伤，予乃往机器室上之铁甲层，此为受伤者栖避之所。内暗甚，惟有一惨淡之油灯。"医生，予目有刺，请去之。"医生乃引予至一灯下，告予无刺。"此间甚暗，君不能视，请至船之中部。"既至其间，炮火如林。"嘻，尔恐惧非耶？既然，请复至尔可诅之灯下……此何谓，无刺欤？尔诳言，上帝殛汝。尔不能视，是咎之所在。"(后知目实无刺)。

予衣破衣，裹创目，巡行于诸队炮兵间。予无所能为，惟故作镇静之色而已。予恐惧乎？诚然。此非胆寒发悚、战战栗栗之恐惧，此非手足僵木、方寸迷乱之恐惧，亦非小心翼翼、临事好谋之恐惧。否，此皆非也，惟一种琐小之恐惧，必须加以镇持之力，方能使理智用事，而不为神经所把持——盖此时四周所见，无非流血之惨事也。

彼惟一龌龊可鄙之恐惧，彼牺牲他人，以图自全之恐惧，乃栖于瞭望塔内，刘步蟾之心中也。

于是予晤旗尉伍君。彼乃勇者之一，虽可避入瞭望塔，却舍之而出现于甲板上者也。正当是时，密迩其旁一人中弹倒毙，血染其四周甲板。伍君曰："此之谓文明！此乃尔曹外国人巧于教导吾人者也！然吾语汝：倘予得免于今日，将力倡国际仲裁之说。"

俄而予觉一红热之铁块触予首。仅擦予肤，未至流血。此为予所历之最濒于危者，然在外之人，死其半也。

我方十吋炮之三巨弹，其一射入日舰松岛之腹内。轰之，惟未沉之。称此弹之功者，镇远舰之赫克曼氏也。

炮台上巨炮继续喷出烟焰及练习用之小弹。众士兵均狞厉振奋，毫无恐惧之态。当予巡视时，一兵负重伤，同侣嘱其入内休养。及予重至此炮座，见彼虽已残废，仍裹创工作如常。

在中部之甲板上子弹屯聚，以供小炮座之用。予过此时，一飞弹贯其中，子弹四散，在此间工作诸人，仓皇奔避，惧其爆发。时有司炮弹之二童子，运一六吋炮弹过此，其一逃避，余一童怒目而立。彼急尽其力之所能，使予知船尾之六吋炮正缺乏子弹。予乃代其同伴执役。彼如膺宠锡，巧笑以报。其后，使予惊讶者，此童之故事，竟采入诗歌。

汉纳根在炮台上察视。彼亦留在甲板上之一人，惟彼除示一榜样外，所能为力者盖少。彼当战争开始时，即受重伤。彼遇其僚属，相与谈说。各问何所见？日舰沉没之说有何根据？然所得证据，犹未足以下结论也。

可怜尼格路士负伤偃卧。“苦痛欤？否，无所苦痛。惟予知予命毕矣，为上帝之故，勿舁予至可怖之铁甲层。听予留此可得观战之处，平安以死。现在君可去尽职，勿以予为念。”

彼英国水兵之言如是。予依之，惟先为施止血之手术。予每返视一次，见彼体状愈劣；其后痛不可忍，索吗啡，予之。彼语及其女及对伊之愿望，乃卒。

提督坐一道旁。彼伤于足，不能步立；惟坐处可见人往来，见辄望之微笑并作鼓振之语。予过之，用半通之华语及英语，互相勉励。终乃与作表示同情、崇敬且钦佩之握手，凄然前行，心中犹念及不幸之丁提督所处地位之可哀。

战仗曾有一两次十分钟至十五分钟之停辍，使予联想及足球比赛之“半回”，或狂风之暂伏；然除此等期间外，战事进行自一时直至五时半。彼时吾人初不过视为片刻之休辍。我方残余之舰队向东驶，敌舰尽在其前。方之距离渐增，敌踪渐渺。于是吾人乃知此非暂时之休息，而为战仗之终结。重负乍释，慰可知也。片时以前吾人方提心吊胆。以我方船数之减少，弹储之短绌，而敌方犹众，炮火继续丛集，使吾人殊不敢望有明日。今也不独危难之压迫中止，且有若干胜利之希望，因有人力言目击敌船数艘沉没也。

汉纳根与予在飞桥之梯上以香槟（酒）及饼干庆祝此事，于以知海战与陆战之差异也。

……

本节之末有当附言者，中国舰队作半月阵之故，前此未经记载。

(乙)战后

鸭绿江战后，我方舰队之残余，如负伤之兽，蹭蹬返其故巢——旅顺港。予受委查验诸舰及报告毁损情形。来远内部毁于火。济远各炮为巨锤击坏，以作临阵先逃之借口，其后管带方(伯谦)氏因此事及前此相类之事丧其颅焉。其他各舰虽有穿洞，然苟非子弹短绌，则尚可为用。予抵岸后之第一事，厥为防范麦吉芬氏之行为。予知彼将成“鸭绿狂”而四发报捷之电。予因预作查截之布置，果也。幸及截留其通告全世界之电，谓吾侪已获光荣之胜利云云。玛吉芬当开仗之初，为十吋炮爆出之火屑所伤(彼原非作战员，因奋勇来助致伤耳)，使彼完全失却战斗力；除此外彼未受伤。然此事未足阻其撰文虚造种种怪诞之经历及传闻，并插以其负伤之照像。彼尝演讲于一美国将弁学校，竟使听者一时信以为真焉。此为颟顸之同情之奇例。其后彼以枪自射死，可怜哉若人！

吾等以海军礼葬尼格路士，并奠普菲士，予为读圣经于汉纳根与予赴天津时。因吾等承认战败，知暂时当无事发生，且又负伤委顿也。

汉纳根与予皆受双眼花翎之赏，岂战事之真相清帝尚未知欤？抑以此鼓励吾等，使更出力欤？此非予所能知矣。

汉纳根已决意不复加入海军。吾不能责彼，彼原为一陆将。此时彼建议组织陆军一旅，官佐悉用外国人，时人号为“救难军”

(Salvation army)。彼欲予为少校，予谢之，因予感觉居海军较宜也。予感觉其如是，而非审度其如是，而二者之间大有差别也。舰队方面已毫无机会可言。日军侵山东半岛，必先攻威海卫。此地必失守，而我方诸舰非投降，则被歼。此非臆测之谈，乃绝对必然之事也。然予身体之状况，实左右予之决断。

11 月 11 日，汉纳根遣人传总督语问予愿否复入海军，并云，苟予来归者，总督及提督允使予为操实权之作战将官。予允来归。后始知当局已决任玛克莱尔(M' Clure)为副提督，乃大悔，然不欲自食其言也。

使予不怿者，玛克莱尔不过一本地曳货艇主之流。彼曾为沿海航行之船主，而出于颇有声望之家门；惟彼已过中年，且以沉湎于酒著名。此老迈之要手，殆视此役为莫大之机会而跃赴之无疑。然以斯人而当斯任，实为至残酷、至愚蠢之事；对于丁提督，此事尤为残酷。玛克莱尔之纵酒，殆为必然之事，除装扮俾斯麦之德狄灵以外，吾人尽知此事之必发生。汉纳根作何想，余则不知。此时所处境地，其困难之大，自不待言。苟不任洋员为副提督，丁氏之首领实岌岌可危。当斯选者，显为玛克莱尔与予。然予之委任，实有严重之困难。予年尚轻，且为旗舰之司令也。使予任此滑稽之职，予诚自觉难堪，然两害相权，此为较小。

玛克莱尔在历史上无功罪可言。苟得良好之领袖，吾人当能在威海卫作较善之守御，而博得若干声誉。然艰危之境，已莫救矣。然为救丁提督之首领计，玛克莱尔可谓已尽其责。

李鸿章之新式军队，受德国式训练而精于“鸭步”(谓德国式之直腿正步)及摆演者，已在朝鲜大败。此时邻省军队——衣旧式制服，而以车载其枪支及行囊之军队——步赴前线。此诚动人之景也。彼等经过某县，其地多以竹枝系小鸟为玩具出售，于是全军几人人持此玩具。又有一可怪之现象，兵士人人自领口斜插一折扇于项背上，如是彼等步行赴战。

从一义言，非中国与日本战，实李鸿章与日本战；大多数中国人于战事尚瞢然无所知也。惟彼等居北方者自当知之。在牛庄(中国最北之通商口岸)，一老守备时方审度此局势。彼职在防守辽河入口之炮垒，炮垒以土筑成，既旧而颓圮，其上军器惟旧式铸铁之炮数尊而已。然此为一炮垒而当战争之冲；故在彼肩上实负极大之责任；显然可见者，彼必须纳履于踵，谢绝鸦片，而张开其睡眼。然彼犹恳望大故不致落在彼身上。然彼之命运多乖；盖介于海与炮垒间之黄土广原，前此人迹罕见者，此时每夜有一群洋人出现其间，彼等之举动，为怪异而可虑无疑。守备以望远镜窥之，及晨，洋人既去，乃往察验，见其所成小洞及巨堤，及其所遗旗帜。彼乃上一公文于道台，报告所见。大意若曰：

“彼职责所在，凡事皆当禀报，而当此严重之时，尤不容疏忽。近有洋人于海边地面凿圆柱形之小洞，而以铜铁之类精细铺护之，又四处掘短壕——此最为离奇之事实。彼等携有各种式之军器，射白弹甚远。洋人一切行动，至为怪异，彼殊不知其意义所在。彼不能断言此等动作与战事有关，惟如何应付，恳请道台训示。”

道台接此禀报，则行文照会(牛庄)总领事，提及战及极端严防之需要。末谓土原上洋人之动作，无论目的何在，皆当制止；敬请总领事注意，并施必要之处置。

总领事为英国人。彼之答复当必彬彬有礼，然吾人可想象其实质，盖有类于是："道台先生，以部下之老守备实为一蠢驴。敝国人所为，不过一种著名之游戏，其他各口岸皆有为之者。此种游戏平常于草地上行之，惟此间无草地，故彼等假荒废之土原行之耳。彼等仅事娱乐，别无他意。事前未求核准，鄙人深觉惋惜。兹特敬恳俞允；惟在再奉明教之前，鄙人拟暂不采何种动作。"

道台乃以此函转致守备并嘱其依此函之启示再作报告。彼老人乃挥毫成文，大意若曰："卑职乃愚昧之军人，此事非其所敢容喙，如此等动作无军事之意味，卑职窃疑其与采矿有关。此为卑职所能想及之唯一愚见。至于总领事之解释云云，以卑职之愚昧，已承认不能断言彼等所为何事，然卑职敢坚决断言，毫无疑惑者，彼等绝非从事于娱乐。"

三、威海卫之围

(甲)开始

威海卫为第二等海军港，以其无干坞，又无工厂可供大规模之修理；然以其面积之小及人口之狭，用于训练及行政，则视旅顺尤便；故海军之用此港，视用旅顺为多。此港因一海湾西端之一小城而得名。此海湾广约六哩，深入约四哩，东北开张与海接，而刘公岛横其口。海军之大营，即设于此岛上，内包括提督衙门、医院及小规模之修造厂，此外并有道台及将军衙门。岛上成一小市镇，有各种商店，其一为德人所设，又有一外国俱乐部，以应岛上二十余西人之需。

刘公岛、衣岛(在刘公岛东南、海湾东口之中央)及内陆，皆有坚壁重垒，数年前汉纳根之所营也。其建造尚属新式，惟有可异之疏略二事。其一，南部之内陆炮台，其向内一面，并无保障，敌人可从此面来攻也。其二，岛上及他处，皆无测度射程（rauge）之设备。

在夏季威海卫为一乐土——今上海西人多避暑其间——惟在冬季，风沙漫天，冰雪没岸。船与陆间，交通艰难，居是间者，不胜荒凉之感。

威海卫城之西北皆山。城与南垒之间则海滩一抹，诸炮台位于低崖上，其下丘谷起伏，与迤南诸山接。

当予重登旗舰时，备受热烈之欢迎。彼等感予不因鸭绿江之战而舍之去（兼预鸭绿江之战及威海卫之围之洋员，惟予而已）。刘步蟾虽以前嫌，相待仍极友好；丁提督对予尤优渥。

鸭绿江之战，予所得而述者，惟少数零断之事；威海卫之事则异是。关于此役，予记忆上及记录上材料之繁富，使予艰于措置。鸭绿江之战譬独幅之画图，而威海卫之役则连绵三月之影戏也。

予以 11 月 19 日复入海军，予于是名义上为上级作战将官，而李鼎新佐之，惟予虽颇有权威，实际上仍不及其名。日人来攻之前二月，乃余极忙之时间：重实弹库，试验炮弹，整顿防水密门，布置救火器，清洁甲板及上下各层。自予在旅顺相离后，旗舰情形益劣。最使人失望者，船员多不应手。彼等愿欲应战，此无可疑者；惟彼等与将官之间，嫌隙甚深。彼等于命令，择其非服从则全舰之事不举者则服从之；叛变之事绝无。船上警察颇有效力，惟受奇异之限制；因有若干命令，船员全体故意置之不理也。此种情形除中国船外，断不能存在也。

李鼎新不敢往视众卒所居之处，彼坦直告予。此事与索其性命无异：彼之统驭力渐失，欲恢复之已不可能。予对彼极表同情；彼于其困难深为焦忧，且坦直无所掩饰。

予所任之职事非成即败，其间别无他路。然吾自思运遇尚佳，盖船员皆奋跃欲战而轻其将官之不尔也。彼等需要领袖，而非空令。然当据报船员违令，于不合规之时间，以炭炉煎茶，予闻而往下察视时，心中隐隐疑虑。然此之疑虑，使予振奋；此等事之对付，乃一种新奇之阅历。予断最佳而最稳之策，莫如不偕一人与俱。予以英语斥责彼等（自梁氏在职以来，下级军官皆解英语），继谓“尔等现在可到甲板上”。围诸小炉蹲坐之众皆怒目仰视，不知所为。予蹴一炉，火炭飞散，继蹴三四炉。予夷然对彼等之大多数冷笑，其睚眦不驯者，则掴之以掌；同时予发出一串之英国诅语，皆彼等所了解者。经最初之惊愕及片时之踌躇后，彼等嬉笑视之。小数留于后，拾起火炭，余则笑奔甲板上，由李鼎新处置之。

此事之应付，实涉及一重要之原则。苟予偕李君或监狱官俱往，则彼等因恨此二人，将形成具同一心理之群众。一人独往，则予所对付者非一群众，而为会聚之个人，因不致惹起群众的情感。予入军一星期以来之成绩虽小，当为予之利，果也如之。自此以后训练日见进步，然终未至足以自豪之程度也。

尚待解决者为刑罚之事，原用之刑法，带报怨性质。犯人，或以剑挞其肩，或以鞭笞，三有一死。即他事不计，此等刑伤之犯人及佯病避役之士卒（中国军医无法对付之）已充满病室。予与李君商议此事，剑挞及野蛮之鞭笞皆当废止，否则予不能一朝居。李君及总兵皆赞成此举。鞭笞未全废，惟笞数大加限制，使受者至多不过有一二日之病废。得予赞成而采用之主要刑法为跪铁链，以刑于甲板上行之，罪人若蹲坐踵上，则逻者以刺刀刺其尻。此法行之半小时便足，受者痛苦而不致伤损。

其次之问题，为如何对付多数佯病之人。此为一困难之问题，盖病之真伪，军医亦不能无疑也。此问题之解决出予心裁。予召彼等尽至甲板上，别遣人往机器室取蓖麻油（caster oil）一桶至，命各饮半杯（此为最使人作呕之物）。彼等非不欲饮，直不能耳；乃强之饮，如灌狗药。两日以后病室几空。

因李鼎新佐予，总兵与予亦友善，予应付诸校弁，殊无所苦，独有一例外。予使召一少尉，不来，再使召之，至而跋扈甚。乃以此事报告提督，提督大恨，言将考虑处置之方，旋遣人问予，有何建议。予议处以战时之极刑，即死刑。提督复遣人来传语，略谓“适遣询君意见，乃予之误，使君兼为控告者及裁判者，于理未当；此事之处置，非死刑即正式认罪耳，君能满意于后者否？”予乃夷然听之。他年予与此人数有交涉，惟绝未谈及威海卫之事。

一月二十日，日军自东北海角登陆，离威海卫约四十哩。然延至三十日彼等始实际向我方攻击。予恒防其来攻，惟予希望其不尔。此希望绝无根据，惟有一原因：予是时已知内陆炮台之守者必不战而退。如是，炮台若不毁，则必资敌而为吾等患。予乃促当局预备，待守兵撤退时，即将炮及弹库轰毁。此议大受反对，惟丁氏终韪之，而以其事付予。其后予因司夜哨之责，不能分身，乃以毁拆之任属美国人好威（Howé），助之者为炮手汤玛斯（Thomas）、华尔蒲尔（Walpole）（二人为英国退伍水兵，本执役于海关）。少尉朱（Choo）君，并委任弁校及兵士若干人。彼等为此实冒大险，几为守兵所杀者不止一次。彼等所历，请提前述之。诸炮台未受一弹，先一一撤空。当毁拆队进入时，发现电线已割断，电池已破碎(电线及电池，乃为毁炮用者)，盖内奸之所为也。予已预料及此。予曾对李君(定远炮手，自请加入毁拆队之第一人)解释内奸当图谋之事及预先提防之需要。李君以半通之英语告予，大意谓“君无须虑予不尽其职，如奸细割断通大炮内电池之电线，予诚不知何为；至于弹库则易易，予将以线香燃之”。然后来彼未尝为此，彼实发铳燃之；于此读者可睹真正中国人之原形。

好威为勇敢逾常之人。其余吾等诸人，其冒险也，特为自尊心所迫不得不然耳。好威之冒险也，以其喜之。

彼与美国人某君同至威海卫，某君思得一毁坏敌舰之法。其法以一炮艇，状如浇水车者，载某种化学品，洒于海面；乃诱敌至既洒之区域，化学品触舰则炸毁之。此计所需之化学品焚于芝罘港，其为日人所主使无疑也。于是此事乃告终；惟好威乞留，尽其所能以相助，而不受酬。

当日军在海角登陆时，有许多中国人员，自谓依法不必留，遂离去。最奇者，彼曹之中有医士、裹伤护士及其他医院中人员。彼等之理由如下：彼等属于道台，而非属于将军或提督，彼等乃文吏云云。然使彼等而为武员，亦将有他种借口耳。吾等亦未尝设法留之。

丁提督召诸管带会议(此等会议予从未被召参预)，议决对于登陆之敌人不加阻止。海军当留为保护港口之用云。此决议自有若干理由。前此不久，镇远触礁，洞焉；伤口仅零凑补掩，吾人认为不良于用。其他各舰，惟定远、靖远、济远及来远可用，此外并有小鱼雷艇三艘。仅此诸舰，苟善驭用之，无论敌方掩护舰之势力如何，当能加其运船以重大之损害；惟如是则除定远外其他诸舰当见毁，而威海卫之陷当益速。复次，则有将来之问题。战事已失败，中国当得严厉之教训。尔时中国犹有中央政府，朱谕之势力通于全境，朝廷必将立谋重建海军。若海军将弁尽歼焉，则无以为后来发展之根荄。此亦一颇有力之理由；然凡此一切理由，无论当否，皆不过掩饰之辞，实则吾人不欲战耳。即奋不顾身之好威亦未尝以此促予。

然据予日记所载，予固主战者。假予负斯职责，予义在必战。如此，若善为之(此为极可疑之设若)，当造出一番小小之轰烈事业，其对于中国之用处，究极言之，当视彼一班遗留之将弁为大。然予无责也，予未被召参预会议。然苟予欲之者，当能强聒以动当局之听，然予不为也。不宁惟是，当予闻退避港内之讯，且兴释负之叹焉。然予等非怯也，好威与予，以英国炮手四人之助，凡有探险之举，为吾等所统制者，无不欣然为之。吾等曾有二次之尝试，然皆失败，后当述之。凡此欲为而未为之事，并无历史的兴趣。鸭绿江之役造成历史。威海卫之役则不尔。予述其事，聊备掌故而已。[译者注：以此故，译者将下文此二事之记述删去，而撮其略附于此。其第一事，泰莱拟与好威及定远炮手麦卢(Mellow)三人各驾鱼雷艇袭击日本运船，中途相失而返。其第二事，日人占威海卫后，以赵北嘴炮台轰刘公岛，泰莱等患之，谋以靖远、平远、广远、广丙等舰及二鱼雷艇袭毁赵北嘴炮台。二月四日晨七时半，诸舰既发，旗舰疑敌将来攻，召之还。泰莱等拟次晨再往攻，而是晚定远为日人鱼雷所毁矣。]

（乙）攻击

日人以（一月）二十日登陆。其后十日内，予等蛰伏不动，坐待敌人来攻而已。予日记云："一月二十八日约上午十一时，接报日人离内陆最东之炮台仅九哩。敌舰二艘方出发。刘总兵态度极颓唐。彼于战事不独无用，且当有害。彼惟言大限到时，将如何自杀。凡此皆其可怜可悲之性格之表现也。"

"一月三十日。今晨九时半左右，我方炮台开火，惟吾等不知其目标何在。十时以后，始见敌舰在东港口外……下午一时左右炮台尽入敌手。丁提督以一时半左右下舰（予登岸接之），予等乃起碇南进。予等几至搁浅海堤边，轻掠而过。日人据一炮台以二炮相击，数弹相密近，惟未得中。予等于四千码外以炮还击，继续至二小时左右。敌方一炮被毁，其他一炮亦停火，惟后者予疑其未毁。"

自一月三十日至二月十三日，凡十四日间两方炮火往还。敌方舰队轰击刘公岛炮台；彼等不甚锐进，智也。以予忖之，彼等所发，泰半为开花弹（Shrapnel）。日人直步行入南垒，先是我方兵士已步行而出；予日记中不责兵士而责将官。好威等拆毁南垒之工作，吾人若思及其一切困难，不能谓其不善；惟其工作实未完全。日人最初修复一炮，继之又一炮，一星期后又复二炮；而以巨弹击刘公岛及我方兵舰，一弹穿靖远之铁甲板，沉之（此事发生于围攻将终之日）。吾等复还击彼等本属于我之炮台，而射程较短。我方之还击，类能使敌方暂息；一次吾等直中其一炮。惟定远入水过多，不宜于近击，其他诸舰则不敢锐进。

时气候酷冷，在冰点下十八度，日军之进行以此受阻。舰中可见彼等苦步徐行于雪铺之沙滩上，可见微小之黑块，依洁白之背境；时而一块停止不动，盖为我方之开花弹所中也。彼等直抵城下，安步而入；惟彼等发现西垒已完全毁坏。

日军入据西岸之前不久，旗舰接一信号，来自西垒之一炮台，此乃守将萨镇冰所发，请示于提督者也。彼延至最后尚可退出之时始发此信。其他海军炮台之守将则不待命令，不须请训，而径遁矣。惟萨君行事，恒求不逾规矩。其后彼为海军总司令，予与之颇稔。彼尝受吾国 K. C. M. G 之赠，又尝为中国内阁总理焉。

于是吾等已与内陆离绝。后事如何？鱼雷艇之袭击，已有端兆；惟我方有堵截之横档（Booms），又有炮艇之巡哨（此为予夜间之特职）。时赵北嘴炮台之九吋炮继续为吾等患，刘公岛上损失不少……（于是有袭毁之议）。

（二月四日晨，谋袭击赵北嘴炮台未果。）

是晚，予未继续巡哨，因有翌晨重往袭击之布置也。其夜天朗而清，月于三时半没。二时敌舰轰击东垒，予梦中闻之。予畏当近危，惟远险则习焉安之；故予虽确知鱼雷艇之袭击将于一夕发生，仍不足扰予之安睡。然是时警钟忽鸣如昨（前此已鸣多次），予趋甲板上。予日记云："月落后不久"，在衣岛附近之哨艇忽发警烽。我方数舰旋即开炮。吾等亦开炮，惟标的（苟有之者）何在，予不能睹。乃命止火，俾得察视，予乃见一黑物，约在半哩外。炮复发，予奔至置标准罗盘之台上，出望远镜窥之。来者为一鱼雷艇，以末端前进，向吾舰左边之中部。及相距约三十码时，艇向右转；予是时尚未确知其非我方之艇也。当彼转时，予仿佛见一弹自彼迸出，然此实为其大汽管爆裂所发之烟雾耳。数秒钟后，有笨重之击声自彼发，继之为摇撼其巨震，一二秒钟后，号兵喧语"关闭防水密门!”然大多数密门固已关闭矣……

舰被击后，丁提督犹未知其受伤之程度，令前进卫东港口，众依令准备。及予既知穿漏之程度，乃告提督，船当不能久浮，宜搁之于适当处所，使其炮尚可为我方用，此着宜即办，迟则船倾侧愈甚，恐不及矣。提督从之。

破晓，见敌方之二鱼雷艇漂浮于港内。其一上有四尸，皆大汽管爆裂时炸伤而死者也；彼等已善尽其职而付其代价。予设法善护诸尸，其后盖以隆礼葬焉。于是提督移旗于镇远。

吾等上滩时，潮方涨，及潮退，船深入泥中，同时水渐入，至下午炉火遂灭。

次夜船上之居苦极。吾等初不思一切用物将被漂去，其后知之已晚，无从设法使诸人就岸，因船上无小艇也。时温度在冰点下多度，风又厉甚。日记载予腰以下尽湿；予暴袜，后失之。然予经此夜，幸无伤损。予振臂上下，间与玛克莱尔在船尾炮塔内之油布下相挤。予思众人状况，尚未至甚劣；彼等能相互挤迫，如群猴焉，惟有少数冻伤。

上午四时后有一鱼雷艇之袭击发生。在炮火声中，吾等隐约闻鱼雷之爆炸。比晓，见来远已覆，船底露水面；防浪堤之畔则威远及一驳船，并一小汽船沉焉。

天明，我方汽艇自岸边来。予乘此艇查视是夜尚有何凶险之事。夜八时后始返，见舰上景况大异。罩架旁未设障卫之长片，甲板上空无一人。在船腰道旁(gangway)，当有守卒四人，并当有头目鸣号集众与予为礼，而皆不可见。惟在甲板之前部，众人蜂聚。各携军器不一，有持枪而纳弹者，有持短剑者，声势汹汹。予知叛变已起。

予当时未知其意义所在，事后亦无暇追问。今可忖测而知者，是时提督已徙，船已毁，船众未奉命离去，亦无法离去。前一晚之苦楚，实为其怨愤之因。比晓，予又他去，故遂激成暴动。群众正当予返时而聚集是否出于偶然，予至今未得知。

方予艇止泊时，有三念继续闪现于予心——危机之急迫，予是日离舰之咎，及予对此事之责任。予惧乎？想当然，惟予已不忆。予或无暇畏惧；予心躁动，初不知所为。予一望艇上诸人，欲观其作何思想，而彼等毫不动色，于此事似不关心者。既登，将校数人自罩架之一门出，语予曰："诸人已叛，彼等将尽杀我曹，且先杀公。请入。"予于时主意已定，此非出于思考，盖出于顿悟也。予步向此徐进相吓之群众，而察视前排诸人之面目，果得一解英语之下级军官。予曰："苏君，请告诸人，予欲与之语。"彼转而译述予言。群众止不动。

读者须知，予当时对彼等之言语(毋宁曰诳语)，绝非出于自觉之思考。此等辞令乃自然而来。苏君依句译之如下：

"予知君等所受待遇甚恶。"

"使英国水兵处此，亦当作同样之举动。"

"予适曾往见提督。"

"予已与彼商妥，待诸轻炮尽运上陆时，即送君等登岸。"末一语译出时，众齐声呼"好"，予知已有转机。

同时一号兵依往例立于予侧，予闻"好"后，即令"收械"，号兵立即传令。彼等略有片刻之迟疑，继乃驯服如羊。……

旋提督至，证实予临机之处置(予写此后检阅日记，知玛克莱尔与予同在艇上，予登舰时，彼往告提督）。

先是予于岛上营一宅，为将来中国海军发达时计也。次日凌晨，予从窗间外望，而见一怪现象之开始焉。东面日舰方轰击衣岛炮台。我方鱼雷艇队已准备毕，以全速向西港口进发。我方舰队亦已准备毕，而循同一方向前进。彼等似皆离港者，实则不然。逃遁者为鱼雷艇队，而诸舰追阻之。我方各舰、岸上兵士及适在口外之六大敌舰齐向之轰击。二艘得脱，一艘图急遁，欲跨越拦海之横档，触之而碎，余尽沉焉。此耻辱事之负责将校予姑隐其名。

玛克莱尔随提督至镇远，好威亦然。是时刘公岛日受南垒四巨炮轰击。结局瞬息将至，军士畏危，时有叛变及鼓噪之举。居旗舰当较安全，惟予不欲为此。一则因有予友克尔克（Kirk）医士及海军工厂工程师好域（Howard）在岛上；二则予预料船众将迫丁氏纳降。予希望能聚所有我方诸舰于一处而毁之，庶将来本港之碍较小；诸舰既毁，然后纳降。惟予不熟华语，即在丁提督前与诸人争辩，亦无济于事。且予亦不欲亲见提督之自杀（此为必不可免之结果）。此优善之老人，时已被严旨褫职。彼惟望得死于战阵。每当吾等攻击内陆炮台，彼恒挺身外立，祷求解脱——今乃得此凄惨之结局。

予商于克尔克，在医院服役院中人员，当围攻开始时已离去矣。亦有觉此间较为安全者，自请加入。惟在克尔克与予共同工作之七日间，院内惟予等二人及予仆，偶或暂请仵作之助而已。当此星期之末，轰击最烈之时，予等镇日割治。惟予等并无麻醉药。克尔克教予如何止制动脉并安置软垫，彼则施割锯及其他手术。地上残断之手足堆积渐高。其后纳降时，予耻其为日人所见，因搜集所有绷带，灌以火油而焚之。

予离定远后，即入医院。是晚八时，纷乱之叛变开始。予日记云：

“下午七时闻水兵叛变登陆。八时，闻陆兵叛变下舰。”

“二月八日。焦忧之夜终已度过。陆兵之叛变，为极严重之事。彼等毁损诸炮（其后予发现此事不确），言不复战。彼等挤至防浪堤下，或据诸艇，或登镇远，要求载之离岛。军士之恫言不战乃真确之事，予等皆信之。在此等情形之下，日人之将于明日攻陷此地，亦可断定。……然彼等当不肯退让，彼等当阻据日军登陆；如是则将有第二次旅顺大屠杀。日人之宽容，中国人认为不可能之事；即诸将弁亦咸深疑之。”

在此等情况下，予乃与克尔克及斯奈尔（Schnell，乃炮术专家服务于中国军中者）谒岛上二道台，与之商量办法。其结果，斯奈尔与余以夜二时往见提督，说明现在之境地，并劝其可战则战，若兵士不愿战，则纳降实为适当之步骤。予殊不愿为此事，而斯奈尔（彼熟于华语）作何语，予亦不知。予等与丁氏语，不能秘密，如平时然。仆役捧茶至，故立以听；玻璃窗外，微露无数水兵之头。然就予之立足点言，予殊不惧，予授斯奈尔传述之语，乃众人所悦闻者也。

丁提督最初言纳降为不可能之事。其后言彼当自杀，使此事得行，以全众人之生命。其后斯奈尔因此事大受讥评；依理予亦当在讥评之列，惟未尝闻之。

是夜纷乱情形继续至晓。军士游行散荡，向空放枪，并乱发大炮。然次晨扰攘忽止，予殊不解其故。虽哨兵已不在岗位，将弁多离营垒，然除此外一切如常。守垒兵士欣然发炮。此最后之一星期内，炮台应战最猛，所受损害亦最大。此急骤而有似神异之改变，孰或使然，予绝不知；然予忖彼等之态度或如是：“前者之战予等被迫为之；今之战，予等自愿为之。”此乃一中国式之“点缀门面”，吾人无须存了解之希望也。

于时克尔克在医院工作，而予为其初学之助手。予前已言院中无麻醉药；惟割治恒于创后速行之，痛苦稍减。然即此，可见兵士忍痛能力之大及其精力之盛。一兵至院时，或疑其已死，委置殡舍，彼肩上中弹，脱去一臂，流血过多，面如纸白。予疑其未死，迁之病室。予等是时甚忙，予未清涤其伤口，仅为贴一软垫——然此人后竟获痊。

总兵刘氏尝凄然自夸，谓虽受西方教育，仍守中国礼教；苟丧舰，将自裁。是时舰已丧，其僚属予彼一二日之宽限，以处决其自身之事，并请彼于就义之前，预相通知，俾往致最后之敬礼。故此不幸之可怜虫实被迫而吞鸦片，然吞后立使召克尔克来救，如是者屡。其后一次，克尔克方开始为一伤兵割治，问予曰：“泰莱，君能代毕此事否?”予答曰：“予无意试此，君宜先尽对此人之责任，事毕乃赴总兵处可也。”此次克尔克至已晚，而刘君之苦难毕矣。

日记中并志海军将弁数人来求毒药，予等拒之而讥其怯懦。此诸人中，其二后为海军总司令，其一后为海军总长。

在医院之一星期内，外间之事，予记载甚少。八日，靖远为九吋炮所击，弹自水线入，贯铁甲板，沉之。大抵日间轰击不断，时或夜间亦有之。鱼雷之攻击，不复发生，殆敌方惩于攻定远之损失也。

然此时结局真到矣。十二日晨，丁提督自杀。此际情形，予无直接之见证，惟得自谣传及斯奈尔之报告而已。斯奈尔之故事，后经发表。

盖丁氏死后，玛克莱尔、好威及中国将弁数人上陆抵道台牛氏家，遇斯奈尔。好威倡议假丁提督之名作降书，并亲自起草。书成，译作中文，并钤提督信印。据斯奈尔所述，其书大意如下：“中国海军提督丁汝昌致书于日本海军提督伊东麾下。为避免无用之流血，予请以舰队及港口降于麾下，并求允许中外将士自由退出。”镇远舰悬白旗赍此书以赴日军。

予采取斯奈尔君所述，以其或然性颇高。惟予日记所载与此不同。然二者不必相矛盾，因好威或不欲以实在之细节告予也。予日记所载如下：

“予与好威闲谈（在降书送去后）。彼反对任何条件下之投降，而主张先将战舰摧毁，然后合海陆军转战至芝罘。理论上此自为极佳之计划，惟行之惟艰耳。斯奈尔言好威关于应做之事，议论太多。……予使人送一短简于玛克莱尔，言欲与之一晤。彼遂来克尔克家。予等闲谈。予问此时予有可为彼用之处否。彼答予若留于所在之地（即克尔克家）为用最大。盖彼不需予之劝计及协助也，而予实亦无能为力。予问已提出之投降条件为何。彼答中国方面愿将战舰及刘公岛交出，不加毁坏，日方则许中国海陆军退至芝罘。以予观之，此为一极荒谬之提议。吾人应将舰队摧毁。……予深为不幸之老提督悲，予视其自杀，非逃避困难之怯弱行为，乃牺牲一己之生命以保全他人之生命。彼实为一勇夫，就此点论，其高出于此间任何其他中国人，不可以道里计。”

（丙）受降

伊东提督对于伪托丁氏之降书之答复，可为侠义的礼行之模范。书用英文，记时在1895年2月12日，文曰：

I have the honour to acknowledge the receipt of your letter and to inform you that I accept the proposal which you have made to me. Accordingly I shall take possession tomorrow of all your ships, forts and other materials of war, which are left in your hands. As to the honours and other minor conditions, I shall be glad to make arrangements with you tomorrow at the time when I shall receive a decisive answer to this my present letter. When the above-mentioned materials of war have been delivered up to me, I shall be willing to make one of my ships conduct the persons mentioned in your letter, including yourself, to a place convenient to both parties in perfect security.

But were I to state to you my personal views and feelings, I would beckon you, as I have done so in my last letter, to come over to our side and wait in my country until the termination of the present war . Not only for your own safety but also for the future interests of your country I consider it far more preferable that you would render yourself to my country where you are sure to be treated with care and attention.

However, if it be your intention to regain your country, I leave it entirely to your choice.

As regards your desire to make the Admiral Commander-in-

Chief of the British fleet act as guarantee on your behalf, I deem it unnecessary. It is on your military honour that I place my confidence.

In conclusion let me inform you that I shall bewaiting for your answer to my present letter till 10 o'clock tomorrow morning.

（予深觉荣幸，得作以下之声言。来书获收，所提议之事，予愿接纳。因此，予将明日点收贵军所余之战舰、炮台，及其他军用物。至于仪式及其他小节，待明日接阁下对此函之实答复后，再行与阁下商定。俟上言之军用军物交付既毕，予将以一舰载阁下及来书所举之人员，使安抵便于两方之一地。

然依予个人之意见，毋宁重申予前书所云，劝阁下来至我方，暂居我国，以至战事之终止。阁下若来我国，必受勤谨之待遇。予之以此举为最宜者，非独为阁下之安全计，抑亦为贵国将来之利益计也。

然若阁下欲归贵国，予完全听阁下自择。

至于阁下欲使英国舰队总帅为阁下作担保一事，予认为不需，予所信赖者，乃阁下军人之德操。

最后请以一事奉告，予将候阁下对此书之答复至明早十时止。）

书中“come over to our side”（来至我方）一语，其意义显然不过劝丁氏降后暂避伊东所，以保全其首领，以为他日服务国家之地耳。中国方面对此函之答复如何，予不得而知。惟予日记中录有伊东提督之第二书，记时在 2 月 13 日，乃致“代表中国舰队之军官”者，其末云：

In my last letter to the lamented Admiral Ting it was said as to the honors and other minor considerations, I shall be glad to make arrangements with you tomorrow, and now that he is dead those minor considerations have to be arranged with somebody who can deal with us is his stead. It is my express wish that the said officer, who is to come to this our flagship for the above purpose, be a Chinese—not a foreign-officer, and be it understood that I am willing to receive him with honour.

（予前致丁提督书，谓关于仪式及其他小节，俟明日再行与彼商定；今丁提督既死，须有一人代彼，来敝军旗舰，与予商定诸事。予切盼此人为一中国军官，而非外国人。予愿以优礼接待之。）

十六日，二日舰入港，泊近南岸。于是一鱼雷艇至，令所有外国将校，即往松岛舰上。克尔克与予考虑此事，予等预料日方视外国人当不过为探奇冒险之辈，而加以小小之屈辱。除克尔克外，吾辈殊难期望他种待遇也。予等乃决意不往，避于山顶。

次日，日本舰队自西港口入，予等立道旁观之，与一队日本军官相遇。予知其属伊东提督幕内，予等互为礼。继之为以下之谈话（予无记录，惟忆之甚晰）：

“君等为甲必丹、泰莱及医士克尔克乎？君等所见，乃好景也。”予以手指入口之舰队曰：“然，且为历史上有趣者。”日将笑而颔之，稍思索，继曰：“二位昨日未在松岛舰。予等算君已遵约，可乎？”对曰：“善。”乃互为礼而行。日人之有礼如此。

关于威海卫，更无可述。日人以广济（三等旧舰）载予等赴芝罘。予等之私物可运者悉运至船中。时日军小队，四出遨游（有军官领之）；亦有搜刮西人住宅，其宅主已离去者。予日记中云，予从未受日人丝毫之粗暴相加。

予等遂至芝罘。战事对于予等可算已毕。……

今请一述与予共事诸要人。关于提督丁汝昌，予前所述，已足表予钦敬诚服之心，此则凡知之者之所同也。今请益以予日记之言如下："自此地受攻以来，彼常立于最危之地。当吾人轰击南垒时，彼恒在吊桥上，而总兵则潜避瞭望塔中。定远为鱼雷炸击起，彼当然在舰上。自此以后，凡有战事，彼恒在靖远舰之最前方。今日靖远被沉时，彼亦在其中。"予日记中尚记丁氏一故事如下：——"洋员某君，自称为鱼雷术能手，乃虚张也。一日被派察视鱼雷艇，误放一鱼雷，毁之。丁召之至，曰：'一鱼雷所值不多。'惟予不见有放鱼雷之需要。而予所最不喜者，为汝之混充专家。予为舰队之提督，予曾有所伪冒乎？予曾自夸于航海之术有所知乎？汝知予之未尝为此也，汝宜以予为范，勿再伪冒。"

其次请言玛克莱尔。予尝拟为此役作海军战史，以无法避免叙述玛克莱尔之事而止。今时逾三十年，玛克莱尔已于数年前卒，稍可以无讳矣。

尔时战争之拂逆与紧张，使玛克莱尔求慰藉于杯中物。彼诚非时时沉湎，惟特别当围中事机急迫之时，当最需决断之时，为然。……

日人既自海角登岸，亟须定应付之策；南垒后为日军所陷，我方尤须取果敢之行动；而玛克莱尔束手无所为。予乃言于丁氏请使克尔克列玛克莱尔于病人表中，不果。予乃直接警告玛克莱尔，若再不振作，予将报告于天津。予言极恭，“先生”“提督”之字眼如流。然次日予拍电乞将彼移调；及彼清醒时，予立以电文示之。予乃作书致汉纳根说明予采此步骤之故，并以予辞职书附焉。丁氏知予此举，且私韪之。彼造予室，言彼欲使玛克莱尔静徙于芝罘，不果，问予有何策。予乃遣人带书与克尔克，卒使其列玛克莱尔于病人表中。彼亦夷然就岸，无所阻难。

原载《东方杂志》第28卷第6、7号，1931年3月25日、4月10日。

甲午战后在日见闻记

小泉八云撰

此文见于小泉之 Kokoro（日语谓心）论集中，原题《战后》。小泉生平世多知者，今不赘述。此文乃甲午战史之极可贵原料。所记虽属战后，实反映战时。虽为片断之轻淡描写，而其显明敌所以胜，我所以败之故，实远优于任何抽象之申论也。文中日名转译全赖李安宅夫人之助，合于此志谢。译者识。

（一）

1895 年 5 月 5 日，肥后。

今晨肥后浴于不可名状之澄辉中——春光也，浩气也，远物得之而现缥缈幽灵之致者也。物形依旧，轮廓崭然，惟已理想化于隐约之彩色，非其本有者。市后诸巨山，上希晴明无翳之碧空。此非碧空，特其魄影耳。

在黯青之叠瓦屋顶上，无数异形怪状，纷纷飘舞。此之景象，于予固非新奇，惟恒是可喜。处处浮动鲜艳之纸札巨鱼，形态如生，系于长竿之上。大多数纸鱼长自五尺至十五尺不等，惟间中可见长不一尺之婴鱼钩挂于大者之尾下。每有一竿系四五鱼，其高下视鱼之大小为差，最大者居顶。此等纸鱼，其制作设色之精巧，使游客初见，辄为惊讶。系鱼之线束于头部。风从口入，不特饱胀其体，且使之张翕不已，升降转挠，一如真鱼，而其尾若鳍摆拨天然，无可疵议。予比邻园中有极优美之样式二，一则橙黄其腹而蓝灰其背，一则浑身银白，惟皆具妖异之巨眼。当其游泳空际，析率之声，如微风过帘田。稍远予又见一大鱼，其背上负一红孩。此红孩代表 Kintoki，为日本传说中最强猛之童子。当其在襁褓时，即战熊罴而捕妖鸟云。

尽人皆知此等纸鲤之悬挂，惟当五月间之男子诞生节。其见于屋顶示家中已产一丈夫子。是物也，又象征父母对其子之希望，望其能战胜一切艰阻而在世上自辟蹊径，一如鲤鱼之逆流而上急川焉。在日本之西南部有多处不悬纸鱼而代以狭长之棉布帜，直悬如帆，上施彩绘，或状鲤穿洄流，或状妖魔之克服者“祥气”，或状松，或状龟，或其他幸运之兆。

（二）

惟在此日本纪元二五五五年之盛春纸鲤之所象征。盖有更大于父母之望子者，即一从战争中再生之国族之重大信托是也。此军事上之复苏，亦即新日本之生日者，实肇始于其对中国之克胜。此时战事已告终结。未来之境，虽尚朦胧，似有无涯之希望。然无论对于更高远、更永久之成就有如何凶狠之阻障，日本已无所畏，亦无所疑。

将来之危机或即伏于此宏大之自信。此非一新情感，由胜利生者也。此乃一根于民族性之情感。屡次之战胜仅为之推波助澜而已。自其宣战之顷，对最后之胜利，无丝毫之怀疑。有普遍而深刻之热忱，却无感情激动之表露。有一等人，爰即着手撰述日本战胜之历史。而此等历史(按星期或按月续出，而附有摄影或刻木之插图者)，远在外人敢作战事结局之预测前，早已销行全国。自始至终举国一致确信自身之坚强与中国之脆弱。玩具匠辈突于市场上供给无数精巧之机构，状中国兵士之奔逃。或为日本骑兵砍倒，或被俘而交辫合缚，或对日方名将叩头乞哀。旧式之军事玩具，状披甲武士者，已代以日本骑兵、步兵，或炮兵之造象(以泥或木或纸或丝为之)，代以炮垒、炮台或战舰之模型。尝有一精巧之机械玩具以熊本军之攻旅顺为题材。别一同样奇妙之器，则重演松岛舰与中国铁甲船之战。复有无量数之假铳，鼓气弹软木作巨声者；无量数之假剑，及无量数之小喇叭。不停之喇叭声使予忆起纽阿林某次除夕中锡角之喧闹。每次胜利之宣布，辄有大宗五彩画片出售以应之。此等画片，手工粗劣，大抵只摹状艺术家之想象，惟以刺激群众之好胜心则良佳。复有新异之棋具出现，每子代表华方或日方之一士卒或将校。

同时戏院则庆祝战事以更完全之方式。谓战役中无一情节不重现于舞台上，殆非溢词。伶人且亲至战场以研究布景，复借助于人造之风雪。使其于日军在满州所受艰苦之摹状，处处逼真。凡忠勇之行迹，几于一经报告，即刻入剧。号兵白神源次郎之死[1]，原田氏之壮勇（彼攻破一壁垒而开通一要塞之关口使其同伴得入），十四骑士之拒敌三百，徒手苦力攻中国军营之胜利——凡此及其他诸多情节皆会重演于盈千之戏院中。盛大之提灯（提灯上书忠君爱国之口号）会时或举行，以庆祝皇军之战功，或慰劳乘火车赴战场之士卒。在神户，以其地为军车所常经，此种聚会，或亘数星期之久，无夜无之。街市居民更捐助旗帜及凯旋牌坊。

国中工业界复以更永久之方式庆祝战事。捷仗与勇迹，或纪念于磁器，或于金属器，或于珍贵之织绣，以至于笺纸及信封。或圆状于“羽织”（日人秋冬外罩之服）之衬里，或于妇女之缩缅（一种绉纹布）巾，或于带绦之绣饰，或于衬衣及儿童袍服之花样，而其他印纹布及盥巾等贱物尚不计焉。或表示于种种漆器。或于雕盒之面，或于烟囊，或于袖钮，或于簪钗，或于梳篦，甚至于食箸。有以盒装成束之牙签售于市上者，每签上刻关于战事之诗一首，一盒之内，无雷同者。直至和议之成，或直至李鸿章被刺之前，事事皆符合民众之愿望。

然和款一经公布，俄国即来干涉，并获法、德之助以威胁日本。此之合谋并未遭遇若何抵抗。日政府行出人意外之退让，以息一切觊觎。日本久已不为己方之兵力顾虑，其后备兵力之厚远超于外人所曾承认，而其教育制度（全国有学校二万七千），实一伟大之训练机器。在疆域之内，日本可以抵当任何强国。惟海军乃其弱点

---

① 成欢之战，一日本号兵，名白神源次郎者奉令吹冲锋号。甫吹一遍，弹贯其胸，倒仆于地。同伴见其伤已致命，拾其号去，号兵将号夺回，举以就唇，用尽气力，复吹一遍，乃倒地死。其人其事，后成为一军歌之题材。此歌已脍炙于日本士兵及校童之口。

所在。此事日人自知甚悉。彼其海军乃一队细小而轻便之巡洋舰。其构造，与运用均极精巧。其统将，以二次之交绥，不折一舰，而销灭中国舰队之全部。惟以敌联合三强国之海军，则力犹未足。且日本陆军之精锐方在海外。此时实为干涉之良机。而当初所预计者或不仅干涉已也。俄国庞重之战斗舰已卸炮衣而备战。其力或足以克服日本舰队，惟即胜亦须付极大之代价耳。俄方之动作突为英国同情，于日本之宣言所沮挫。二三星期之内英国能调一舰队至亚洲洋面，其力足以摧破三国联合之铁舰于一小小交绥。俄方巡舰一弹之发，尝使全世界陷于战争之涡也。

然日本海军界忿然欲与三国一战。此战如实现也，当为一场恶战。盖无一日本将官能梦及退让，无一日本军舰将摘去其国旗也，陆军界亦同等欲战。政府以全力坚持始戢众议耳。

（三）

5 月 15 日，肥后。

松岛舰归自中国，泊于“和平之快乐”（译义云尔原名不详）园前。是舰也，虽曾作轰烈之事，却非庞然巨观。然当其静卧于晴光中，状固赫赫可畏。是乃一灰石色之铁垒，浮于平滑之蓝海中。熙熙之民众，被邀登舰巡观，则靓服而来，如赴庙会。予亦随数友往预其盛。是日港内小舟，尽被雇以渡观众。予等至时，舰之四周舣舟无数。观众既多，不能一时尽纳，出入以班，予等只得守候。在海风清凉中立候殊非苦事；而群众共乐之态亦至可观。每值一班次，则有何等躁急之挤拥与攀附！二妇人因之堕水，为水兵拯出，则言虽堕水亦无悔，因今乃得以曾受松岛舰中人活命之恩夸耀于众云。事实上彼等决不致溺死。其旁攘臂欲援之舟子固多也。

日本所受松岛舰中人之惠，实有更重要于二妇人之生命者。日人力图报之以爱，宜也。盖亿万人所欲致之礼物，军法不许受也。将士既已疲矣，而于群众之追随询问，犹曲意应酬。舰中一切皆以见示，而详为解释：如三十生的米突之巨炮，与其入弹及转动之机械；连珠快炮，鱼雷及其发放机，探海灯及其射光之结构等等，不一而足。予虽一外人而需特许证，亦受指引，周历上下，并得见提督室中所悬诸天皇像。又得闻鸭绿江口之战之惊心故事。是日松岛舰实在全港男妇婴儿指挥之下。将士及学兵皆竭力奉承。或与老人闲话，或任儿童弄其剑柄，或教之举手高呼“帝国万岁”！妇女有倦者，则于甲板间设蔽处，张席与之坐。

此等甲板上，才数月前，曾满洒壮士之血，其洗刷未脱之迹犹四处可认；民众见之辄肃然起敬。此旗舰曾受二巨弹，其瑕处曾为小弹所丛集。彼实当战斗之冲，船员死其半焉。舰重只四千二百八十吨，其直接之对敌乃二中国铁甲舰，各重七千四百吨者也。其外面护甲无深刻之伤痕可见，盖破碎之铁片已经更换。惟导者洋然示余无数补苴之处，在甲板者，在支战台之铁架者，在露炮塔之尺厚钢甲者。彼更向下为余等踪迹三十又半生的米突巨弹穿入船中之路径，因言：“当其来也，震撼之力将吾人抛入空中，至如许高(言次拟手于甲板上二尺许)。于时天昏地黑伸手不能自见。予等继发现船右边之前炮已碎毁，守者尽死。立毙者凡四十人，伤者多人。凡在船右侧之船员无得免者。甲板复着火炮旁备用之子弹爆炸故也。于是吾等同时须应战兼救火。虽重伤之人，面、手之皮已脱者，操作如不觉痛；垂死之人，亦助传水。然吾等以巨炮之一发，使定远停火。华方有西洋炮手相助。否则吾曹之胜利太容易矣。”

（四）

6 月 9 日，神户。

去岁予自下关旅行至首都时，见兵士多营往赴战地，衣皆纯白，盖热季犹未过也。此等兵士甚似予向所教诲之学生。予不禁感觉，驱如是之青年以战，毋乃伤仁？彼等童稚之面如是其坦白，如是其欣豫，如是其一似未更人生稍大之愁苦也。时一英籍旅伴，出身行伍者，谓予曰："毋为彼等恐惧。彼等将有可泣可歌之事业以自见也。"予曰："吾知之。惟吾念及酷暑与严霜，与满洲之冬候，此其可畏甚于中国人之枪炮也。"

年来寓居于日本一屯军城中。军笛之号召，昏黑后人马之聚集，休息之号令，凡此种种，静言听之，乃予夏夜乐事之一。惟当战时数月间，此等最后唤召之悲腔使予别有感触。予不知音调有何特异，惟觉其奏也，时有特异之情感与偕。星光闪射万角齐鸣，苍凉之中，寓有快适，使人永远不忘。予仿若梦见憧憧之鬼号手，晚聚无数群伍之青春与壮力，以赴永久安息之幽寂境地。

今日予见诸队伍中有归来者。翠绿之牌坊跨立于其所经之街道，从神户车战以至楠公山，楠木正成之神庙所在也。市民醵六千圆为兵士治备归家后之第一餐。前此许多队伍已曾受此种欢迎矣。庙内庭院，新建棚厂，以为餐堂，棚中满饰旗帜及花彩。复有礼物以遍赉众兵——糖果纸烟，及手帕，上印有颂武之诗歌者。庙门之前，立一壮丽之凯旋牌坊，而柱上悬一华文之金字对联，顶以地球，一鹰张翼立其上。

予与日友满卫门首先候于车站，站与神庙甚近。车至，一哨卒令观众离月台；街中则警察，挥开群众，停止车马。少焉，队伍莅临，直列正步而过砖砌之甬道。一灰衣军官为前导，微蹇而行，口吸纸烟。绕吾等之群众愈聚愈厚，惟无欢呼，且无言语，严肃之静寂惟见破于兵士合节之步伐耳。予几不信此曹即予向所见赴战之人，惟肩章上之数目可证其然耳。彼等面目黧黑而严厉，多有于须满口者。深蓝之冬季制服已成褴褛，履已失形，惟矫健之步伐，则百战士卒之步伐也。彼等已非复少年，而为经锻炼之成人，能抵当世界上任何军队者，曾受尽许多永将不见于记录之艰苦者。彼等之面貌，不现愉快，亦不现骄满。捷探之眼睛曾不一注视欢迎之旗帜与饰物，凯旋门及其上足踏地球之战鹰——意者由于此等眼睛已惯见使人严肃之事物耶？（且行且微笑之士兵，予仅见一）许多观者，显然改容若感觉变迁之故者。要之此等士卒今已成为更佳之士卒。彼等正接受欢迎慰藉，礼物及民众广大之热爱，而此后将安宿于旧日之营盘。

吾语满卫门，“今夜彼等将在大阪与名古屋。彼等将听军号之响，而思及永不复返之伴侣”。

老人以纯直之恳挚答曰：“或者在西方人思之，死者永不复返。惟吾人不能作如是想。无一日本人死而不复返者，无一不识路者。从清国与朝鲜，从茫茫之苦海，凡吾曹之死者皆已来归！彼等今正在吾人左右。每当昏暮，彼等聚听军号之唤召。他日者，皇军受命与露国战，彼等亦将聚听如故也。”

署名“素痴”，原载《国闻周报》第11卷第28期，1934年7月16日。

图书在版编目(CIP)数据

清史论丛／张荫麟著；李欣荣编. —北京：北京师范大学出版社，2020.6
(张荫麟作品系列)
ISBN 978-7-303-23564-3

Ⅰ. ①清…　Ⅱ. ①张…　②李…　Ⅲ. ①中国历史－清代－文集　Ⅳ. ①K249.07-53

中国版本图书馆CIP数据核字(2018)第051189号

营销中心电话　010-57654778
北京师范大学出版社谭徐锋工作室微信公众号　新史学1902

QINGSHI LUNCONG
出版发行：北京师范大学出版社　www.bnupg.com
北京市西城区新街口外大街12-3号
邮政编码：100088
印　　刷：北京盛通印刷股份有限公司
经　　销：全国新华书店
开　　本：890 mm×1240 mm　1/32
印　　张：11
字　　数：260千字
版　　次：2020年6月第1版
印　　次：2020年6月第1次印刷
定　　价：69.00元

策划编辑：谭徐锋　　责任编辑：王艳平
美术编辑：王齐云　　装帧设计：王齐云
责任校对：陈　民　　责任印制：马　洁